Tsutomu Hashimoto
橋本 努

自生化主義

Spontanietism

自由な社会はいかにして可能か

How can we make a free society ?

勁草書房

はじめに

自生化主義とは、自生的なものを生成させるための一つの思考術である。

自生的なものは、おのずから生まれるものである。それを「生成させる」というのは、語義矛盾にみえるかもしれない。けれども自生的なものは、しばしば作為的な条件のもとで生成する。自生化主義は、自生的なものを介助したり、あるいは滋養したりすることができると考える。それはいわば庭師の術であり、古くはソクラテスの産婆術的な問答法、直近では、ＡＩ（人工知能）を用いて芸術を創作する術にみられる。

この自生的なものの生成術は、自由な社会を構成する際の手がかりとなる。自由な社会とは、自生的なものが多産に生成される社会である。その場合の自生的なものとは、繁殖の可能性を秘めた野性的自然である。自生化主義は、そのような力能をもった自然を理性によって飼い慣らすのではなく、むしろその生成を促して、社会のなかで活用できると考える。

英語に rambunctious（多自然の）という言葉がある。「騒々しい」とか「ヤンチャな」と訳されることもあるこの言葉は、自生的なもののある特徴をつかんでいるだろう。自生的なものとは、飼い慣らしがたい多産な自然である。私たちはこの自生的なものを促すことで、社会をいっそう自由にすることができる。本書は、このような自生化主義の観点から、自由主義の新たな思想を構築する試みである。

これまで理想の社会をめぐる探求は、さまざまに試みられてきた。なかでも自由主義やコミュニタリアニズムやマルクス主義といった規範理論は、社会はどうあるべきかについての私たちの直観を、論理的に幾重《いくえ》にも積み上げてきた。規範理論は多様であるが、そこには三つ基本的な思考パタンがある。

一つには、私たち人間のよい部分、例えば、理性的に考える力や、豊かな人間関係を築く力などの美質を当てにして、よい社会の構造を描こうとする理論がある。理想の社会においては、私たち人間もまた、理想的に振る舞うことができるはずである。そのような社会と人間の理想を描く規範理論は、しかし、人間の悪い部分を軽視する結果として、絵に描いた餅にすぎないこともある。私たちは「これが理想だ」と理解しても、理想によって鼓舞されるわけではない。人間は往々にして天邪鬼《あまのじゃく》であり、理想をストレートに追求することが苦手であったりする。

これに対して、人間の悪い部分を直視しつつ、理想の社会を描く理論がある。私たち人間は、本当はずる賢くて貪欲で、煩悩を脱することができない存在である。そんな性悪な人間たちが集まって、どんな理想の社会を築くことができるのか。人間の理想には期待せず、人間の悪しき本性を見極めたうえで、あるべき社会を描く規範理論がある。けれどもこの考え方にも、やはり限界がある。最低限に望みうる社会を超えて、私たちはどこに向かうことができるのか。想像力をかきたてるところがない。

しかし第三のタイプの規範理論がある。それは私たち人間を、いわば鵺《ぬえ》的な存在とみなして、理想の社会を描くものである。鵺とは、平家物語で語られた伝説の妖怪である。頭はサル、体はタヌキ、尾はヘビ、四肢はトラ、そしてトラツグミに似た陰気な声で鳴く。最後は残念なことに、源頼政によって退治されてしまう。鵺的な存在は、何だかよく分からないけれども、エネルギッシュな力を秘めていると思わせるところがある。権力に対しては脆弱だけれども、不思議な魅力がある。鵺のそうした特徴は、実は私たちにも多かれ少なかれ備わっている。私たち人間は、自分がどのような存在であるのかについて、よく理解しているとは言いがたい。人間には、よいとか悪いといった道徳の観点からは捉えることができない特徴がたくさんある。けれどもその捉えどころのない特徴は、理想の社会を築くために役立つのではないか。そのような発想から築かれるタイプの規範理論がある。

経済思想の伝統においては、とりわけこの第三のタイプの理論が展開されてきた。例えば、C・フーリエの「産業引力」、V・パレートの「残基」、W・ゾンバルトの「ファウスト的精神」、J・M・ケインズの「アニマル・スピリット」、J・シュンペーターの「創造的破壊」、F・ハイエクの「自生的秩序」、H・マルクーゼの「エロス的文明」、A・ネグリ／M・ハートの「マルチチュード」などは、その代表例である。日本でも高田保馬の「勢力」論や、福岡正信の「無」の哲学などは、この系譜に位置づけることができる。こうした思想に共通するのは、人間は善でも悪でもない力に導かれて、理想の社会を築きうるという考え方である。

私たち人間は、よい部分と悪い部分の二つから成り立つのではない。むしろ圧倒的には、よく分からない部分から成り立っている。その意味で、私たちは鵺的な存在である。では鵺的な存在としての人間は、いかにして理想の社会を築くことができるのか。それはすなわち、自生化主義の術（art of spontanietism）によって、というのが本書の答えである。理想の社会は、到達点としてあるのではない。それは自生化のプロセスを支える一つの理念としてある。ではそれはどのような内実をもつのか。これが本書の主題である。

自生化主義とは、これをやや乱暴に単純化して描くと、次のようになる。私たち人間は、理想の社会において理想の人生を送ることができるとして、では理想の人生とは、どのようなものか。おそらく描くことのできる理想の人生は、究極のものではない。「これが理想だ」といっても、私たちの欲望は矛盾しており、やがて理想ではなくなってしまう。理想を更新するために必要なのは、「よい／悪い」という道徳的な判断をこえて、自分のなかのまだよく分からない部分、野性的な部分に力を与えることである。人間は、自分の欲望に矛盾を抱えている。そのような矛盾的存在が、いかにして理想の社会を築くことができるのか。それは自分の未知の欲望にチャンスを与えることによってである。社会も自己も、生成の過程にある。ならば、その生成に力を与えようというのが、自生化主義である。

かつてケインズは、経済学者や政治理論家の思想は、それが正しい場合も間違っている場合も、一般に考えられているよりもはるかに強力であり、実際に世界を支配しているのは思想以外にないほどだ、と語ったことがある[1]。私たちの世界を支配しているのは、端的に言えば思想である。これまで諸々の思想に影響を受けた人たちはもちろん、思想に影響を受けていないという人たちもまた、理想の社会や人生について考えるときには、亡き思想家たちの奴隷にならざるをえない。では私たちは、思想への隷属状態からいかにして自由になることができるのか。それは思想家たちと向き合うことによってである。本書は、さまざまな思想家たちと対質しつつ、新しい思想を紡いでいく。

＊

本書の内容を紹介しよう。

第一部「自生化という思考」は、本書の導入にして中核である。私にとって自生化主義の原点は、ハイエクとの対質にあった。一九八九年に東欧革命が起きたとき、マルクス主義の思想はすべて誤りであるかのように思われた。反対に、社会主義を根本的に批判したハイエクの思想は、その正しさが証明されたかのようにみえた。けれども、ハイエクの思想は本当に正しいのか。そんな違和感からハイエクの思想を徹底的に解体し、自生化主義への道筋を示したのが、第一章「自生的秩序論の解体」である。本章は、自生化主義の思想を組み立てるための地平を与えている。私たちはこの地平から、自生化主義へと向かう。その手がかりとなるのは、M・ポランニーの「暗黙知」論である。あまり強調されないが、暗黙知には共有された次元がある。共有された暗黙知を、私はK・ポパーの世界3論に引きつけて「世界4」と名づけた。第二章「共有された暗黙知」は、暗黙知論の探究であり、自生化主義の基礎に置かれる知の理論である。

この共有された暗黙知を基礎にして、第三章「自生化主義　野性的な繁殖可能性を秘めた自然の活用」は、自生化主義の理念を正面から論じる。この章は本書の核心である。しかし、最も基礎が固い部分というわけではない。自生化主義は、思考術をベースにしているため、実践的な思考を喚起するとはいえ、それ自体としては哲学的に掘り下げられていない。そこでつづく第二部では、この自生化主義の理念を哲学的に探究する。

第二部「自由の哲学」は、自生化主義の観点から展開した自由の哲学である。自由論、問題論、他者論、選択論、精神論の五つのテーマからなる。

第四章「自由論」は、自由な社会を、「全的自由」の理念によって基礎づける試みである。現代の自由主義（リベラリズム）の主流は、J・ロールズ以降の正義論である。それはしかし、必ずしも自由に価値を置いてはいない。自由が大切だと思う人も、そう思わない人も、いかにしていっしょに暮らしていけるのか。それは各人が公平に処遇される場合である、というのが正義論ベースの自由主義の主張である。しかし自由主義の本義は、自由を最大化することにあるのではないか。全的自由の立場はこのように問う。本章はこの全的自由の理念を、I・カーターの自由論を摂取しつつ、哲学的に展開する。

第五章「問題論」は、G・ドゥルーズと対質しつつ、自生化主義の哲学を掘り下げる。ドゥルーズの哲学は、存在論の次元で新たな知を拓いた。私は拙著『社会科学の人間学』で、〈問題主体〉という概念を提起したが、ドゥルーズはこの「問題」という（非）存在の哲学的性質を明らかにしている。本章は、規範理論の観点からドゥルーズを捉え直し、問題なるものの哲学的・思想的な性質を検討する。問題とはすなわち、存在の潜勢的な可能性（ポテンシャル）を出現させるための開口部である。私たちの社会は、そのような問題の開口部をうまく編成したときに、自生的なものの生成を促すことができると論じる。

第六章「他者論」は、E・レヴィナスとの対質である。レヴィナスは、M・ハイデガーの存在論がもつ全体主義的危険を乗り越えて、他者性の哲学を築いた。レヴィナスのいう他者はしかし、個々の倫理国家を超える普遍的な正義の理念をもたらすのではない。そのような理路は論理的に破綻する。レヴィナスのいう他者は、むしろ、国家が雇う「師としての他者」として機能する場合に、国家＝全体性を超える創造的自由をもたらすのではないか。私はレヴィナスのいう絶対的他者が、自生的なものを生成させる「師」の役割を果たすと論じる。

第七章「選択論」は、J・P・サルトルとの対質である。サルトルは、私たちが実存＝存在として自由であるために、自らを限界状況に投げ出し、根源的な選択をなすべきだと考えた。このサルトルの選択の倫理は、私たちが問われた存在であり、また存在の本質を欠如していることに不安を抱くはずだという想定から導かれる。しかし私は、存在論の原初にさかのぼって、「問う存在」に注目する。存在の本質の欠如については、これを解放の契機としても捉えうる。人間の根源的選択は、そこから派生的に、潜勢的可能性の価値を開示する。人間存在は、これを潜勢的な諸価値の自生的生成に開かれたものとして捉えることができると主張する。

　第八章「精神論」は、道元との対質である。日本の仏教哲学の精華たる道元の『正法眼蔵』は、これを自生化主義の観点から読むことができる。道元が論じる真実の自己とは、意志や意欲をもった存在ではなく、自生的な仕方で自由闊達さにいたる存在である。道元によれば、それは修行を積むことによって可能になるが、その場合の修行とは、自生化主義的な実践術を身に着けることであると解釈できる。その精神の高みとしての全能感の獲得は、最終的には、他者の潜勢的可能性を引き出す実践、すなわち、自生化的な救済の実践を拓く。本章は、道元との対質を通じて、自生化主義の精神を論じる。

　以上、第二部の五つの章は、自生化主義の哲学的基礎である。これらの基礎論を受けて、第三部は、自生化主義の規範理論、すなわち社会はどうあるべきかについての理論を展開する。私はこれまで、自生化主義の規範理論的な側面を「成長論的自由主義」と呼んできた。第三部「成長論的自由主義の思想」は、四つの規範理論を扱う。リバタリアニズム、マルクス主義、コミュニタリアニズム、および卓越主義である。ここで私は、成長論的自由主義の思想が、極左（マルクス主義）と極右（リバタリアニズム）の両方から学ぶものであり、また一見すると敵対的にみえるロールズの正義基底的な自由主義を、発展的に継承するものであることを明らかにする。

　第九章「自己所有の臨界　リバタリアニズム論」は、日本を代表するリバタリアンの森村進と対質する。森村は自己所有権テーゼに基づいて、独創的なリバタリアニズムの思想を展開した。自己所有権テーゼは、他人を侵害しないかぎり、自分の身体と能力を好きなように用いる自由を肯定する。これに対して私は、身体といっても、その所有権には臨界があると論じる。また、角膜移植くじは公営制度として成立しうること、奴隷契約を一定の条件で認めうること、自由はデュナミスの快楽という観点から正当化しうることなどの考察を加え、身体の自由市場を想定した別の自由主義を擁護する。

第十章「平等という苗床　マルクス主義論（1）」は、現代の分析的マルクス主義の良質な部分を、成長論的自由主義が取り込む理路を示す。従来、分配をめぐっては、平等主義と自由主義が対立してきた。しかし成長論的自由主義は、平等な分配が苗床となり、自由を豊穣にすると考える。この考え方は、分析的マルクス主義の次のような発想と重なる。すなわち、階層間移動の流動化（階級の消滅）、生産性の上昇に基づく集合的不自由の克服、全能感としてのアバンダンスの称揚、未知なる成長の観点からの搾取批判である。本章は、分析的マルクス主義の諸理念を、成長論的自由主義に接合する。

第十一章「世界変革の方法　マルクス主義論（2）」は、マルクスがメモとして残した「フォイエルバッハに関する（十一の）テーゼ」のスタイルを真似て、私がマルクス主義をどのように批判的に継承するのかを示す。世界変革のためには、潜勢的可能性の理念が重要であると論じる。つづく第十二章「自己解釈の動態　コミュニタリアニズム論」は、私がコミュニタリアニズムの思想をどのように批判的に継承するのかを示す。文脈に位置づけられた自我は、自己解釈によって文脈を位置づけなおす、そのような動態があると論じる。

およそ思想とは、同じ主義主張のなかにも多様な対立を含んでおり、違う主義主張のなかにも多様な共通点を含んでいる。以上の四つの章において私は、成長論的自由主義の立場が、対立する立場のどんな要素を発展させて摂取するのかを明らかにする。

第十三章「未知の自由のために　卓越主義論」は、成長論的自由主義の思想を卓越主義の観点から捉え直し、これをロールズ以降の自由主義の流れのなかに位置づける試みである。ロールズの思想は、「自尊心」の位置づけが曖昧であり、これを最小限の自尊心を満たす思想として解釈することもできれば、最小限を超える「強い自尊心」を満たす思想（すなわち卓越主義）として解釈することもできる。本章は後者の卓越主義の要求を認めたうえで、その新たな理路を展開する。私見では、卓越的な自由主義には、啓発教化型、既知実現型、未知挑戦型の三つがある。私は、未知の自由のために、未知挑戦型の卓越主義が必要だと論じる。

以上が第三部の内容である。成長論的自由主義は、どの自由主義が望ましいのかについての一つの応答である。それは同時に、どのリバタリアニズム、どのマルクス主義、どのコミュニタリアニズム、どのロールズ主義が望ましいのかについての応答でもある。成長論的自由主義は、さまざまな思想を発展させて摂取する。成長論的自由主義は、自生化主義の観点から、体系的に導かれる規範理論である。より原理的な体系化は、拙著『自由原理』をご参観願いたい。

第四部「自生化主義の実践哲学」は、自生化主義の実践的含意として、公共性と立法の二つを論じる。公共空間は、いかに編成されるべきか。また立法過程は、いかに編成されるべきか。この二つの問題に向き合う。

第十四章「公共性の本質」は、公共性の根源的な性質を「残基（残りもの）」として把握するという、独自の見解を示す。そしてこの残基を動力源として、社会の自生的な発展を導くための実践哲学を展開する。従来、公共性は、共和主義の思想においてはとりわけ、成熟した市民による統治空間を意味してきた。これに対して私は、公共性を、未熟さを克服しえない人間たちの統治理念として捉え直し、私たちの社会を成長論的に再編する理路を示す。

第十五章「公共空間のデザイン」は、公共彫刻広場モデルという、公共性の新たな構想を描いている。しばしば自由主義は、厳格な公私二元論に陥っていると批判される。しかし欧米の公共広場の空間には、私的創造性を象徴する大きな彫像が置かれ、私的自由の利用がアトミズムに陥らないための工夫がある。本章で私は、残基としての公共性という考え方を応用し、社会の中心を「非場所・無・非在・問題」として構成することが、自由と公共性の豊かな自生的関係を育むと論じる。

第十六章「立法の理論　闘争の諸段階」は、自生化主義の立法学である。立法過程における四つの対立を、段階論的に再構成する。四つの対立とは、特定の正義構想をめぐる闘争、特定の立法構想をめぐる闘争、立法構想を調停するためのメタ正義構想の闘争、および、支配‐被支配をめぐる闘争である。以上の対立をめぐって、私たちは必ずしも、話し合いに基づく合意を調達できるわけではない。立法の過程は、実際には根源的な正当化をすることができないまま先に進む。自生化主義は、その場合の立法の正当化問題を、よりよき立法の発見法とその制度化の問題へと置き換える理論を提示する。

さらにその立法過程のあり方を論じたのが、第十七章「立法過程のデザイン」である。自生化主義は、「可謬型」と「熟成型」の二つの立法過程を組み合わせることで、法を自生的に成長させることができると主張する。可謬型は、社会システム全体の進化のために、大胆な法案の提出とその批判的吟味を重んじる。これに対して熟成型は、一度廃案となった蔵入り法案が、水面下で熟成することを期待し、断続的に新たな視点で再発見・再解釈されることを奨励する。すぐれた法案は、設計主義的に作られるのではなく、一方では大胆な提起によって、他方では時間をかけた熟成によって、社会システム全体の進化を促すように作られる。これは残基としての公共性、すなわち、法を公共的に正当化する空間の臨界から、新たな立法を促して定立するための制度構想として提起されるものである。自生化主義の立法構想は、話し合いによる合意形成を理想とする民主主義を、可謬型と熟成型の組み合わせによる民主主義によって乗り越える試みでもある。

以上が本書の内容である。第一部は、本書の導入であると同時に中核である。第二部は、その哲学的基礎づけである。第三部は、自生化主義の規範理論である。第四部は、自生化主義の実践哲学である。最後に「終章」は、本書全体のまとめである。

自生化主義　自由な社会はいかにして可能か

Spontanietism　How can we make a free society?

目次

第二部 自由の哲学

第三部　成長論的自由主義の思想

第四部　自生化主義の実践哲学

第十五章　公共空間のデザイン……223

第十六章　立法の理論　闘争の諸段階……247

第十七章　立法過程のデザイン……261

第一部　自生化という思考

第一部は、本書の導入にして中核である。
自生化主義の思想を、思考術の観点から
大まかに描いていく。

第一章　自生的秩序論の解体

二〇世紀を代表する経済学者の一人であるF・A・ハイエクは、晩年の大著『法・立法・自由』[1]で、「自生的秩序」論と呼ばれる新たな経済思想を展開した。自由な市場経済を擁護するその思想は、マルクスとは正反対であるとはいえ、マルクスと似たような毒をもっている。それは、読者にその思想を受け入れるか否かを、信仰の問題として迫るような毒である。ハイエクの場合、その毒名を「市場信仰」と呼ぶことができる。それが及ぼす悪い影響は、一方では毒に侵された市場信仰者と、他方では毒に触れない市場懐疑的な論者のあいだに、市場論の議論を低迷させてしまうことにある。後者は、「自生的秩序に社会をすべて委ねることなどできない」といった議論でもって、ハイエクの思想にアレルギーを示すケースが多い。けれどもハイエクは、たんに市場の是非を論じたのではない。自生的秩序というアイディアのもとに、独自の包括的な理論を示したところに大きな貢献がある。ハイエクの影響圏から市場信仰という毒を抜きとり、彼の理論を内在的に検討するなら、そこからもっと豊かな理論や思想を展開することができる。以下に示すように、それは自生的秩序の意味内容を分解＝解体することによって可能になる。

1　解体作業

自生的秩序論を解体するためには、自生的なものを分類する作業が有益である。自生的なものは、次の三つの観点から区別できる。第一に「構造」と「要素」の区別、第二に「明示的なもの」とそうでないものの区別、第三に「ストック（存在）」と「フロー（過程）」の区別である。

（1）構造（法・言語・市場など）（x）／要素（行動パタン・予期パタン・発話パタンなど）（y）
（2）明示的なもの（x）／非明示的なもの（y）
（3）ストック（存在）（x）／フロー（過程）（y）

ここで（3）の後者には、自生的なものを維持したり、あるいは生成させたりするという、自生的なものに内在する営み＝行為（政策）が含まれる。その営みは、意図の観点から次のように区別できる。

（4）自生的秩序を意図して維持形成する行為（政策）（x）／自生的秩序を意図せずに維持形成する行為（政策）（y）

ここで「意図して維持形成する行為」とは、必ずしも自生的なものに内在した行為ではなく、外在的な観点から自生的なものに介入する営みでもありうる。しかし内在と外在の区別は論争的である。例えば庭師が庭を手入れする場合、庭師は庭という自生的なものの一部だろうか、それとも外部に位置するだろうか。解釈によって異なるだろう。同様に、「自生的秩序の維持形成を意図しない行為」も、外在的な営みとして解釈できる場合がある。この後者（y）の行為には、次のようなものが含まれる。

（4-a）ある秩序の設計《デザイン》を意図するものの、その意図せざる結果として自生的秩序の維持と形成に貢献する行為
（4-b）ある秩序の設計と自生的秩序のいずれも意図しないで、もっぱら自生的な秩序化の作用に導かれて、設

計的な構成物が形成されるような行為

（4-c）ある秩序の設計と自生的秩序のいずれも意図しないで、また自生的な秩序化の作用にも導かれないで、自生的秩序を形成する行為

以上のような行為は、自生的なものに対して外在的であるかもしれないが、ここでは内在的な場合があると想定して、これらの区別を組み合わせた場合に、多くの「自生的なるもの」の類型を構成することができると考える。（4）の下位分類を除くと、（1）から（4）までの分類は、それぞれ対立項から成り立っている。前者をx、後者をyと略記すると、次のような組み合わせのリストを作成することができる。[2]

- （1）x（2）x
  - （3）x……①明文化された法律、文法（ラング）
  - （3）y（4）x……②市場のてこ入れ、学校教育、辞書や教科書の編纂
  - （3）y（4）y（a〜c）……③a政府の貨幣政策
- （1）x（2）y
  - （3）x……④慣習・伝統、正義感覚、言語感覚、市場均衡感覚
  - （3）y（4）x……⑤象徴的な価値の操作、法の支配とその解釈
  - （3）y（4）y（a〜c）……⑥c競争の秩序化作用・発見作用
- （1）y（2）x
  - （3）x……⑦発展的理性
  - （3）y（4）x……⑧価値規範への意識的な規律訓練
  - （3）y（4）y（a〜c）……⑨bマトゥラーナの職人、cパラドキシカルな結果
- （1）y（2）y
  - （3）x……⑩勘・コツ
  - （3）y（4）x……⑪象徴的な価値の意図的操作

「（3）y（4）y（a〜c）……⑫cルール準拠的な行動・発話・予期

以上は自生的なものの類型であり、各類型にはそれぞれ、非自生的なものの類型が対置される。各類型がどのような意味で自生的であるのかについては、さしあたって、その反対概念との対比によって捉えることができる。また、（4）yの下位類型の（a）〜（c）には、次のような類型を対比させることができる。

（4-d）ある秩序の設計《デザイン》を意図して、設計的な秩序を維持形成する行為
（4-e）どんな秩序を意図するかに関係なく、結果として無秩序状態をもたらす行為

分類をもっと精緻化することもできるが、ここでは細部に分け入らず、以上の分類から得られる自生的なものの諸類型を検討しよう。結論を先取りして言えば、「自生的なもの」といってもさまざまであり、どれが望ましいのかについては、規範論的な問題を喚起する。私たちは、自生的なものだからいいとか悪いといった、単純な判断をすることはできない。

①構造・明示的・ストック（（1）x（2）x（3）x）

社会の構造全体にかかわり、明示的かつ自生的に生成した存在として認識できるものは、明文化された法律や、言語の文法（ラング）[3]である。もちろん、すべての言語の文法や明文化された法が、自生的に生成したわけではない。そこには、意図的に構築されたものもある。例えば日本国憲法は、意識的に構築されたルールの体系である。けれども日本国憲法を含めて、あらゆる法は、ストックとしての存在態という観点からみれば、自生的に成長してきた面がある。憲法あるいはその他の法律は、意図的に構築されたとはいえ、巨視的にみれば法の自生的な発展に寄与してき

たとみなしうる。もちろんこのように捉えるのではなく、法律を、自生的なものを設計的なものへ改革する企てであると理解することもできる。しかし法の存在態を自生的なものとみなす立場は、たとえ憲法が設計主義的に構築された場合でも、その法を制定者の意図に還元せず、法をいかに運用すべきかについての一定の規範的解釈が可能であると考える。同様の規範的解釈は、意識的に構築された言語の文法についても当てはまる。

②構造・明示的・フロー（意図的）（(1) x (2) x (3) y (4) x）

社会全体の構造を自生的な存在態として維持するために、政府は意図的に、さまざまな政策を行う。例えば、市場のてこ入れ（住宅ローン金利の意図的な引き下げ政策など）、学校教育（市場社会で生きる力を学ぶことなど）、辞書や教科書の編纂（言語秩序の維持など）である。市場のてこ入れは、市場秩序全体を維持するためになされる。ハイエクの自生的秩序論は、自生的秩序を維持するための政府介入を基本的に認めないが、理論的には、政府は自生的な秩序の維持と発展を意図して、市場に介入することができる。同様に、学校教育は、自由な社会を再生産するために必要な個人を陶冶するという意図をもって実施されうる。また、辞書や教科書の編纂は、言語秩序をある程度まで意図的に維持するためになされうる。これらの政策は、自生的な社会秩序や言語秩序を維持するために必要な作用態であろう。

③構造・明示的・フロー（非意図的）（(1) x (2) x (3) y (4) y (a～c)）

②は、意図的に自生的秩序を維持する作用であったが、これに対して、自生的秩序の維持や発展を意図しないで、いわば意図せざる結果として、自生的秩序を維持する作用が考えられる。例えばある種の貨幣政策は、政策者の意図としては、「自生的な市場を一層設計的に管理する」というものである。それは設計主義の経済秩序を意図しているが、しかしその意図せざる結果として、自生的秩序の維持に寄与する場合がある。戦後のケインズ主義の政策は、貨幣政策にかぎらず、さまざまな面でこのような特徴をもっていた。また戦後日本の政府官僚は、マルクス経済学に影

響を受け、設計主義的な関心と意図をもって、市場経済に介入してきた。例えば、所得の格差を是正したり、資本主義の支配力を抑制したり、都市の社会資本を整備するための諸政策を実施してきた。これらの政策は、設計的な秩序を作るという意図があったとはいえ、その意図せざる結果として、自生的秩序を維持・発展させる面を含んでいた。この類型はこのような自生的秩序への寄与の側面を捉えている。

④構造・非明示的・ストック（（1）x（2）y（3）x）

社会の構造全体にかかわり、非明示的かつ自生的に生成した存在態として認識できるものは、慣習や伝統、正義感覚、言語感覚、市場均衡感覚などである。これらは「共有された非言語的なるもの」であり、自生的な秩序の維持と発展に寄与している。(4) ただし、これらのすべてが社会全体で共有されているわけではない。これらが共有される範囲はさまざまであり、またどの程度共有されるかについても濃淡がある。

ここで「市場均衡感覚」は、これまでほとんど論じられてこなかった自生的秩序の要素である。ハイエクは正義感覚や言語感覚について語るが、私は加えて、市場が人々のあいだで蓄積された均衡感覚によって、その自生的な存在態を維持していることを指摘したい。現実の市場は、均衡モデルが想定する意味で完全に均衡するわけではない。また、人々のあいだで完全な情報が共有されてもいない。そのような状況で、なぜ市場は安定的に再生産されるのか。なぜ現実の市場は不均衡の累積過程に陥らないのか。その理由は、市場というものがたえずゆらぎをはらみつつも、全体を維持するシステムだからである。私は、このような定常系を構成する要因として、人々が暗黙に共有している市場均衡感覚が、大切な役割を果たしていると考える。私たちはかぎられた情報のなかで、購買を判断する。その際の均衡感覚は、定常系としての市場を維持する作用でもある。

⑤構造・非明示的・フロー（意図的）（（1）x（2）y（3）y（4）x）

社会全体の枠組みにかかわり、自生的な秩序を非明示的な（言語化されえない）作用によって意図的に維持するものとして、象徴的な価値の操作がある。法の支配や皇室の儀礼などである。これはT・パーソンズのいう社会統合の機能を果たす。もっとも、すべての社会統合機能が自生的秩序の維持に貢献するわけではない。自生的秩序を維持するものとして法の支配がある。法の支配は、個々の具体的な法律のメタレベルにある抽象的な原理である。この法の支配を存在態として捉えるのではなく、裁判官がその都度の法の解釈において、法の支配を一つの非言語的な解釈装置として参照する場合、その解釈の営みによって参照される法の支配の要請が、この自生的なものの類型である。この解釈の営みは、確かに個人的で暗黙のままにとどまるが、裁判官たちのあいだで共有された暗黙知を用いる営みでもある。このような営みによって、自生的秩序の全体が維持されると考えられる。

市場の秩序についても、次のような過程を想定することができる。個々の生産者、消費者、あるいは流通業者は、共有された暗黙知にとどまる市場均衡感覚を用いて、その都度の売買の判断をするとともに、市場を安定化させる。その判断は、それがもし不均衡過程の抑止を意図する場合には、それは市場が個々のアクターによって抽象的な価値の体系が参照されながら、再生産されたことになる。言い換えれば、市場は、一つの非言語的な解釈装置として、個々のアクターたちに利用されたことを意味する。

⑥構造・非明示的・フロー（非意図的）（（1）x（2）y（3）y（4）y（a〜c））

⑤は、意図的に自生的秩序を維持するものであったが、これを非意図的に維持するケースもある。それは例えば、市場における「競争の秩序化作用および発見作用」（（4）y-c）である。ハイエクは市場を「競争的秩序」とも呼んでいる。競争という現象を、市場構造の観点から捉えると、それは、市場をダイナミックに秩序化する作用をもち、また新しい発見を通じて市場を発展させる作用をもっている。この他、法順守行為や発話行為もまた、構造という観

点からみれば、同じように社会を秩序化する作用をもつと考えられる。

もっとも、すべての市場競争や法順守行為や発話行為が、社会を秩序化するわけではない。どのような場合に、どのような秩序化作用をもつのかについては、探求に値する。自生化主義とは、この秩序化の作用を有効に機能させるための思想である。

⑦要素・明示的・ストック（（1）y（2）x（3）x）

自生的なものの存在態を、今度は要素という観点からみると、明示的なものとしては、諸個人の理性を挙げることができる。ハイエクはこれを、設計主義的な理性と区別して、「発展的理性」と呼んだ。発展的理性とは、自生的なものの存在態を維持・発展させるために用いられる理性である。理性は、それが間主観的に共有された構造をなしていると同時に、各個人によって個別に用いられる。個別に用いられる理性の特徴を、ストックとしての存在態として捉えたのが、この発展的理性である。例えば、市場のテコ入れや貨幣政策などにおいて、政策実行者たちは、その都度、個別に理性を用いるが、その理性は市場全体を設計的秩序に変えはしない。政策実行者たちが用いる理性は、それ自体が自生的に生成しており、その理性によって最善の経済秩序を設計できるわけではない。理性も進化の途上にある以上、私たちは理性と社会がともに発展するような相互作用を探らなければならない。そのような発想に導かれた理性の用い方が発展的理性であり、また自生的なものの一類型である。

⑧要素・明示的・フロー（意図的）（（1）y（2）x（3）y（4）x）

これは、②を要素の観点からみた場合である。②では、「市場のてこ入れ、学校教育、辞書や教科書の編纂」を挙げたが、これらを行動パタン、予期パタン、発話パタンの次元で捉えると、この類型となる。例えば、住宅ローン金利の人工的な利下げという市場のテコ入れに対して、そのシグナルを受けとめて住宅ローンを組む、住宅の供給を増やす、住宅関連市場に投資するといった行動が、これにあたる。こうした行動は、枠組みとは区別される要素の次元で、意図的に自生的秩序を維持・発展させる。住宅ローン金利の利下げをうけて住宅ローンを組む人は、自らの行為を通じて自生的な秩序を安定的に再生産することに寄与しうる。学校教育を通じて内面化した価値規範に従う営みは、社会全体の再生産に寄与しうる。編纂された辞書や教科書を参照する営みは、言語秩序や発話パタンの再生産に寄与しうる。

⑨要素・明示的・フロー（非意図的）（(1) y (2) x (3) y (4) y (a〜c)）

これは、③を要素の観点から捉えるが、パラドキシカルな営みである。社会の枠組みを構築する政策者たちは、社会全体を設計的な秩序にしようと企てているにもかかわらず、その意図せざる結果として、自生的秩序を生み出す場合がある。あるいは人々は、個々の政策に対して、行動パタン・予期パタン・発話パタンの次元で設計主義的なメンタリティをもって行動しているのであるが、その意図せざる結果として、自生的な秩序が形成される場合がある。このように、政策者も行為者も、設計主義的な意図をもって行動しているにもかかわらず、その設計の範囲は限定的であり、意図せざる結果として、自生的なものが生まれる事態を想定することができる。

あるいはこの類型には、(4) y-b として、自生的な作用に導かれつつ、設計的な構成物を形成するケースを挙げることもできる。例えばマトゥラーナは、住居を建設する職人たちが、全体の設計図に導かれるのではなく、個々の作業において、慣習やその他の自生的な作用に導かれるという比喩を用いて、遺伝システムや神経システムの働きを説明している(5)。またハイエクは、次のような事例を考察している。福祉国家政策に賛成する人々は、社会保障の面で政府に対して多くの要求を掲げるが、その意図せざる結果として、誰もが望まないような官僚制度という設計主義的な構築物を生み出してしまう、という事例である。これは福祉国家や官僚制度といった設計的構築物が、巨視的にみると、自生的な作用に導かれて自生的に形成される事態である。

⑩要素・非明示的・ストック（(1) y (2) y (3) x）

これは、④を要素の観点から捉えている。④は、慣習や伝統、共有された正義感覚・言語感覚・市場均衡感覚などであった。これらを個々の行動パタン、予期パタン、発話パタンの次元で捉えることができる。例えば、慣習や伝統は、社会の枠組みとなる構造であるが、これを個々の人間の行動パタンの次元で捉えると、そこにはカンやコツといった技能の集積によって支えられている面がある。またその技能は、個人によってバラつきがあり、個人の資質の特殊性に依存している。このような個人の行動の特徴を、自生的なものの一つの類型として捉えることができる。

⑪要素・非明示的・フロー（意図的）（(1) y (2) y (3) y (4) x）

これは、⑤を要素の観点から捉えている。⑤は、法の支配を操るといった、象徴的な価値の操作であった。法を解釈する裁判官は、法の支配に照らして、正しい法的判断を導く。それは一つの学習に支えられた行動であるとはいえ、明示的にマニュアル化されておらず、言語化されていないものを学ぶ過程によって支えられている。裁判官は、法の支配を正当化の根拠に用いて、社会の秩序をいかに維持するかという問題に応じる。これは象徴的な価値の操作を、その意図的な操作に即して捉える。同様に、個々の市場参加者は、共有された暗黙知にとどまる市場均衡感覚を用いて個々の売買の判断をするが、その判断は、たんに自分の利益に対する判断に基づくのではなく、自生的な秩序を意図的に維持する作用をもっている。もしそれが意図的に不均衡過程を抑止し、自生的な市場秩序を維持することに資するなら、個々の市場プレーヤーは、売買の判断において、同時に象徴的な価値を操作したことになる。

⑫要素・非明示的・フロー（非意図的）（(1) y (2) y (3) y (4) y (a〜c)）

これは、⑥を要素の観点から捉えている。例えば、市場における「競争の秩序化作用および発見作用」を、個々の作用を担う行動パタンの観点から捉える類型である。ここで競争の秩序化作用は、それを担う個々のプレーヤーに意図されているわけではない。けれども個々のプレーヤーは、その意図せざる結果として、市場の競争作用を自生的に秩序化する。これはつまり、個々のプレーヤーが、A・スミスのいう「見えざる手」に導かれて、自由な市場秩序を再生産する担い手となる、ということである。同様に、法を順守する者は、そのルール随順的な行動によって、意図せずして法の秩序を再生産する。言語を発話する者は、その発話によって、意図せずして言語の秩序を再生産する。むろん、こうした行動は、必ずしも自生的な秩序を再生産するのではない。その意図せざる結果として、自生的な秩序を不安定化させるかもしれない。神の見えざる手は、実は神以外の別の手であり、私たちは違う方向に導かれる可能性もある。

以上、「自生的なもの」の意味内容を、十二の類型に分けて考察した。以上の分析は、自生的秩序論の解体作業でもある。というのも、自生的秩序論の魔力は、設計主義よりも自生的秩序が望ましいとする、その単純な二分法に負っているからである。自生的なものの諸類型のうち、どれがどのように望ましいのか。またなぜ望ましいのか。こうした問題を検討することは、新たな規範理論の探求につながる。

2　ハイエクの市場論に対する強力な擁護論

ハイエクは、「自生的」と呼びうるさまざまな対象を念頭に、一つの体系的な世界観を構築した。その思想を単純に受けとめるならば、社会を運営するうえで自生的なものは望ましい、反対に設計主義的なものは望ましくない、という考え方になる。しかしハイエクは、自生的なものがすべて望ましいとは考えない。ハイエクは、自生的に生成してきたゴキブリのようなものは望ましくないという。これを社会に当てはめれば、自生的に発生した「強制手段としての国家」は望ましくないとか、自生的に生成した大企業の経済的支配は望ましくない、といった主張も可能である。また、道徳は一般に自生的に生成してきたと考えられるが、ハイエクによれば、道徳には本能に基づく部族社会の道徳と、これを抑制する形で発展してきた開かれた社会の道徳の二つの種類があって、前者は自生的であるとしても望ましくないという。この部族社会の道徳を一定の範囲に制限しなければ、開かれた社会における自由と平和と繁栄を獲得することはできないからである。

加えてハイエクは、すべてのシステムが自生的だといっているのではない。自生的秩序は、いわゆる「自己組織性」と呼ばれる認識のフレームとは区別する必要がある。自己組織性という観点からすれば、市場経済と計画経済はともに自己組織的でありうる。計画経済は例えば、市場社会主義の価格－数量調整メカニズムを利用する場合には自己組織的な方法で組織化される。しかしハイエクの理論では、市場経済は自生的秩序（コスモス）であるのに対して、計画経済は組織（タクシス）である。ここで組織とは、例えば軍隊の編成のように、単一の具体的な目的をもった中央当局が、階層的な命令体系によって全体を統制するようなシステムである。これは自生的秩序とはいえない。

もちろん組織といえども、一定のコスモスのなかでのみ存立できる。軍隊といえども、自生的に生成した言語や慣習があってはじめて、具体的で個別的な命令が遂行可能となる。このように、タクシスはコスモスに完全に対立しているのではなく、コスモスを前提とした部分システムとして成り立つ。また別の観点から見れば、コスモスは、そのなかにタクシスを数的・規模的にどの程度含んでいるかによって、タクシスと区別される。

しかし以上の考察は、コスモス／タクシスというハイエクの二分法が失敗していることを意味しない。ハイエクが問題にするのは、時代精神としての設計主義的思考、すなわち、コスモスをすべてタクシスに変換していこうとする思考態度である。先に挙げた軍隊の例で言えば、設計主義的思考は、あらゆる目的を中央当局によって決定し、さらに決定された目的を達成するための指令に用いる言語や慣習といったコードまでも、個々の目的に応じて合理的に設計していこうとする。ハイエクが反対するのは、こうした設計主義的な思考態度であり、これに対して彼は、自生化

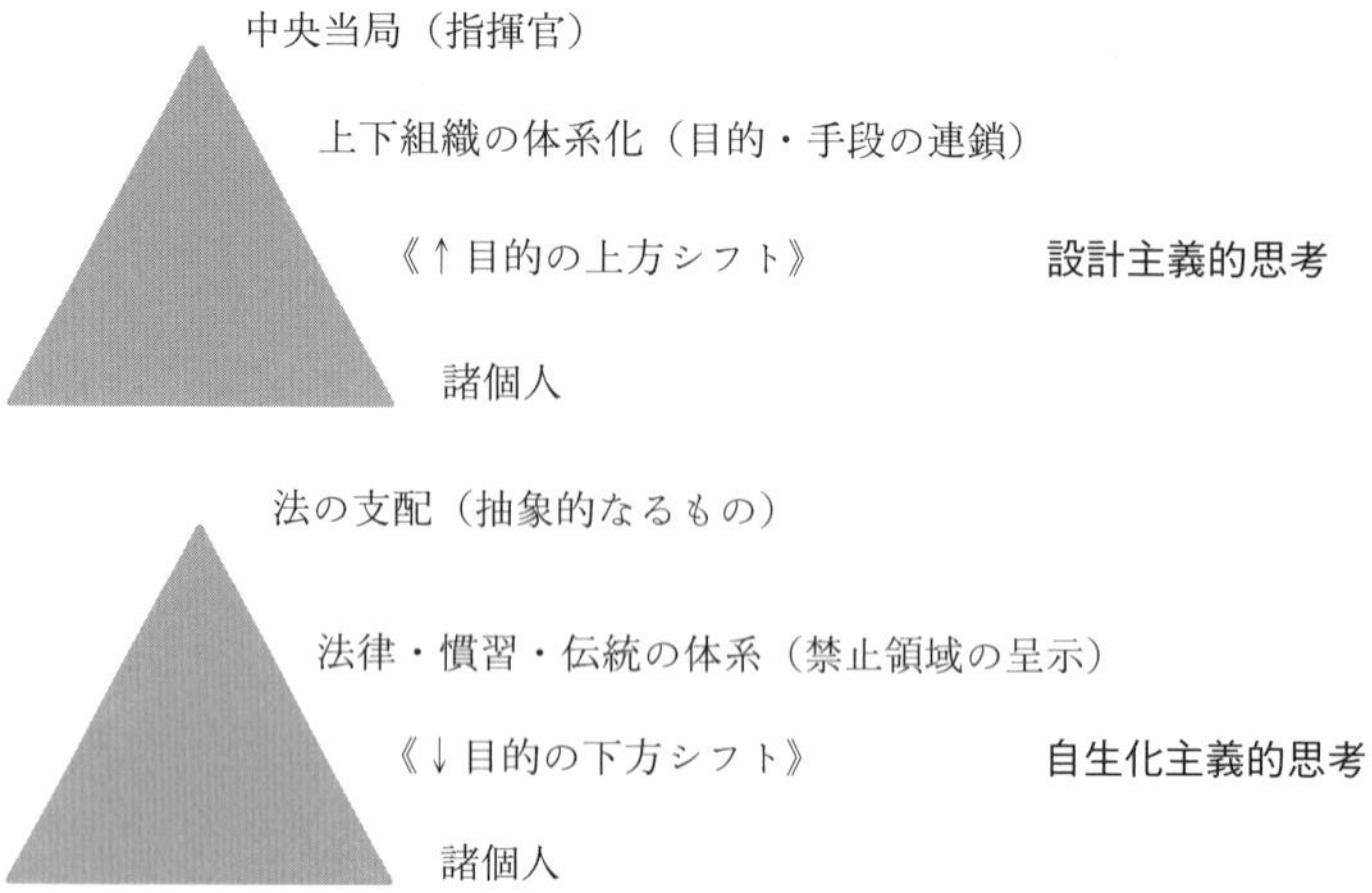

図1-1　設計主義的思考と自生化主義的思考

的ないし自生化主義的な思考を対置する。

政策の次元で言えば、設計主義的思考は、社会システムにおける諸目的を階層構造の上部に集中させ、かつ下部に対する伝達コードを設計しようとするのに対して、自生化主義的思考は、社会システムにおける諸目的を階層構造の下部（諸個人）に分散させ、上部にはルール（法・慣習）の階層構造（抽象的・一般的なものから個別的・具体的なもの）を構成しようとする。言い換えれば、設計主義的思考は、諸目的を階層の上方へシフトしようとするのに対して、自生化主義的思考は、諸目的を階層の下方へシフトしようとする（図1-1を参照）。[6]

ハイエクは、組織（集産主義）というシステムが価値として劣るとするのではない。ハイエクは、社会主義の価値理念を直接批判せず、それがもし設計主義的思考を伴うなら、以下の四つの点で難点があると批判する。

（1）完全な設計的組織は、不可能である（人間の知性には限界がある）。

（2）設計的組織は、それが目指す経済的効率を達成することができない（諸個人に分散した現場の知識を有効に利用できない）。

（3）設計的組織という構想は認識論的誤りを犯している（すべてのコスモスをタクシスにすることはできない）。

（4）設計主義的思考は、理性が有効に働くための文明的基礎を掘り崩す傾向にある（それは真の意味での「法の支配」という抽象的な認識を拒否する）。

以上のハイエクの洞察は、しかし、設計主義的思考に対する批判として成功的であるとしても、これとは区別される「社会主義の偉大な諸理念」に対する批判として成功しているかどうかは、議論の余地がある。設計主義的な思考を伴わない社会主義が存立するとすれば、それは大いに論じる価値がある。ハイエク自身は、「開かれた社会における進歩および社会システムの安定性」という問題に課題を限定することで、論敵を限定した。ハイエクは、結果として社会の進歩ないし社会的安定性が可能になるためにはどうすればいいかと帰結主義的に問いを立てる点で、経済学における社会主義と市場経済の論争にかみ合うかたちで、議論の土俵を設定した。

そしてこの論争に対するハイエクの答えは、直接には市場経済を擁護するものではない。ハイエクの主張を再構成すれば、次のようになる。開かれた社会における進歩の条件は、われわれが自生化主義的思考を身につけ、諸目的を個人のレベルまで下方シフトしていく政策、すなわち、諸個人に多くの自由を与える政策をとる場合である。ただし、自由を与えすぎると、かえって自生的な無秩序状態をもたらすかもしれない。だから最低限の社会的安定性を確保するためにも、何らかのマクロ的対策が講じられなければならない。それは、政府の強制的な介入による場合もあるが、これと機能的に等価で、かつ強制的ではない手段が存在する。それは、諸個人が設計的理性の機能の限界を認識し、法体系、道徳、非言語的なルール、慣習などの領域を漸進的に維持・強化することである。諸個人が集団としてある種の慣習や伝統を共有するなら、政府の強制手段に頼ることなく社会を安定させることができる。

以上のハイエクの考え方は、私たちが設計主義的な理性の限界に対処するための、実践的な知恵であるといえる。人間の理性とその実践には、限界がある。その限界を認識する一方で、慣習や伝統を有効に利用する知恵を検討する。理性の限界（無知）に対処するためのもう一つの知性を呼び覚ます点に、ハイエクの議論の特徴がある。人間は「無知であるからこそ」、あるいは「無知に対処すべく」、というハイエクの論法は、彼の科学方法論から社会哲学まで貫かれている発想法である。

むろん現在の経済システムにおいては、市場よりもすぐれた全体システムは存在しない。自生化主義の思考は、論理的には、市場システムよりもすぐれた自生的システム（諸目的の下方シフト）の出現可能性を排除しないが、現在の私たちに可能な任務は、市場システムを上手に育んで用いることである。自生的な社会の発展は、いかにして可能なのか。そこには意図的に自生的なものを育むという、庭師的な発想が必要である。言い換えれば、自生的なものが生まれるための条件を意図的に構築するという、自生化主義的な発想が必要である。

3　ハイエクの自生的秩序論の論理的難点

そこで理論的に探索すべき問いは、自生的秩序の維持と発展のために、どのような政府介入が要請されるのかである。ハイエクの思想は、無条件に小さな政府を求めているのではない。ハイエクは、究極的には文明の進歩という抽象的な基準に訴え、そのような進歩に適うかぎりで、諸目的の下方シフト（政府の意図的介入の排除）を提案する。しかしこの論理は、政府の役割の基準に関して循環している。つまり、《政府の役割の程度は、諸目的の下方シフトの可能性によって決まる→諸目的の下方シフトの程度は、望みうる進歩の可能性によって決定される→望みうる進歩の程度は政府の役割の程度によって決定される》というトートロジーが存在する。ここで操作可能な要因は「政府」であるが、政府の役割をどの程度まで縮小できるかは、ハイエクにおいては結局のところ、自生化主義的思考が社会の進歩を生み出すという信念、およびその進歩のスピードを勘案してなされることになる。

ハイエクは、彼の社会理論の最終的な遡及点として、進歩の理念を据えた。文明の進歩を基準にして、規範的に正当化可能な政府の役割を導き出そうとした。このような社会哲学には二つの長所がある。第一に、社会体制を論じる作法として、体制の「正当性」や「合法性」ではなく、進歩や成長を中心に議論を構成することによって、正当化主義の不毛性を免れている。これは科学哲学における「正当化主義」から「非正当化主義」への問題移動に対応している。(7) 第二に、進歩という基準は、従来のマルクス主義にも共通し、この点でマルクス主義と議論がかみ合う。

しかしここで展開した自生的秩序論の解体作業は、ハイエクの体系に内在的な問題を提起する。一つは、環境によっては、「自生化主義的思考」が「存在としての自生的秩序」を生まず、意図せずして望ましくない社会状態(無秩序)をもたらすケースが考えられる。もう一つは、自生化主義的思考が政府介入の正当な理念になるとしても、それ自体では抽象的すぎるために、解釈の段階で、さまざまな政策理念を混在させる可能性が考えられる。そこにはJ・ブキャナン、M・フリードマン、J・M・ケインズらの提案する政策を、思考のレベルではハイエク的に解釈して実行する余地がある。

例えば、先に述べた「自生的なるもの」の③は、設計的な思考をもった政策者の政策が、意図せざる結果として自生的秩序をもたらすケースである。この種の政策は、同じ政策であっても、政策者のメンタリティとしては設計的/自生的という違いが生じる。例えば、あるケインジアンによって設計的に意図された政策案も、思考のレベルでそれを自生的に解釈して実行すれば、ハイエク的であるということになる。場合によっては、そうした解釈を施さなくても、自生的秩序の維持にとって有効な政策がありうる。というのも自生的秩序の生成は、必ずしも政策者が自生的秩序を意図している必要はないからである。(4-a)や(4-c)を含む自生的なものの諸類型は、非ハイエク的な限界例である。

こうした限界例は、ハイエクの理論に根本的な疑問を投げかける。ハイエクの思想は、これを素朴に定式化すれば、「存在としての自生的秩序は、設計主義的な思考をすべて排除した場合に成立する」となる。しかしこれは正しくない。ハイエクの思想を洗練して定式化すると、「存在としての自生的秩序は、自生化主義的思考によってもたらされる」となる。とはいえ、以上の議論が示しているのは、これが必ずしも成立しないということである。存在としての自生的秩序は、必ずしも自生化主義的思考を必要としない。この命題を、本章の分類作業を参照しながら考察してみると、私たちは自生的秩序論の解体と同時に、やっかいな問題の地平に投げ出されたことに気づくだろう。

4　おわりに

自生化主義の思考は、必ずしも自生的秩序をもたらさない。これは設計主義の思考が、必ずしも設計的秩序をもたらさないのと同様である。およそ思考と社会状態の関係は偶有的な要素を含んでいる。どんな思考も、その意図せざる帰結を回避することはできない。では私たちは、どんな思想ないし思考態度をもって、どんな社会を築くべきなのか。一つの態度は、さまざまな思想の長所をバランスよく取り入れて、その意図せざる悪しき帰結を避けることである。しかしこのような態度は、やがて無思考性のわなに陥るにちがいない。なんでもバランスを取ればいいと発想すると、深く考えない人たちのあいだで合意（コンセンサス）を形成するという、思考力に欠けた妥協の実践に陥る。もう一つの態度は、帰結のあらゆる偶有性を理解したうえで、とにかく一つの思想に信念を傾け、ゆるぎない行動をもって社会の変革を担うことである。しかしこのような態度は、社会がどうあるべきかについての責任倫理を引き受けるものではない。そこで私たちは、第三の立場として、自生化主義を構想したい。自生化主義とは、自生的なものを意図的に育むという、庭師的な発想に導かれた態度である。それは社会実験的な態度でもある。ではそれはどのような思想なのか。以下の各章を通じて明らかにしたい。

第二章　共有された暗黙知

かつてK・ポパーは、「世界3論」というシンプルな理論を展開した(1)。「世界1」は、物理的なモノの世界である。これは端的に実在すると想定される。「世界2」は、主観的な知識や意識の世界である。これは他者と共有されていないため、実在しているかどうかは怪しいとされる。「世界3」は、客観的な知識の世界である。ポパーは物的な世界のほかに、客観的な知識の世界があるとした。例えば、私がメモ用紙に鉛筆で、何かメモを書き留めたとしよう。するとその内容は、それを読むことのできる人には知識として受けとめられる。その内容は私の主観的な意図をこえて、他者の行動に影響を与えるかもしれない。メモ用紙に書かれた知識は、それを書いた人の主観を離れて、世界の因果関係を構成しうるものとして存在する。これが「世界3」である。この他にも、本に書かれている知識や、ネット上の情報も、「世界3」に属する。

さて、以上のようなポパーの世界3論に加えて、私は「世界4」の領域があると主張したい。世界4とは、共有された非言語的なものの領域である。その特徴の探求は、自生化主義の思想を基礎づける。前章で私は、自生化主義の思考に基づく政策は、論理的には必ずしも自生的な秩序をもたらさないと指摘した。しかしこれは論理的な可能性であって、思想の観点からさらに問うべき事柄がある。すなわち、自生化主義は、それがどのようなものである場合に、すぐれた自生的秩序をもたらすのかである。世界4論はこの問題に、一つの洞察を与えるだろう。

1　世界3論への批判

世界4論を展開するまえに、ポパーの世界3論の意義と難点を指摘したい。

「世界3（客観的知識の世界）」の実在性とその相対的自律性を指摘するポパーの認識論は、唯物論的な決定論の世界観に抗して、人間の自由を確保するための哲学的基礎を与えている。私たちの意識（世界2）は、必ずしも物理的世界（世界1）に規定されるのではない。また、「世界1（物理的世界）」と「世界2（主観的知識・意識の世界）」と「世界3」のあいだには相互作用があるので、私たちは世界3における知の生産を通じて、既存の世界を超越する自由をもっている。客観的知識の領域としての世界3は、確かに、歴史上のどの時点においても、私たちに一定の「言語の監獄」(2)を与える。けれども私たちは新たな知の生産を通じて、この監獄をいつでも乗り越えることができる。人間の自由とは、言語の監獄を、他ならぬ言語によって超越することである。それは知の生産による自己解放であると同時に、世界3の知識を成長させることでもある。ポパーはこのように、世界3論によって、知の成長を企てる自由主義の思想を基礎づけた。

ポパーの世界3論は、科学的知識の成長を企てるプロジェクトとして魅力的である。けれども社会の成長について考える場合、必ずしも十分な理論とはいえない。ポパーのいう世界3は、広義には社会制度や芸術などを含むとしても、その中心には科学的知識が据えられる。しかし他の客観的知識、例えば芸術などは、どのように知として自律しているのか。またどのように知として成長するのか。明確に語ることは難しい(3)。ポパーは、人々が批判的な理性を用いることに、開かれた社会の基礎があるとする。しかし、すべての諸個人がつねに高度に批判的であるような社会は望ましいのだろうか。そのような社会においては、他の人間的価値が低く位置づけられることにならないか。

この問題に応じるために、私は「世界4」(4)というカテゴリーを提案したい。世界4とは、共有された非言語的なるものの領域である。それは例えば、ある職人たちのあいだで共有されたカンやコツなどの実践知である。ポパーは

「共有された非言語的なるもの」を、広義の世界3に含めて捉えたといえるかもしれない。けれども私たちは、世界4の領域を類別することで、社会における自由と成長の関係を別様に描きたい。世界4論は、科学的知識の成長に関するポパーの議論に対しても修正と再編を求める。

2 個体主義と総体主義

ポパーの世界3論を、社会論（社会と個人の関係）の文脈に置き換えてみよう。ポパーの世界3論における主観主義と客観主義の関係は、これを社会論における個体主義（individualism）と総体主義（totalism）の関係へと置き換えることができる。

個体主義とは、社会よりも個人を、実体的な存在（実在）として想定する立場である。すなわち個体主義は、個人を「社会に対する基体（subjectum）」として想定する。言い換えれば、個体主義は、「自ら真に基底的に実在しつつ、よって他をあらしめるもの」という意味での実体として、個人を想定する。この考え方は、認識論における「主観主義」に対応する。主観主義（主観的認識論）は、知識の基体を、各人の心の状態、あるいはその表れとみなす立場である。この主観主義の立場からすれば、認識の対象よりも、「世界2（個人の主観的知識）」の方が、根源的な存在性格をもつとみなされる。個体主義と主観主義はいずれも、個人、すなわち主体の心（意識）のなかに、社会や知識の存在根拠を求める点で同型である。

これに対して、社会論における総体主義とは、社会なるものが、個々の主体から独立して実在するとみなす立場である。個々の主体は、社会が存在してはじめて存立しうるのであり、個々の主体がその存在を抹消されても、社会は存続する。総体主義はこのように、個々の主体よりも社会の方が存在として先行すると考える。この考え方は、認識論における客観主義に対応する。客観主義は、知識が、個々の認識主体の主観を離れて存在すると考える。その場合の知識は、「物質（世界1）」でも「主観（世界2）」でもない「客観的知識の世界（世界3）」に属するとみなされる(5)。

このように、社会論における個体主義は、認識論における主観主義に対応するのに対して、社会論における総体主義は、認識論における客観主義に対応する。近代の個体主義は、社会が成立する以前に個人が実在するとみなすが、この個人の自律した実在性は、各人が自律した判断をもって社会のルールを決めるという、合理的な社会契約説のための規範的な根拠を与える。これに対して、社会は自生的に成長してきたとみなすポパーやハイエクの立場は、社会論における総体主義に根拠を与える。総体主義は、実体としての個々人が集まって社会を成立させるとは考えない。むしろ、個々人に先んじて社会が成立し、個人は社会においてはじめて生息しうると考える。ポパーに従えば、社会制度とは「広義の世界3」であり、それは相対的に自律した客観的世界である。それは、諸個人の意図とその意図せざる結果の連鎖のなかで成長してきたのであり、各個人は、この広義の世界3という実在のなかに住まう住人である。各個人は、この広義の世界3を居場所としてはじめて自由を獲得する。

3　世界4の導入

このように、近代の個体主義は社会契約説を基礎づけるのに対して、総体主義は社会制度としての「広義の世界3」を基礎づける。ここで広義の世界3とは、非明示的な知識を含んだ領域であり、明示的な知識の世界としての「狭義の世界3」とは区別される。社会を構成する要素は、すべて言語化できるわけではない。例えば私たちは、明示的な言語を用いなくても、身振りや手振りによって、すでに他者とコミュニケーションをしている。このような非言語的な領域を、ここでは狭義の世界3と区別して、「世界4」と呼ぶことにしたい。これに対して狭義の世界3を、以下ではたんに「世界3」と呼ぶ。

前章で論じた、市場均衡感覚（価格感覚）や言語感覚や正義感覚、あるいは言語化されていない慣習や道徳といった知識は、世界4に属する。また、ある種の思考習慣や感情内容などもこの世界4に属する。こうした非明示的な知識は、人々の身体的・実践的な相互交流のなかに体現されており、各人の個別の認識や捉え方には還元されない性質をもっている。市場の均衡感覚は、均衡価格についての各人の判断に基づくとはいえ、その判断の基準は、他者とゆるやかに共有された実践感覚に基づく。市場の秩序は、そのような感覚の共有を通じてはじめて安定的に再生産される。あるいはまた、正しい言語表現に関する言語感覚も、各個人の個別の認識や捉え方に還元されるのではなく、人々に共有された非言語的な感覚に基づいている。共有されることによってはじめて、言語の秩序は安定的に再生産される。正義感覚についても、同様の考察が当てはまる。このように世界4は、各人に固有の非言語的知識ではなく、人々のあいだで共有された暗黙知であり、それは社会秩序の安定した再生産にとって、重要な構成因をなしている。

もっとも世界4は、ポパーの図式では、世界2に還元されるかもしれない。世界2とは、心または意識の状態、あるいは行動ないし行為への性向からなる主観的意味における知識の世界である。個体主義や主観主義の立場からすれば、世界4の内容はすべて、世界2に還元される。これらの立場は、あらゆる知識の存在を、個人の心的状態や個人の実在性によって根拠づけようとする。

しかし非明示的な知識は、必ずしも個人の身体に宿るのではない。総体主義の立場からみれば、明示化しえない知識もまた、特定の認識主体から独立して存在しうる。正確には、その独立度には程度の差がある。例えば、科学的発見をなしとげる際の心理状態といったものは、一個人の知識にとどまる。これに対して職人のカンやコツといった知識は、ある集団内で共有されている。水泳の仕方などの実践知（暗黙知）は、より多くの人たちによって共有されている。また、大規模な集団においては、言語感覚や正義感覚や市場均衡感覚といった、広く共有された非明示的知識がある。このように非明示的な知識は、さまざまな共有度において存在する。世界2と世界4の境界は、この共有度をめぐる差において、グラデーションをなしている。

境界がグラデーションであるというのは、世界2と世界3のあいだも同様である。例えば、独り言／会話／公開討

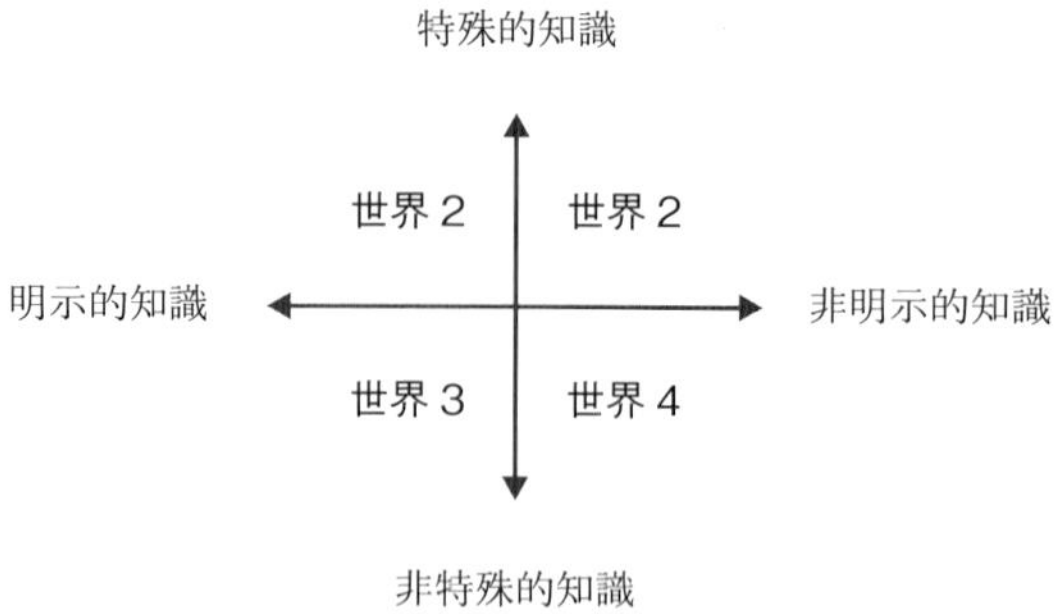

図2-1　世界２と世界３と世界４の関係（筆者作成）

論∧書類∧出版された本、という具合に、明示化しうる知識は、私秘的なものから広く共有された知識まで、さまざまなレベルにおいて存在する。ただし、ここでいう客観的知識の世界（世界3）は、知識の共時的共有度ではなく、知識の通時的理解可能性の度合いとして想定される。というのも、ポパーのいう客観的知識の理念型は、科学的知識の成長を可能にする条件を与えるような知識であり、それは必ずしも多くの人が同時に知っている知識ではないからである。この点において、世界4が想定する知識の共有性とはその尺度が異なる。

世界4の知識は、特定の個人の主観に依存しない点で総体主義的であるが、客体化して捉えることが難しい点では、非客観主義的である。これは世界4が、日常生活のさまざまな文脈のなかに体化（embodied）されていることを意味する。世界4の知識は、日常生活の内部で学習することは容易であるが、その外部で学習することは難しい。その知識を外部に移植することも難しい。またその体化の様態は、社会とともに変化するため、過去の様態を客体化して同定することも難しい。こうした点で、世界4は世界3と異なる特徴をもっている(6)。

まとめると、世界3と世界4は、世界2に還元されない知識の次元であり、それぞれ明示的知識と非明示的知識の二つの方向に位置づけられる。これらの世界の関係は、図2-1のようになる。

4　世界4論の問い

世界4は、共有された非言語的なるものの領域である。それは一方では、共有されない非言語的なるもの（世界2）と区別され、他方では、共有された客観的知識（世界3）と区別される。しかし個体主義や主観主義の立場からみると、こうした世界の分類は不当である。たとえ人々のあいだで知識が共有されたとしても、その知識は個人の主体的認識（主観）においてはじめて基礎づけられなければならない。知識の共有は、何ら実在的な性格を追加しない。世界2を基底とする主観主義の立場は、「〝私は知る〟とはいかなることか」という問いを立て、この問いに対する応答によって知識の存在を基礎づける。G・ライルのいう「ノウイング・ハウ（knowing how：やり方についての知）」も、また、こうした主観主義の問いの射程に含まれる。[7] それは「私は知る」という場合の知（knowing）の性格について、明示できないレベルの知や、知の実践的な用法を体得することに関心を寄せている。

これに対して世界3や世界4の実在性を基底とする総体主義の立場は、「〝私は知る〟とはいかなることか」という問いを、些末だとみなす。というのもそのような問いは、知識や社会の成長を可能にする条件について問わないからである。総体主義にとって重要な問いは、「私たち」という共有された次元において、「私たちはどのような知識をどのように用いて一定の社会的秩序を形成したり成長させたりすることができるのか」である。世界4論においては、「私たちは共有された非言語的なるものを用いて、いかに社会秩序を形成しうるのか、またいかにして社会を成長させることができるのか」という問いが重要である。こうした問いに応じて、例えば、「市場均衡感覚という知識を間主観的に用いることによって市場社会を維持・発展させる」とか、「一般的発話者の言語感覚を用いてコミュニケーションを安定的に維持する」とか、「人々のエートスを陶冶することによって社会を成長させる」といった具合に、考察を進めていくことができる。

世界4論は、共有された非言語的なるものを、社会における知識の成長条件として位置づける。それはたんに、暗黙知の次元やノウイング・ハウの次元を主観的な認識論の次元で重視するのではなく、それらの知識が共有され、私たちの行為を社会的に調整する点に関心をもつ。世界4は、一方では、歴史上のどの時点においても、私たちに「非言語的な監獄」を与える。しかし他方では、私たちはその非言語的なるものを豊かにすることによって、いつでも新たな解放を経験することができる。

世界4論はまた、ポパーの世界3論に対して批判を投げかける。ポパーは、私たちが批判的理性を用いて世界3の知識を成長させることに、自由の価値を見出した。これに対して世界4論は、次のように考える。すなわち、社会の成長にとって必要な批判的態度は、共有された非言語的なるものとしての世界4を発展させなければならないと。

5　ポパーの世界類型を再分類する

世界4は、実はポパーにおいても、少なからず重要な位置を与えられていた。ポパーは、世界4を独立した領域としては類別しなかった。しかしポパーは世界4に属する事柄について、断片的に論じている。例えば、ポパーが「人間の意識は非常に多くの抽象的な理論に基づいている」という場合の「理論」、人間や動物の感覚器官は仮説形成の産物であるという場合の「仮説」、あるいは動物や植物の「言語」などは、非言語的なものにとどまることが多い。ポパーは非言語的なものにも「仮説」とか「理論」とか「言語」といった用語を当てているが、これらの知識は、世界4に分類しうる。また、ポパーのいう「批判の伝統」や「背景的知識」や「いまだ言語的に明確にされていない問題状況」も、世界4の知識とみなすことができる。これらの知識は、共有された非言語的なるものであり、世界3の成長を条件づけると同時に、それ自身も発展する。

このように、私たちはポパーの議論のなかで、世界4に当てはまるものを類別できる。ポパーは、世界2と世界3が相互作用によって成長すると主張するが、世界2と世界4もまた相互作用によって成長する。例えば、非言語的な慣習やエートスは、私たちの主観的知識を変容させ、その成長を導くことができる。世界4は、一方では科学的知識の成長を可能にし、他方では、社会の成長を可能にする。また世界4は、それ自体が成長する可能性をもっている。

こうした世界4の領域は、ポパーの世界3論を、社会の成長論へ拡張するという観点から概念的に把握されている。それは社会システムの成長を考察する際に、重要な対象であることが理解されよう。

6　おわりに

共有された暗黙知としての世界4は、社会における人間の自由を、総体主義の側から考える方向性を与える。世界4は、私たちに「非言語的な監獄」を与えるとはいえ、私たちは世界4を豊かにすることによって、新たな解放としての自由を経験する。世界4の成長は、私たちにとっての自由である。とすれば、私たちは次のように問わねばならない。自由を育むために、私たちはどのように世界4と向き合うべきなのかと。私たちは、いかにして世界4の知識を学び、またこれを発展・伝承していくことができるのか(8)。

社会の成長は、さまざまな尺度によって複数の観点から評価されうるが、そのような尺度もまた、成長と淘汰のメカニズムにさらされる。その場合、世界4は、さまざまな尺度の成長を可能にする条件であると同時に、それ自体が成長することによって自由をもたらす本体でもある。私たちの自由は社会の成長に条件づけられるとはいえ、成長の条件としての世界4も成長する。世界4の成長のうちに、私たちは自由の基底を見出すことができる。では私たちは、世界4をどのように育んでいくべきなのか。自生化主義は、共有された暗黙知の成長に関心を寄せる。世界4の領域は、たんに社会の安定性を維持するものとしてではなく、自由と成長の関係において、改めて問われなければならない。

第三章　自生化主義　野性的な繁殖可能性を秘めた自然の活用

私はこれまで、「自生化主義」や「成長論的自由主義」という造語を用いて、自分の思想を表現してきた。どちらも同じ意味ではあるが、成長論的自由主義は、どちらかといえばその規範理論的な側面を表しているのに対して、自生化主義は、どちらかといえば思考態度や政策思考の側面を表している。本章は、この自生化主義の根幹を論じたい。自生化主義とは、対象を自生的に生成させるための思考術である。けれども「自生的に生成させる」という表現は、矛盾をはらんでいる。生成させるという使役表現には、自生的ではない、作為的な作用が含まれているからである。この矛盾をはらんだ自生化主義の思想を、以下に明らかにしたい。

自生化主義が自生的に生成させようとしている対象は、なによりも実質的な自由である。では実質的な自由とは何か。それは、人間の潜勢的可能性（ポテンシャル）が十全に開花することである。比喩的に言えば、野性的な自然が繁殖することである。実質的な自由は、政府がたんに消極的自由（強制からの自由）を保障するだけでは実現されない。私たちはこの社会で、程度の差こそあれ、実質的な自由をさまざまなかたちで実現する。ではこの実質的な自由は、いかにしてその発現を促進されうるのか。これが自生化主義の問いである。

この問題について、拙著『自由の社会学』[1]で検討したことがある。私見によれば、実質的な自由は、次の三つの原理によって促されうる。すなわち、卓越（誇り）の原理、生成変化の原理、分化の原理である。卓越（誇り）の原理は、最低限の尊厳の保障は、人々の「誇り（プライド＝自尊心）」の感情を育み、その感情は、強い自尊心としての卓越へと人々を向かわせる、と考える。自由は「尊厳→誇り→卓越」という価値の連鎖を通じて実質的に実現されていく。生成変化の原理は、自由は社会のたえざる変化を通じて実質的になる、と考える。私たちは、既成の価値観や権力の作動がもたらす権力作用から逃れ、新たな価値観や権力の作動をもたらすことで、実質的な自由を手にすることができる。第三の分化の原理は、全体を分割したり、差異化したり、そこにノイズを挿入したり、亀裂を入れたり、あるいは複数化したりすることによって、実質的な自由がもたらされる、と考える。以上の三つの原理は、自由を実質化するための制度的・政策的な知恵である。

以下では、自由のこの三つの原理を支える、自生化主義の思考術を明らかにしたい。実質的自由とは、私たちの潜勢的可能性が十全に開花することである。自生化主義は、そのような開花を育んだり促したりするための、思考のかまえである。

1　思考術

リバタリアニズムや古典的自由主義の立場からすれば、私たちの潜勢的可能性は、政府介入がないときに、最も自発的な仕方で実現するとみなされるかもしれない。あるいは、どんな支配的な力（dominance）も社会的に認めまいとする「非支配の立場（ある種の共和主義）」こそ、私たちの潜勢的可能性を最大限に引き出す制度条件であるとみなす人もいるかもしれない。この後者の立場は、マクロ的・ミクロ的な次元での支配的な力こそ、私たちの潜勢的可能性の開花を抑制している本体だとする。しかし他者に対する支配力が働かない社会において、私たちは本当に、自らの潜勢的可能性を十全に開花させるのだろうか。

人間の潜勢的可能性が自生的に開花する条件は、リバタリアニズムや古典的自由主義や、あるいはある種の共和主義によっても与えられないように思われる。人間の潜勢的可能性が十全に開花するためには、ある社会的な制度を、人工的な仕方で組織化する必要があるように思われる。潜勢的可能性の自生的な開花は、人工的に条件づけられた制度的土壌のうえに涵養される。自生化主義は、社会のなかの支配的な力を最小にするのではなく、そこに対抗支配的な力を対置することによって、人間の潜勢的可能性が活性化されるようにアレンジする。

この自生化主義の考え方は、成長論的自由主義の理念につながる。どちらの理念も、人間の潜勢的可能性の十全な開花はいかにして可能か、という問題に対する応答である。F・A・ハイエクは、自然と人為の二分法をこえて、自生的秩序の理念を示した(2)。自生的秩序は、人々の相互作用を通じて、それ自体として生成するが、その相互作用の一つ一つは作為的である。しかしその相互作用から、意図せざる結果として自生的秩序が生成する。例えば、市場経済や言語といった秩序には、人々の相互行為の意図せざる結果として、自生的に生成するという特徴がある。ハイエクはこうした秩序の自生的な生成を、政府が妨げるべきではないと考えた。これに対して自生化主義は、ハイエクの主張とは対照的に、人々の潜勢的可能性を有効利用するために、政府の役割があると考える。自生化主義はまた、秩序の自生性をいかに保持するかという問題よりも、人間の潜勢的可能性の開花をいかに促すかという問題に関心を寄せている。

さらに自生化主義は、社会が自生的に生成するとともに、そこにおいて人々が自身の潜勢的可能性を開花していくような社会秩序に関心を寄せている。たんに人々の行為の意図せざる結果として秩序が生まれると期待するのではない。潜勢的可能性を十全に開花させるためには、人々の活動に対して何らかの支援や介助が必要であると考える。また、人間の潜勢的可能性は、政府介入からの自由（消極的自由）という条件のもとでは、必ずしも活性化しない(3)。人々の潜勢的可能性が不活性の場合、それを活性化させて創造性と自律性をもたらすためには、人々のあいだに、ある種の敵対的で拮抗的な関係を築くことが効果的である。ライバル競争的で、互いに切磋琢磨するような関係性が、人々の潜勢的可能性を引き出すために効果的なこともある。

他方で自生化主義は、ハイエクが示した、タクシス（組織内部の統括原理）とノモス（社会全体の統括原理）の二分法や、設計主義的秩序と自生的秩序の二分法を疑う。例えば、国民国家の境界は自生的秩序の一部だろうか、それとも設計的秩序の一部だろうか。人種のセグレゲーション（分離居住）はどうか。会社組織の発展はどうか。答えは私たちの視点によって変化する。設計主義的秩序と自生的秩序の二分法に照らすと、その性質が曖昧にみえるものがある。しかしその曖昧さは、自生化主義にとって問題ではない。自生化主義は、どんな秩序であれ、その自生化、すなわち秩序の生成作用に関心を寄せている。

また自生化主義は、秩序それ自体をいかに安定化させるかに関心を抱くのではなく、秩序がそれ自体としてダイナミックに生成するプロセスを促そうとする。例えば、はたして国民国家は自生的に進化してきたのかどうかについては、さまざまな意見がありうる。しかし自生化主義はその源泉ではなく、ダイナミックに生成するプロセスに関心を寄せる。自生化主義は国民国家を、国境管理、移民政策、あるいはセグレゲーション政策といった、さまざまな戦略的操作の観点から捉え返す。これらの人為的な管理は、自生的秩序のダイナミックな過程を促すための土壌づくりであり、人間の潜勢的可能性を十全に開花させることに資すると考える。

「自生化」の概念は、これを「自然化（帰化）」と対比させることができる。自然化とは、人為的なものを自然なものにする作用である。これに対して自生化は、自然なものを人為的にもたらす作用である。自生化主義は、秩序の源泉が自然なものか人工的なものかを問うのではない。自生化主義は、プロセスのダイナミックな生成を促すことができるかどうかを問う。

2　進化という企て

ある意味で自生化主義は、起源の反復を意味している。それは、生成のプロセスのあらゆる側面において、秩序が開花する作用を含んでいる。かつて社会的ダーウィニズムは、自由な市場競争を通じて、強い人たちが社会的に生き残ることを、進化の理念によって正当化した。これに対して自生化主義は、既得権をもった強者たちによって、社会の進化のプロセスが妨げられていることに、批判的な関心を向ける。自生化主義は、支配階級を流動化させたり、非支配階級の対抗的な力を醸成したりすることによって、社会が自生的に変容《メタモルフォーズ》するプロセスに関心を寄せている。

かつてL・フォン・ミーゼスは、「全能政府」という理念を批判して、個人の自由意志に基づく交換経済の理念を支持した(4)。自生化主義は、このミーゼスの批判に加えて、全能のパワーを政府から諸個人に移転しようとする。自生化主義は、全能政府に代えて、全能なる個人を肯定する。自生化主義は、人々の全能感を充溢させて、自身の潜勢的可能性を最大限に発揮するように促す。

自生化主義はまた、科学的知識の成長をテーマにするK・ポパーの批判的合理主義(5)を拡張して、これを人々がその潜勢的可能性を創造的に用いる領域全般に当てはめようとする。例えば市場経済のプロセスは、それが人々の潜勢的可能性を発展させるために、ライバル競争的な関係を伴う場合には、自生化主義の一つのすぐれたモデルとなりうる。創造や発展のプロセスを促すためには、人間の諸行動を管理する制度をたんに排するのでなく、新しい関係性を積極的に築くことが必要である。A・スミスのいう「見えざる手」は、諸個人による私的利益の追求がその意図せざる結果として公益をもたらすと指摘するが(6)、これに対して自生化主義は、主体の意図／非意図の区別ではなく、諸個人の欲望や全能感を刺激して、これらをいかに有効利用するかという問題に関心を寄せる。かつてルネッサンスのヒューマニズムは、どんな超越的権力も私たちの世界の諸価値を決定しないと主張したが、これに対して自生化主義は、諸個人の内在的な創造性を刺激するための、さまざまな政府介入が可能であるとみなす。世界の諸価値は、そのような介入によって育むことができると考える。

ネグリ／ハートのいう「非場所（non-place）」という概念は、この自生化主義の考え方を例証するうえで参考になる。ネグリ／ハート(7)によれば、非場所とは、マルチチュードたちが内在性の論理に基づいて生成的な諸関係を構築するための装置である。言い換えれば、非場所は、超越的な観点から管理しようとする規律訓練権力によっては捉えることのできない、もう一つの場所である。では私たちは、どのようにして非場所をみつけることができるのか。それは新たにバーチャルなものとして構成される必要がある。ネグリ／ハートにとって目標となるのは、彼らが「帝国」と呼ぶものの内部で、誰も支配的な力を行使することのない空間を構築することである。そのような空間は、オルタナティヴなメディアを活性化させることによって可能になる。バーチャルなものを媒介として、可能なものからリアルなものを生成する回路は、ある意味で、創造性を発揮するための基本的な道程である。そのような創造性の回路はまた、解放の集合的な力を解き放つ。新しいバーチャルな空間には、労働力の生産的な潜勢的可能性もまた宿るだろう。

規律訓練権力によって捕獲されることのない非場所においては、既存の評価尺度を超えて、私たちの欲望を全能性へとむけて、あらゆる方向に拡張していく可能性がある。自生化主義は、そのような非場所を媒介として、力の全方向的な拡張を促そうとする。非場所は、意味のさまざまな文脈を含んだ場所とは対照的に、人為的に作られた、意味の偶有的な場所である。そこにおいては、意味は脱文脈化される。そのような非場所を生み出すことは、人々の潜勢的可能性を引き出すために資する。なぜなら私たちの潜勢的可能性は、まだ意味の確定していない力能だからである。

自生化主義は、私たちの社会の進化を促すために、社会をもっと複雑にしようとする。自生化主義は、私たちの合理的行動の認知的限界に対処するために、慣習的な行動を保持することにはあまり関心を払わない。社会の進化に向けて問うべきは、私たちの知識をいかに設計主義的に用いるかではなく、あるいはまた、私たちの知の限界に対処するために、どのようにして慣習の意義を見極めるかという問題でもない。むしろ私たちの潜勢的可能性を、社会の発展のためにいかに有効利用しうるかという問題である。

保守主義の視点からすれば、私たちは自身の無知に対処するために、社会の複雑性を縮減してルールや慣習に従うことが推奨される。これに対して自生化主義の視点からすれば、私たちは自らの無知を超えて、私たちの潜勢的可能性をいかに活性化し、またそのためのコストを削減するかという問題が重要となる。自生化主義にとって、制度や慣習は、複雑さと進化を促すように構成されなければならない。制度や慣習は、人間の潜勢的可能性を解放するための諸機会を提供するように構成されなければならない。自生化主義は、複雑な社会をいっそう複雑にすることによって進化を促進する。このような企ては、ルールを基底におくルール原理主義や、慣習を基底におく従来型の保守主義に代えて、私たちの潜勢的可能性の自生的な生成を促す進歩主義を要請する。それは設計主義的な進歩主義とは異なる態度であり、秩序の自生的な生成を促す庭師的な発想を必要としている。

3　デュナミス（潜勢的可能性）

最後に、私は自生化主義の理念を、存在論における総体主義と個体主義との関係で位置づけたい。廣松渉はかつて、森と木を比較した場合に、いずれが存在論的に先行するか、という問いを立てた(8)。森は、存在論的にみて木を前提とするのか、それとも反対に、木は存在論的にみて森を前提とするのか、という存在論上の優位問題である。存在論的な個体主義によれば、森は、個々の木が集まってはじめて存在するのであるから、個々の木が森の存在に対して先行する。これに対して、存在論的な総体主義によれば、個々の木は、森という生態系が存在する場合にはじめて存在しうるのであるから、森はそれを構成する個々の木よりも存在論的に先行する。この総体主義的な見方は、「関係主義」とも呼ばれる。関係主義は、個々の木は、木々のあいだのネットワークがあってはじめて存在する、と考える。

この存在論的な総体主義と個体主義の関係を、個人と社会の関係に当てはめてみると、存在論的な個体主義は、個人の価値的優位を主張する。これに対して、存在論的な総体主義は、社会や関係性の価値的優位を主張する。しかしこのような対応関係は、そもそも価値的優位とは何かという問題を提起する。と同時に、このような存在論の規範理論的拡張は、社会を静学的に捉えるあまり、社会における規範的価値の問題に有効な手がかりを与えない。

森と木の存在論的な関係という例は、個々の要素が創造的に変形しうることや、個々の要素が異質であるという可能性を想定していない。森と木の例は、いかにして森という全体を涵養するか、という問いに手がかりを与えもしない。存在論的にみて、個体主義よりも総体主義が優位するという考えは、個体がダイナミックで異質で内在的な性質をもつことの意義を捉えるものではない。

これに対して自生化主義は、各個体のポテンシャルという存在様態、すなわちデュナミス（潜勢的可能性）を捉えようとする。個人のデュナミスに価値を置く社会は、全体性や関係性の完成であるエンテレケイア（完成された現実性）に価値を置く社会とは区別される。全体性はつねに、再生産と生成のプロセスにあり、デュナミスの発現は、いつまでたってもエンテレケイアに到達しない。自生的な社会を構成する基本的な存在論的要素は、個体の静態的な関係性やその結節点ではなく、個体のデュナミスであり、またその生成である。

デュナミスは、存在論的には、個体主義と総体主義の両面から捉えることができる。けれども自生化主義は、存在論的には個体的なデュナミスの優位を前提とする。個体のデュナミスは、それが生態系としての社会によって規定される範囲をつねに超えているからである。個人は、存在としては社会の総体を前提とする一方で、そのデュナミスは、特定の社会的総体をつねに超えている。デュナミスは、その生成の過程において捉えることがふさわしい。その場合の生成とは、システムがその最終的な目的としての静態的安定性に到達するような過程ではない。むしろ、そのような安定性をたえず妨げ、システムのなかに新たな抗争と問題を持ち込むような過程である。

4　おわりに

自生化主義は、個体の潜勢的可能性を刺激して発現させようと企てる。もっとも自生化主義は、あらゆるデュナミスが現実態になる「エンテレケイア」を最終目標にするのではない。それは不可能な理想であるだけでなく、矛盾した理想でもある。デュナミスは、そのすべてが実現するのではない。デュナミスは、それが実現する割合に比して、圧倒的に無限である。デュナミスは、それ自体として肯定されなければならない面がある。実践的に問題となるのは、デュナミスをどのような方向に開花させるのか、そしてまた、それが全面的に開花しない場合にどのような土壌づくりが望ましいのかである。では自生化主義はどのような制度を構想するのか。本書はこの問題を第四部で検討したい。

第二部　自由の哲学

第二部は、自生化主義の哲学的基礎論である。自由論、問題論、他者論、選択論、および、精神論という五つのテーマからなる。

第四章　自由論　全的自由の立場

自生化主義は、自由主義の一つである。自由主義における自由とは何か。本章はこれを自生化主義の観点から明らかにしたい。

すでに触れたように、自由主義は必ずしも自由を重んじる思想ではない。J・ロールズの自由主義は、正義を重んじる思想であり、自由をそれ自体として基礎づけているのではない。これに対して自生化主義は、自由それ自体を基礎に据える。本章はこの立場を哲学的に基礎づけるために、I・カーターの「全的自由（overall freedom）」論を検討する。カーターの議論は、認識論と存在論の次元において展開されるが、私はそこから実践的な含意を引き出すべく、規範的・実践的な次元に全的自由論を拡張したい。

1　特定の自由と自由一般

最初に根本的な論点として、はたして自由一般というものは存在するのか、という問題がある。R・ドゥオーキンによれば、自由とはすべて「特定の自由」であり、国を離れる自由や特定の宗教を実践するといった自由である。政治学における理に適った自由論は、こうした特定の自由のみを扱うのであり、自由そのもの（as such）を扱うのではない(1)。自由そのものは、自由主義の議論において扱うことができないとされる。

カーターはしかし、このドゥオーキンの考え方を批判する。自由は特定の自由に還元できない次元をもつという。カーターの論点は、二つある。一つは、特定の自由をどのように評価するかという、メタ次元の自由の概念が必要だという点である。もう一つは、特定の自由に還元されない自由にこそ、自由の本来的価値があるとみなす点である。

もし私たちが個々の特定の自由しか論じることができないとしたら、社会主義国と資本主義国のどちらがより自由であるかについて、評価することはできない。社会主義の国においても資本主義の国においても、さまざまな自由がある。それらの自由を個々に挙げて比較したとして、ではどちらの国がいっそう自由なのか。それを判断するためには、自由を全体的に評価する尺度がなければならない。自由な社会を評価するためには、個々の自由を全体的に評価するための、自由一般の理念が必要である。

ここでかりに、全的自由が個々の自由の総和によって成り立つとしてみよう。では私たちは、個々の特定の自由の価値を、どのように加算すべきか。例えば私は、特定の自由として、「読書する自由」を享受しているとする。その場合の特定の自由とは、「ドストエフスキーの『罪と罰』のある特定の翻訳を読む自由」というように、さらに特定することもできる。あるいは、その本を電車のなかで読む自由とか、その本を電車のなかで誰にも盗み読みされずに読む自由といった具合に、行為の条件をさらに特定することもできる。私たちは、どんな本をどのように読むのかについて、特定の自由を列挙しようとすれば、無限の明示可能性に直面する。加えて、読書する自由の価値は、個々の条件を列挙するだけでは、それらがどの程度自由なのかが分からない。読書する自由の価値について、私たちは全的自由の観念に照らして評価しなければならない。どのような自由がどれだけある場合に、私たちは自由をより多くもつのだろうか、と。

全的自由の概念は、個々の自由がもつ価値（その基本財＝善としての性質）を量るために要請される。カーターはこの考え方を、「全的自由テーゼ（overall-freedom thesis）」と呼んだ。(2) この全的自由テーゼには、特定の価値に基礎づけられない自由も含まれる。全的自由は、特定の自由に還元されない性質をもつ。例えば、まだ知られていない自由や、まだ曖昧なかたちでしか意識されていない自由、あるいは、潜在的に可能であるが列挙することに意味がないとみなされている自由や、特定の行為概念と結びつかない自由など、特定の自由をたんに列挙するだけでは見失われてしまう自由がある。全的自由は、そのような自由にも価値を認め、社会全体の自由度を評価する。

カーターは全的自由の観点から、自由な社会を評価するための哲学を展開した。その議論を掘り下げると、全的自由には、およそ以下の三つの特徴があるといえる(3)。

第一に、全的自由は、実質的な自由にかかわる理想である。

第二に、全的自由は、さまざまな制約のなかで実現される自由ではなく、到達不可能な理念としての完全な自由にかかわる理想である。

第三に、全的自由は、個々の特定の自由にかかわる価値ではなく、自由そのものであり、自由一般(freedom tout court)にかかわる理想である。

全的自由にはこのように、実質的、完全的、一般的という性質がある。全的自由の概念は、個々の特定の自由を評価するためのメタ次元に想定されている。それは私たちの社会が全体として自由であるかどうかを評価する理念である。

この全的自由の理念を想定しなければ、私たちは、社会の自由度を評価できないだけでなく、自由の価値を解釈できない。具体的に、「食べる自由」の自由度について考えてみよう。ある人は、パスタを食べる自由として、さまざまな形のパスタがあること、またさまざまな調理方法があることをもって、全的自由の幅があると考えるかもしれない。またある人は、パスタ以外にも、さまざまな食材が入手できることをもって、全的自由の幅があるとみなすかもしれない。いったいどちらの「特定の自由」のほうが、全的自由に照らして価値があるのか。全的自由の計測方法をめぐっては、さまざまな考え方が対立するにちがいない。

論者によっては、全的自由の尺度など存在せず、諸価値の争いを調停することはできないと考える人もいる。けれども全的自由とは、まさに諸価値を争うための一定の理念であり、諸価値の抗争概念（contested concept）として存在する。どんな自由をどれだけ重んじるべきなのか。自由の価値をめぐる闘争を有意義に導くためには、全的自由の概念をめぐる争いがなければならない。この概念をうまく定義すること自体が争われなければならない。全的自由による評価がなければ、はたして社会主義国と資本主義国のどちらが自由なのか、私たちは論じられない。

全的自由の立場は、さまざまなイデオロギー的立場と拮抗する。どの自由がどれだけ重要であるかという、自由の価値をめぐる争いが生じたときに、これを「公正としての正義」の観点から調停するか（正義論に基づく自由主義）、ある特定の共同体的価値の観点から調停するか（共同体主義）、価値の複数性や多元性の発展という観点から調停するか（複数主義、多元的文化主義）、等々、さまざまなイデオロギー的立場がありうる。全的自由の立場は、自由の価値をめぐる争いが生じたときに、メタ次元の自由の理念によって調停しようとする。これは決して容易なことではないが、そのように発想するのが全的自由の立場である。

2　全的自由の特徴

ここで全的自由の三つの特徴をやや詳しく検討しよう。

第一の特徴、実質的な自由（real freedom）とは、自由がたんに形式的に与えられるのではなく、実質的に用いられている状態である。それは私たちが、何でもできるという全能感を享受できるような状態、あるいは自身の潜勢的可能性を発揮しているような状態である。

例えば「言論の自由」という特定の自由は、それが制度として与えられているだけでは、実質的な自由とはいえない。その自由を実感したり行使したりする人がいなければならない。言論の自由を実質的に評価するための一つの方法は、危害原理の観点から、どのような言論が他者に危害を及ぼすと認定されるのかについて、その範囲を特定することである。そしてその範囲が広い場合に、自由がいっそう実現されたとみなすことができる。しかしこの方法は、私たちが実際に、言論の自由をどれだけ行使しているかを測るものではない。

例えば、人口一〇万人の社会において、一人の人間だけが、言論の自由を最大限に活用している場合を想像してみよう。その人は他者への危害原理に抵触するギリギリの言論活動をするが、他の人々はほとんど言論活動をしない。そのような社会は、全的自由の観点からみて、あまり自由とはいえない。全的自由の立場は、言論の自由が実質的に多く利用されている社会を望ましいとみなす。あるいは全的自由の立場は、言論の自由をめぐって、訴訟やコンフリクトの多い社会の方が、実質的な言論の自由が多く実践されているとみなすかもしれない。

別の例として、「信教の自由」が認められた社会において、ほとんどの人が信仰心を失った状況と、反対に、信教の自由が認められていない社会において、多くの人々が隠れてさまざまな信仰（あるいはそれに代替する精神的営み）を実践している社会を比較してみよう。形式的にいえば前者が自由な社会であるが、実質的にいえば後者が自由な社会であると解釈できる。全的自由がよく実現された社会とは、諸々の自由が、実質的に多く活用されている状態である。そのような全的自由に照らして個々の自由の価値を評価するためには、自由の制度的実現を問題にするのではなく、自由の実質的利用を問題にしなければならない。

全的自由の第二の理念は、さまざまな制約のなかで実現しうる個々の自由ではなく、到達不可能な、完全な自由にかかわる。むろん、完全な自由とはどんな理想であるのかを確定することは難しい。しかしこの理想がなければ、私たちは個々の社会の自由度を評価することができない。例えば、私たちが享受している自由は、全体として、昨日よりも今日の方が多いのだろうか。あるいは、ある社会に暮らす人々よりも、別の社会に暮らす人々のほうが、全的自由が多いといえる基準はどのようなものだろうか。こうした問いに満足のいく答えを出すことは難しいが、何らかの指針がなければならない。私たちは複数の仮説を立てて、自由の基準を問題化しなければならない。

全的自由の基準は、さしあたって仮説として提起される。問題は、価値の相対主義の立場に立って、それらをすべて同等な仮説的基準として認めるのか、それとも批判的合理主義の立場に立って、そのなかからすぐれた基準を発見できると考えるのかである。後者の立場は、全的自由の計測は可能であるという信念を正当化する。全的自由の尺度は、さまざまな仕方で仮説的に計測することができる。私たちが実質的な自由をめぐって議論できるならば、それはすでに実り豊かな自由社会といえるかもしれない。反対に、私たちがもし全的自由の理念を失えば、もはや私たちの社会がどれだけ自由であるのかについて、有意義な議論をすることはできない。

全的自由の第三の特徴は、自由一般（freedom tout court）にかかわる理想である。言い換えれば、全的自由は、私たちが特定の状況下で抱く選好とその順序に依存するような選択肢ではない、ということである。全的自由は、選択肢の背後にあって、人々の活動を突き動かすような自由であると考えられる。

例えば私たちは、自分たちが選好する特定の自由の多くを、すでに享受しているとしよう。私たちはそれで満足するだろうか。むしろこれまで気づかなかったような新しい自由を求めるのではないか。全的自由は、選好された特定の自由を保障することによって実現されるのではない。そこには特定の自由には還元されない、新たな可能性の次元が必要である。私たちが求めているのは、自分自身であらかじめ選好した特定の自由だけではなく、自分自身がまだ気づいていない、潜在的に可能な選択肢でもある。全的自由の立場は、そのような潜在的な選択肢を含めて、自由一般を求める立場である。全的自由は、新しい選択肢を生み出せなければならない。

ここで、意識的な選択を導く「選好」と、その背後で私たちの活動を駆動する「欲望」を区別してみよう。選好は、すでに存在する選択肢のあいだの順序づけである。これに対して欲望は、まだ存在しない選択肢を希求するという特徴をもつ。全的自由の立場は、この欲望に準拠して、新たに可能な選択肢を探索する。全的自由は、欲望の公理であり、欲望はその個々の実現を超えて、たえず潜在的に可能な次元へと向かっていく。このような欲望の性質は、私たちがある特定の自由を求めているようで、実はそれらの自由が実現した場合にも満足できないという心理を説明する。私たちが求めているのは、あらかじめ特定された選択肢ではなく、むしろまだ特定されていない潜勢的可能性の次元において、何か新たな選択肢が生まれることである。そのような生成と探索への要望は、「選好」と「欲望」の乖離、あるいは全能感における「実現の享受」と「さらなる可能性の享受」の乖離という、二重の乖離になって現れる。

このように全的に自由な社会とは、リスト化されていない選択肢の次元において、新たな自由が実現されていくような社会である。全的自由の立場は、理性による選択の背後に、欲望に基づく全能感の審級を認める。そのような審級が、私たちの社会をいっそう自由なものへと導くと考えられるからである。

3　全的自由と関係主義的自由

みてきたように、全的自由の立場は、自由の実質的、完全的、一般的な性質を肯定する。この考え方は、私たちの社会を批判的に評価するための、一つの規範的な観点を提供している。その意義を明らかにするために、この全的自由の立場を、関係主義的な自由の立場と比較してみたい。

関係主義的な自由とは、次のような考え方である(4)。自由とは、ある一定の行為の関係において認められる現象であり、対他者的な関係を離れてその意味を理解することはできない。自由の価値は、個々の特定の文脈における対他者関係に現れる。例えば、私は「私的所有の自由」を行使する場合、その自由は、私個人に備わった本来的な属性ではなく、対他者関係において構成された現象である。私的所有の自由をあたかも各人の本来的な属性であるかのようにみなす見解は、諸々の行為関係の束を、人格的な属性として物象化しているにすぎない。自由を物象化して理解すると、あたかもそれが本来的かのようにみなされてしまう。しかしどんな自由も、人間行為の対他者関係を離れては存在しない。本来的に自由な属性というものは、存在しない。このように、本来的な自由の性質を、対他者関係の物象化として理解する立場が関係主義である。

しかしこの関係主義は、全的自由の概念を捉えそこなっている。関係主義は、自由を特定の対他者関係に現れる構築された現象として捉える。ところが自由は、あらかじめ規定された相互主観的な枠組みでは捉えられない次元をもつ。自由の性質を理解するためには、特定の人間関係を離れて、自由をさしあたって人間の属性として捉えなければならない。あるいは自由を潜勢的に可能な関係性として捉えなければならない。自由とは、どんな特定の人間関係にも還元されない次元をもち、またどんな特定の自由にも還元できない次元をもっている。

関係主義においては、価値は一定の対他者関係においてはじめて理解しうるとみなされる。例えば、真理や善や美といった価値は、それ自体として価値があるのではなく、一定の相互主観的な判断枠組においてはじめて評価される。このような関係主義の見地に立てば、自由もまた、特定の行為関係においてはじめて意義があるとみなされよう。

これに対して全的自由の立場は、自由はそれ自体として価値があると考える。この考え方は、善がそれ自体として価値をもつという考え方と同型である。自由は、個々の特定の文脈を超えたところに、それ自体が価値をもって現れる。言い換えれば、自由は、あらかじめ特定されない関係性に開かれた価値をもつ。

関係主義の観点からすれば、人類がこれまで獲得してきた自由の歴史は、諸々の特定の自由を制度的に獲得していく過程として理解されよう。人類は、その都度の歴史的文脈において、特定の自由を求めてきた。自由な社会は、そのような特定の自由の蓄積によって成り立っているとみなされよう。これに対して全的自由の立場は、人類がこれまで諸々の自由を獲得する際に、その駆動因として全的自由があったと考える。奴隷の解放において人々が求めたのは、たんなる特定の自由としての奴隷の解放ではなかった。人々は解放運動において、究極的には全的な自由を求めたにちがいない。このように想定してみると、自由な社会の理想とは、私たちが欲している特定の自由を完全にリスト化して実現した社会ではなく、そのようなリストから洩《も》れるような、新たな自由が実現されていくプロセスのなかにある。全的自由の立場はこのように、自由の歴史をその駆動因に即して理解する。

全的自由の立場は、自由がそれ自体として価値をもち、私たちを駆動すると考える。私たちは個々の文脈で特定の自由を求めるとしても、その駆動因は特定の文脈においてのみ動機づけられているのではない。あるいは、特定の自由を追求することで得られる価値は、必ずしも特定の自由がもつ価値に還元されるのではない。私たちが求める自由は、その都度の文脈や対他的関係によっては、十分に説明することができない。

4　自由の本来的価値と道具的価値

このように全的自由の立場は、自由がそれ自体として価値をもつと考える。自由は、それ自体として本来的な価値をもつと同時に、特定の目的に役立つのではない道具的な価値をもつ。この本来的価値と道具的価値という二つの価値は、一つの通底する考え方に帰着する。自由とはつまり、新しい可能性に開かれたものとして価値をもつ、という考え方である。

全的自由の立場を、選択の自由に即して検討してみよう。いま職業の選択をめぐって、二つのタイプの社会がある。一つは、選択肢が二つしかないけれども、新しい選択肢に開かれた社会である。もう一つは、職業の選択肢が一〇〇種類もあるけれども、新しい選択肢には開かれていない社会である。全的自由の立場は、前者の社会が望ましいとみなすだろう。また次のような二つのタイプの社会を考えてみる。一つは、よい選択肢が二つあるけれども、新しい選択肢には開かれていない社会である。もう一つは、あまりよくない選択肢が二つあるけれども、新しい選択肢に開かれた社会である。全的自由の立場は、後者の社会が望ましいとみなすだろう。

全的自由の立場は、なぜ新しい選択肢の可能性がある社会を望ましいとみなすのか。それは自由がそれ自体として、個々の特定の自由の価値に還元できない価値をもつと考えるからである。その価値は、帰結によって判断されるのではなく、それ自体として価値があるとみなされる。その意味で自由は本来的な価値をもっている。

この自由の本来的価値は、見方を変えれば、私たちが善き生を実現するための道具的な価値でもある。自由は、善き生を営むために必要な条件である。その意味で、自由は善き生を実現するための道具的価値をもっている。しかし、自由の本来的価値が可能にする善き生は、特定されたものではない。全的自由の立場は、まだ特定されていない善き生の可能性を開くことができる。共同体主義は、ある特定の善き生の実現する社会を構想するのに対して、全的自由の立場は、まだ特定されていない善き生を実現する社会を構想する。この点で全的自由の立場は、共同体主義に自由を埋め込んだ思想である。

新しい善き生の内実が分からない場合、私たちはその生を、最適な手段によって求めることはできない。試行錯誤を繰り返し、何度も選び直す過程を通じて、私たちは新たな善き生を実現するほかない。この場合の自由とは、ある目的を実現するための手段というよりも、未知の目的を探究するための環境である。自由とはつまり、特定されない目的のための道具であり、目的に照らして最適化しうる道具ではない。それは多くの失敗と試行錯誤を要請するという特殊な意味において、道具的価値をもっている[5]。

このような道具的価値を私たちが受け入れるためには、もし新たな善き生を求めてそれを発見できなかった場合にも、その境遇を受け入れる用意がなければならない。その一方で、個々の探求が失敗しても、全体としては新しい善き生が生まれるという、集合的な希望がなければならない。全的自由はその意味で、個々人の人生にとって最適な道具ではない。全的自由は、社会全体が自由であるために資する道具である。

私たちがもし、善き生を送ることを最重要の目的とするならば、私たちは新たな善き生の可能性を探究するよりも、既存の善き生を求めた方が確実である。にもかかわらず、私たちが全的自由の道具的価値を受け入れる理由は、自由が社会全体で育まれることを理解するためである。一般に道具は、何らかの目的を達成するための手段である。けれども何を達成するのかを特定できない道具を大切にする心は、個々の目的を不可視化して、いわばそれ自体を価値あるものとみなす。本来的な価値とは、そのような物象化の操作の帰結であるとも考えられる。私たちが新しい目的としての善き生を定立したり模索したりする場合、最適な手段をあらかじめ選択することはできない。私たちは自由をあらかじめ物象化して、新しい目的定立の営みに向かわなければならない。新しい善き生は、共同体がもつ意味の文脈のなかにあらかじめ埋め込まれているのではない。意味を求めたり解釈したりすることによって、私たちは自分にふさわしい善き生に到達できるわけではない。善き生は、一見すると無意味にみえる事柄に意味を発見し、またそれに価値を与えるような、発見的で創造的な過程を必要としている。そのような意味の発見や創造を企てる場合に、自由は本来的な価値をもって現れる。

5 積極的自由とマグニチュード

全的自由の立場は、消極的自由を求める立場とも、積極的自由を求める立場とも異なっている。消極的自由の立場は、L・クロッカーが指摘するように、私たちが何を望んでいるのかという欲望に言及せず、もっぱら政府の強制からの自由を重視する。[6] 消極的自由の立場は、「自分が何をしたいのか」よりも、「誰に指図を受けたくないのか」という問題に焦点を当てる。この立場は、潜在的に可能な欲望の充足という、全的自由の理念を問わない。これに対して積極的自由の立場は、人間にとってすぐれた諸目的をどれだけ実現するか、という問題に関心を寄せる。積極的自由の立場にとって、自由の価値は、価値のある営みを実現することである。積極的自由の立場は、それが新しい価値の可能性に関心を寄せる場合に、全的自由の立場になる。

全的自由の立場は、新しい選択肢がどれだけ豊かな潜勢的可能性をもって現れるのかという、選択肢の「マグニチュード（震度）」を評価する。[7] マグニチュードとは、豊かな潜勢的可能性がもつ強度であり、予感される価値の豊かさである。マグニチュードは、個々の選択状況に対する私たちのメタ選好である。私たちは、ある選択状況のもとで、個々の選択肢を選好するだけでなく、選択状況そのものを評価している。全的自由の立場は、選択肢と選択状況に対して、マグニチュードという観点から一定の評価を与え、望ましい選択状況を社会的に作り上げていこうとする。私たちは、個人的には、豊かな潜在的可能性をもった財よりも、すでに潜在的可能性を枯渇させた完成態としての価値財を選択するかもしれない。けれども私たちは、社会的には、そのような態度を相対化して、全的自由の理想を掲げることができる。私たちは、ある財を選好することによって自由になるだけではなく、ある選択状況を作り出すことによっても、自由になることができる。全的自由とは、選好の基準であると同時に、自身の選択状況に対する評価基準でもある。

全的自由を実現するためには、制度的要因のほかに、主体の側の要因を検討する必要がある。近代の啓蒙主義は、美徳を自律的な選択によって選ぶことそのものを美徳であるとみなし、自律のために必要な主体の内的要素、すなわち下位の欲求を抑えて上位の欲求（第二階の欲求 second-order desire と呼ばれる）を実現するという実践が、美徳それ自体を形成すると考える。こうした第二階の欲求を形成することで、できるだけ高次の欲求を実現していくべきだという考え方は、それ自体としては全的自由の理念にかなっている。しかしこの自律の考え方は、必ずしも全的自由の理想と結びつかない。自律は、もしそれが第二階の欲求を明確に規定する場合には、欲求の新たな可能性に開かれた態度とはいえない。自律が全的自由へと向かうためには、私たちは第二階の欲求を開かれたものとして保持しなければならない。そもそも第二階の欲求とは、より高次の欲求という意味であり、それは程度の問題であると同時に、不特定な欲求を想定している。私たちは、より高次の欲求をすべて明確にすることはできない。その意味で自律を完成させることはできない。自律の実現とはむしろ、明確に規定できない高次の欲求を育む態度として、捉え返されなければならない。私たちは、より高次の欲求がどんなものであるかをたえず探究するかぎりにおいて自律しているのであり、そのような場合に、自律は全的自由と両立する。

ではこのような全的自由の態度を、私たちはどのように養うことができるのか。ここに、二つの選択肢があるとしよう。一つは、安楽椅子に座ってくつろぐことであり、主体はこれを「低次の欲求」に基づく選好であると理解している。もう一つは、アンデス山脈を越える冒険であり、主体はこれを「自身の高次の欲求」であるかどうかと疑っている。この場合、全的自由の立場は、安楽椅子に座ってくつろぐ行為を選びにくくするために、追加の機会費用を与えて、主体がアンデス越えをするように促すだろう。低次の欲求に基づくことがあらかじめ理解されている選択肢を抑制して、新しい行動を促す。その結果としてアンデス越えは、主体にとって高次の欲求とみなされるかもしれないし、みなされないかもしれない。いずれにせよ全的自由の立場は、主体が新たな高次の欲求を探るように促す。全的自由の立場は、高次の欲求をあらかじめ規定せず、低次の欲求の追求に機会費用を加えていく。新たな善き生が育まれるように、制度的な支援策をさまざまに掲げるだろう。

6 「する自由」と「なる自由」

全的自由の立場は、積極的自由を掲げるとはいえ、ある特定の価値を追求する自由よりも、新たな可能性が生成する自由を重視する。言い換えれば、何かをする自由ではなく、何かが生まれる自由を重視する。それは人間の意図的な行為を離れた次元で、人間と社会が相互に生成する契機に注目し、そのような生成としての自由を「なる自由」と呼ぶことができる。全的自由は「なる自由」を含んでいる。私たちは、個々の行為において全的自由を獲得するのではなく、行為の背後で選好が生成するような仕方で、全的自由を獲得する。

「する自由」とは、各人の自律的な選択行為であり、それは理性によって制御しうる範囲で企てられる。これに対して「なる自由」は、各人の理性によっては制御できず、理性とは別の実践能力、あるいは社会的な条件によって、豊かに開花させることができる。「なる自由」は、各人の理性を超えて、私たちを賢い存在にする。自由を行為論の枠組みで捉えるかぎり、自由とはある目的を実現するための手段であり、また構成的な条件である。けれども、自由を人格の生成や社会の進化という観点から捉える場合、自由は行為の属性ではない。それは積極的自由（〜への自由）であるが、ここで「〜」には、特定されない目的が入る。それは目的の変容を通じて、人格と社会の変容を促す価値である。

7　おわりに

以上、自由主義を自由によって基礎づける全的自由論を展開してきた。全的自由の立場は、自由の制度的保障よりも、自由の実質的な利用に関心を寄せている。この立場は、自由一般に価値があるとみなし、しかもその価値は道具的ではなく、本来的であるとみなす。このような観点から、全的自由の立場は、個々の自由を全体として評価するための、メタ次元の自由概念（完全な自由の理念）が必要であると考える。この立場は、特定の自由だけでなく、まだ知られていない潜在的な自由にも価値を認める。私たちが特定の自由を求める際にも、私たちはその特定の自由の価値には還元されない駆動因に突き動かされていると想定する。全的自由は、ある行為を実現するための手段という性質を超えて、行為の背後に想定される選好の枠組みを新たに生成させ、潜勢的に可能な選択肢を生成させることができると考える。全的自由は、「する自由」を超えて、「なる自由」の理念を含んでいる。この全的自由の立場は、自生化主義の中核的な基礎論である。それはロールズやドゥオーキンが展開する正義論ベースの自由主義とは異なり、潜勢的なものを自生的に生成させることを中核に据えた、成長論的自由主義の基礎を提供するであろう。

第五章　問題論　ドゥルーズとの対質[1]

哲学《フィロソフィ》とは、知を愛するという意味の言葉である。知りたいという、知への愛を満たす営みが、哲学である。しかし哲学は、たんに知りたいという欲望に支えられているのではない。知への欲望は、何か「について」の知への欲望である。では私は、何について知りたいのか。「何」という知の対象は、無限に多様であるだけでなく、問いの立て方によっても変化する。私たちは知りたいという欲望を満たすために、どんな問いを立てるべきなのか。なんでも知りたいという知の欲望は、問いの立て方をめぐって、一つの難問に直面する。私のこの知への欲望は、どんな問いの立て方によって満たされるのか。

哲学は、たんに知を愛するだけでなく、どんな問いかけが意義深いのかについて、一定の知を伴うものでなければならない。哲学は、知る営みである前に、問いを立てる営みである。では問いを立てるとは、どのような営みなのか。この問いに対する以下の考察は、自生化主義の思想に一定の基礎を与えるだろう。

1　潜勢的可能性の開示

アリストテレスによれば、存在とは問われたところのものである。すると反対に、問題とは、それを通じて存在が開示されるところのものである。問題は、それ自体としては、存在論的性格をもたない。存在と問題は、対照的な位置にある。
まだ問われたことのない存在は、それ自体としては、存在とは言えない。存在は、「それは何であるか」という問いを媒介にして、はじめて存在として同定される。存在は、しかし「それは何であるか」という問題によって、一義的な答えを与えられるわけではない。存在は、問題を媒介にして、その存在がつねに問われる。これは言い換えれば、存在は、問題によって開口部を与えられるということである。

ある存在を問うとき、その問いは「それは何であるか」である。この問いは「それは何でないか」という問いと表裏一体である。と同時に、「それは何でありうるか／ありえたか」という可能性への問いを派生させる。存在への問いは、その存在を一義的には同定しない。すると問いは、そこで問われた存在が他でありうる可能性を分節化していく。可能性への問いは、存在の可能的世界を開示する。存在を問う営みは、存在の存在性を問うことによって、その存在に内在する潜勢的可能性《ポテンシャリティ》を開示する。問題による存在の開示は、その営みを通じて、同時に、存在を問う側の生命力《ピュイサンス》を解き放つ。存在についての問いは、存在の開口部を開くとともに、問う者と問われる存在のあいだに運動を与える[2]。

存在への問いはまた、それを問う者の美質を育てる。存在への問いの歴史は、哲学者の精神史でもある。哲学者たちはこれまで、オリジナルな問いを立て、存在の開口部を開くと同時に、問われている存在と問う存在のあいだに、豊かな精神的関係を生み出してきた。私たちはそのような精神を、哲学史を通じて追体験することができる。

むろん哲学においては、すでに誰かが探求した問いは、もはや同じような仕方では、私たちを内面から駆動しない。真の哲学を営むためには、哲学の歴史が到達した現在の地平において、新たに問いを立てなければならない。哲学とは、新たに問うことを通じて、自らの思考を駆動する営みである。私たちは、すでに探求された問いや、他者と同じ問いを問うことによっては、自らの思考を駆動することはできない。私たちは、他者と同じ問題を問うことはできるとしても、その問題に周到な応答が与えられた場合には、もはやその問題を同じ仕方で生きることはできない。哲学とは実に、エゴイスティックな営みである。ある問題が問うに値するのは、その問いに対して、まだ誰も周到な応答を与えていない場合である。もし周到な応答が与えられた場合、私たちはもはや、その問いを問うことによって、自己を意義深い存在へと高めることができない。

例えば私たちは、G・W・ヘーゲルの肩に上ることはできるとしても、ヘーゲルと同じ人格的美質を得ることはできない。哲学史に学ぶべきは、哲学者たちがどんな問いを探求することによって意義深い存在になったかを知ることである。けれどもその追体験は、哲学の予行演習にすぎない。真に意義深い哲学は、新しい問いを生きることである。新しい思考の運動は、各人の美質と個性を育む。各人はその個性を基礎にして、真に自律し、善き生を生きることができる。

むろん、哲学を営むことは難しい。なによりも、問うに値する問題をみつけることは難しい。私たちは哲学的な問題の稀少性に直面する。私たちは、偉大な哲学者たちがこれまで立てた問いを問い、その断片を寄せ集めて収集家になることはできる。あるいは演出家のように、哲学的に探求された生を、改めて再演することもできる。けれども真に問うべき問いを発見することは難しい。問うに値する問題とは、その問いを通じて、自身の思考が駆動されるものでなければならない。問いを媒介にして思考が拡張され、問題が諸問題のコロラリーをなすように展開されなければならない。

哲学はその営みを通じて、一つの善き生を育む。その善き生は、伝統主義や近代主義には還元されない魅力がある。哲学の営みは、根源的な問いを塞いで、一定の慣習や伝統に従う生のあり方を批判する。あるいはまた、根源的な問いを塞いで、ある目的を合理的に追求するという生のあり方を批判する。哲学はその本性からして、日常生活において埋もれた次元を開示する。真に意義深い問いとは、日常生活に埋もれた存在に開口部を与え、存在のあらゆる可能性と、問う者のあらゆる可能性を、同時に開示するものでなければならない。

むろん、私たちが根本的な問いを立てたとして、その問いを問いつづける動力源を得ることは難しい。真剣に問うべき問題に対して、ある人は冷笑的な懐疑の眼を向けるかもしれない。冷笑主義の快楽は、思考のための別の動力源となるかもしれない。冷笑主義は、私たちの生に享楽を与え、生の営みを軽やかにし、ダイナミックな跳躍を促すかもしれない。けれども冷笑主義は、それ自体としては、哲学の営みに動力源を与えない。それは存在の潜勢的可能性を開示しない。それは問う者の潜勢的可能性も開示しない。

哲学的に立てられた問いは、対象となる存在を同定するのではなく、その存在の潜勢的可能性を開くものでなければならない。けれども哲学には、そのための明確な指針がない。哲学的に立てられた問いは、それが何度も問われるという反復のなかで、その問いに思いがけない分化を持ち込む。哲学的な問いは、問いの分化を通じて、問題のコロラリーを形成していく。問われた存在は、依然として一義的に明らかになりはしない。けれども問いは反復のなかでコロラリーを形成し、そのコロラリーはさらに、問う者の人格を形成していく。ではこの問いを問いつづける反復のエネルギーは、どこから生まれるのか。

哲学的な問いは、問う者を意義深い存在へと導くとはいえ、その営みは、問う者の存在を社会的に包摂しない。問いを問うことによって形成される人格は、社会のなかで、適材適所の場所を与えられるわけではない。哲学的な問いのコロラリーは、一人の人格において整序されるとしても、問う者の存在を社会的意味の文脈に配置するのではない。その意味で哲学の問いは、社会的にみて境界的《マージナル》な場所がもつエネルギーを当てにしている。この境界的な場所は、適材適所を疑う空間であれば、どこでも成立する。それは境界的であるとはいえ、社会に遍在した空間である。

2　哲学的な欲望

哲学的な問いは、問われた存在に開口部を与え、その潜勢的可能性を開示していく。哲学的な問題は、同定された存在のあり方を破り、存在の彼岸にある可能性を開示する。けれども哲学は、存在がその内に含む潜勢的可能性のすべてを明らかにはしない。開示される潜勢的可能性は、分節化を通じて、その都度選別して捉えられるほかない。では私たちは、存在に内在するどの潜勢的可能性を捉えるべきなのか。もしあらかじめ問う側の問題関心を絞り込み、存在を問う場合のアプローチを限定するならば、潜勢的可能性は、一定の見え方になるにちがいない。けれども哲学は、アプローチをあらかじめ限定せず、存在のもつ潜勢的可能性を全方向的に開示するエネルギーを必要としている。

存在の潜勢的可能性は、哲学的な問いの反復を通じて、特定の方法には媒介されずに、全方向的に開示される。そのエネルギーは、哲学の欲望である(3)。哲学的な問いは、その問いを反復しながら、存在の潜勢的可能性を分節化していく欲望である。ではこの欲望は、何によって駆動されるのか。たんに快楽原則に従うだけでは、哲学的な問いの探求は持続しない。快楽原則は日常生活のなかで、社会に適応しなければならないという現実原則によって挫折を余儀なくされるからである。

存在のもつ潜勢的可能性が噴出するためには、まず、「いま・ここ」を特権化する実存主義を否定しなければならない(4)。いま・ここにおいて決断をすることが人格を意義深くするという実存主義の考え方は、存在のもつさまざまな潜勢的可能性を不要にする。もし人間存在の価値が、いま・ここにおいてのみ問われているのであれば、選択されなかった他の可能な生に、価値を見出すことはできない。

この実存主義を避けるための一つの思考態度は、保守主義である。保守主義の思考は、「存在において失われたものは何か」という問いによって、その潜勢的可能性を探求する。存在の過去とは、失われた可能性である。その可能性をもう一度捉え返そうとする営みは、潜勢的可能性の探求にエネルギーを与える。むろん、失われた過去は、現在において生の体験として蘇るのではない。失われたものは問いと記憶を媒介にして、ある可能性として喚起される。失われたものを想起する営みは、新たな潜勢的可能性の探求でもある。記憶の想起は、失われたものを新たに意味づける。失われたもののなかで、最も意義深いものは、最も取り返しがつかないと感じられる。取り返しのつかないものは、アクチュアルな現在によって阻まれている。その阻害の認識は、価値ある可能性についての認識をもたらす。

価値ある生は、アクチュアルな現在によって阻まれた可能性としての生である。失われたものを捉え返そうという営みは、アクチュアルではない可能性を開示し、多元化する運動でもある。その運動は、しばしば過去において最も意義深い美徳を復興するという企てとなって現れる。美徳の復興は、アクチュアルには可能性として経験されるほかない。到達不可能な価値の理念として、つかみとられるほかない。そのようなものとしての復興運動は、私たちを内面的に駆動することがある。目標は達成不可能であればあるほど、私たちの関心は、そのための手段の探究や次善の探究へと向かう。保守主義の思考は、そのような思考に動力源を与える。

実存主義を回避して、存在の潜勢的可能性を開示するもう一つの思考態度は、進歩主義である。進歩主義は、未来の可能性に希望を抱く。自己の潜勢的可能性の一部は、未来の他者によって実現するかもしれない。私たちはそのような可能性のある他者を、自己の可能性として配慮することができる。私たちは自分が実現できなかった可能性を、後続の人々に託すこともできる。私たちは、可能性に関心を寄せ、その可能性を互いに配慮することによって、社会的なコミュニケーションを豊かにしていく。未来の他者に託すという希望は、存在のもつあらゆる潜勢的可能性を実現するという企てに、根源的なエネルギーを与える。

このように、哲学的な問題と問う欲望は、たんなる快楽原則を超えて、保守主義と進歩主義によってそのエネルギーを与えることができる。けれども、哲学的な問題に本源的な欲望を与えるのは、創造への欲望である。

哲学は、知そのものよりも、知の先見的な条件としての問いに、まず関心を寄せなければならない。問いを立てることは、その応答としての知を所有しなくても、すでに意義深い。たとえその問いの意味が十分に理解できなくても、すでに意義深い。哲学とは、まずもって問いを立てる喜びであり、知を所有する喜びではない。それは知の喜びを、その条件たる問題に送り返し、問題を保持することによって知を捨象する営みである。知に対する欲求を、問題に対する欲求へと向け直す試みである。

知の条件を所有するとは、問いを立てることである。では私たちは、どのようにして価値ある問いを立てることができるのか。私たちは、問いを創造しなければならない。創造は、あらかじめ設定された問いによっては理解できないような異質性を生み出す実践である。創造されたものは、事後的に認識されるのみである。私たちは、いま・ここにある存在を否定することで、存在を問題化することができる。しかし存在の問題化は、それ自体としては受動的である。私たちはいかにして能動的に問いを立て、問題のコロラリーを紡ぎ出していくのか。それは問いの反復によってであり、その反復から生まれる差異を、体系的に整序する営みによってである。

別の見方をすれば、私たちは「いま・ここ」の存在を否定しなくても、すでに無意識のうちに、問題を立てて生きている。無意識の問題定立とは、関心の作用であり、言い換えれば、定式化される以前の「前-問題」の定立である。私たちは、関心をさまざまに向けることによって、前-問題を生きている。またその前-問題を、実践を通じてすでに解決してもいる。私たちは、前-問題を反省的に捉え返すことによって、問題を定式化する。しかしこの反省的意識は、必ずしも問題を明確にするわけではない。反省的な意識はさしあたって、必要に応じて前-問題を問題化するにすぎない。反省的意識が真に反省的であるのは、それが明確にした問題をさらに問題のコロラリーへと展開できる場合である。

そのような問いの連鎖の原始的なものは、なぞなぞである。なぞなぞは、誤った応答が次々に生まれる場合に、面白いと感じられる。なぞなぞは、私たちの探究心を刺激すると同時に、誤った応答に対して寛容であり、次々に可能な応答を呼び起こす。なぞなぞは、正解を出すという目的に還元されないゲームである。なぞなぞは、不正解を楽しむことができるように作られる。なぞなぞを作りたいという欲求は、哲学の原始的な欲望である。哲学的の喜びは、問いを作ることにある。哲学は、なぞなぞを超えて、答えのないなぞなぞを作り、解こうとする欲望である。

私たちは、およそ答えがないと思われる問題に関心を寄せることがある。例えば、人間とは何か。美とは何か。幸福とは何か。こうした根源的な問題の答えは、かりに存在するとしても、最終的なありようで存在するのではない。答えは満足に与えられないかもしれない。また、私たちが最終的な答えを与えたようにみえたときでさえ、根源的な問題は、別様に立てるべきではなかったのか、という疑問が湧いてくる。深遠で汲み尽くすことのできない問いは、これまでとは別様に問う意義を有している。いまだ最終的な答えの与えられていない問いは、魅力的であるがゆえに、問題をコロラリーとして展開するように、私たちを駆り立てる。

このように、問いを展開するという哲学の営みは、一つの創造である。それは創造を導く全能感によって支えられている。ここで全能感とは、ある存在を問う場合に、その潜勢的可能性を、一気に噴出させる力である。哲学は、あらゆる難問が一気に解けるような全能感を背後に想定している。けれども私たちの欲望は、あらゆる潜勢的可能性が一度に噴出することがないように、自らを制御してもいる。哲学の欲望は、ある可能性から別の可能性へと置き換えていくような操作であり、それは順序という時間に拘束されている。存在の潜在的可能性を一気に噴出させてしまえば、それ以上に欲望を継続させることはできない。全能感は、欲望の極限的な力動といえる。全能感は、諸々の潜在的可能性を一気に肯定する。そのような全能感は、潜在的可能性の吟味をやめて、これを一気に経験しようとする。それは正確には、哲学的な問いを問う側の力能の経験である。問いをコロラリーとして構築していく欲望は、そのような全能感を極限として発動される。

3 問題を立てる配慮とセンス

全能感は、私たちがまだ発揮していない潜勢的可能性を、すべて一度に感じることである。哲学における全能感とは、存在の背後にとどまる潜勢的可能性を、すべて一度に経験するような感覚である。しかし哲学的な問いは、この全能感を噴出させるのではなく、コロラリーとして形成しなければならない。哲学的な問いは、存在の背後にある潜勢的可能性を、分節化して開示しなければならない。

根本的な問題は、それ自体としては、端的に答えることができない。根本的な問題は、さまざまな問いかけを通じて接近されるとして、最終的に解かれることはない[5]。根本的な問題は、諸々の問いがコロラリーをなすための中心として機能する。根本的な問題は、探求のテーマ（主題）であり、その探究が豊かな潜在的可能性を引き出す場合に、はじめて根本的となる。

問題のコロラリーは、私たちが存在のもつ潜勢的可能性を配慮しつつ編成される。私たちは、うまく定式化できない問いを、哲学的に配慮することができる。私たちは、ある問題を与件とみなすのではなく、その問題の立て方をたえず配慮しながら、問題のコロラリーを編成していく。問題のコロラリーの編成は、哲学的配慮の帰結であり、また哲学の主たる営みである。

問題をうまく立てることは、その問題にうまく答えることではない。その問題をコロラリーとして展開することであり、またその帰結として、自身の潜勢的可能性を引き出すことである。デカルトは、問題に接近するための方法を強調した。これに対して私は、問題をコロラリーとして展開する配慮の力を強調したい。問題に対する配慮は、何らかの方法に基礎づけられてはいない。私たちは、先人たちの問題の立て方を真似るほかない。哲学は、それが一つの学派を形成するとすれば、それは問題の立て方を真似る訓練を体系化したときである。むろん最終的には、私たちは新しい問題を立てることへ向かわなければならない。またそのための良い《グッド》センスを養わなければならない。

私たちは、ふだんの生活において、他者と共通の認識にいたるために「コモン・センス（常識、共通感覚）」を用いている。社会的な生活は、私たちの共通の感覚によって、安定的に再生産されている。けれども哲学の営みは、このコモン・センスに代わるセンスを必要としている[6]。それはたんなる趣味のよいセンスではなく、また、ある意味の意義深さを理解するセンスでもない。真に哲学的な問題は、誰も十全には理解していない問題である。そのような問題を問うために、私たちは問題の意味を十分に理解する必要はない。意義深い問題は、なぜそれが意義深いのかについての意味を、事前に開示しない。一見するとナンセンスな問いも、探究する価値がある。意義深い問いは、意味を媒介せずにセンスによって導かれる。良いセンスを通じてコロラリーへと編成され、またそのコロラリーを編成する者の精神を養う。

4 問題の迫真性

哲学を通じて精神を養うためには、自分にとって迫真性のある問題に直面しなければならない。そしてその問題を引き受け、反復して問うことが必要である。では、そのような反復に値する運命性を帯びた問題は、どのようにして現れるのか。私たちは往々にして、切実な問いと向き合うことが苦手である。弱さゆえに、さして重要ではない問いを問い、それに答えて満足することがある。けれども迫真性のある問題とは、主体にとってある運命性を帯びていなければならない。それは行為の具体的な選択を迫るような問題ではない。それは、その問いを媒介にして、あらゆる潜勢的可能性が開示されるような性質のものでなければならない。

迫真性のある問題とは、問いつづけなければならない問題であり、これに対して偽りの問題とは、ある答えを与えれば事が足る問題である。もし私たちが、各人に分配された偽りの問題に答えることで、仕事や生活上のすべての問題を解決できるとすれば、そのような問題は、自分にとって偽りの問題にすぎない。偽りの問題は、人間の精神を虚偽意識に縛りつづける。虚偽意識を超えるためには、迫真性のある問題に向き合わなければならない。

私たちは偽りの問題を問うかぎり、自身の潜勢的可能性を開示することがない。とはいえ、私たちは自分の潜勢的可能性を探る際に、虚構を含んだイマジネーションの力を借りることがある。誘惑的なイマジネーションは、新たな潜勢的可能性を呼び起こすことがある。イマジネーションは、問題のコロラリーを編成する際にも役に立つ。イマジネーションの豊かさは、しかし私たちの生を別の方向へ導くかもしれない。私たちは、問題のコロラリーを論理的に編成するための方法原理をもっているわけではない。理性は、問題が立てられる可能性と、問題が思考される可能性を示すにすぎない。迫真性のある問題は、ディオニュソス的な野性によって導かれなければならない。そのような野性こそ、あらゆる潜勢的可能性を呼び覚ますからである。

私たちは野性に導かれた問題の定立を通じて、自身の潜在的可能性を開示することができる。同時に私たちは、その問いを一つのコロラリーへとまとめあげることで、噴出する諸可能性に一定の秩序を与えることができる。問題のコロラリーを通じて、諸可能性は無秩序な流出をまぬがれることができる。その流出は、事前の観点からすればつねに秩序の期待を裏切るとしても、事後の観点からすれば、その都度編成された秩序となる。私たちの潜勢的可能性を、カオスとコスモスの両輪をもった運動へと導くためには、問題のコロラリーを編成しなければならない。

5　問題という自由

問題は、それがいかに本質的なものへの問いであるとしても、問われたものの本質をあらわにしない。存在への問いは、存在の潜勢的可能性を開示するとして、その可能性は一つの本質へと収斂するのではない。哲学的な問題は、その答えにおいて本質を開示するのではなく、問われた当の問題において迫真性をもち、その問題を無限に展開する力をもつものでなければならない。

問題は、それが一つの客観的な出来事性をもったとき、人間にとって深刻な意義を発揮する。それは存在の潜在的可能性を、可変的で多元的な開示の過程へと巻き込んでいく。問題はそのようにして、存在において本質をもたない人間に生気を与え、存在の暗部に光を当てる。問題が迫真性をもつとき、人はその存在に開口部を開け、その開口部から超出していく遠心力を得る。開口部からの超出は、多方向的で定まるところがない。実にそのような多元性と方向の偶有性が、存在の自由を構成する。私たちは、根本的な問題を自らに向け、自己という存在に開口部を開けることができる。

「私とは何か」という問いは、その問いのコロラリーを通じて、私という存在の潜勢的可能性を開示する。その可能性は原理的に無限に分節化される。私たちは、どのような問題のコロラリーを形成したときに、存在の豊かな潜勢的可能性を手にするのか。それが問われなければならない。しかしこの問いを理性的に導く方法はない。それゆえ私たちは、ある問いを執拗に、反復して問わなければならない。

問題の反復は、潜勢的可能性を覚醒しつつ、その開示を豊かにする。問題に対するその都度の答えを多元的に認めながら、最終的な答えを与えず、さまざまな可能性を許容していく。存在は、他の可能性を否定することによって実存の価値を得るのではない。ある可能性を開示するとき、潜在的にはさまざまな可能性が、否定も肯定もされないまま保持される。諸々の可能性は、問題の反復を通じて、分化しながら発現していく。そのような潜勢的可能性の増殖が一つの自己へと統一されるのは、非存在たる問題のコロラリーを形成することによってである。

6　おわりに

以上、自生化主義の哲学的基礎として、問題という非存在の性質を検討してきた。哲学的な問題とは、つねに新たな問題であり、それは存在に内在する潜勢的可能性に力を与える。哲学的な問題を問うエネルギー（欲望）は、社会的にみて境界的な場所から生まれる。それは失われた存在を問う保守主義や、未来の存在を問う進歩主義によって担われることもある。しかしより根本的には、創造のエネルギーを当てにしている。哲学的な問題が、偽りの問題を避けて創造されるためには、各人が自分にとって迫真性のある問題を、コロラリーとして展開しなければならない。そのような問題の編成の営みは、自生化主義の思想に基礎を与えるものである。

第六章　他者論　レヴィナスとの対質

E・レヴィナスは、ハイデガーの存在論を超えて、全体に包摂されない他者の「他者性」がもつ意味を探究した。その哲学は、全体主義を批判する規範理論として魅力的である。本章はこのレヴィナスの哲学を、自生化主義の観点から批判的に摂取する。レヴィナスのいう他者は、一見すると、個々の全体社会を超えた、普遍的な正義の理念を提供するようにみえる。しかしそうではない。外部にいる他者は、普遍的な正義を示すのではなく、むしろ全体性を超える自由をもたらす。それは自由基底的な自由主義の基礎を与える。より具体的には、他者性を意味の源泉とする他者志向型の教育国家、言い換えれば、他律を許容しつつ創造を奨励する教育国家を構想する力を与える。

1　外部への回路

「人は全体（国家）に包摂されるべきではなく、全体を超える無限の運動に巻き込まれることで、はじめて善き生を営むことができる」――これがレヴィナスの主著『全体性と無限』の基調命題である。善き生とはこの場合、全体国家の外部にあるのか、それとも家（オイコス）の外部にあるのか、両義的である。レヴィナスは、一方では、すでに全体性に到達した主体が、他者の顔を通じてその「全体性＝自己」を超えようとする場面に関心を寄せている。他方では、「家」に住まう者が他者性としての愛の関係を育むことで、「家＝自己」が子の多産性によって継承される場面に関心を寄せている。さらにレヴィナスは、「全体性」と「家」を同時に超える契機として、「師としての他者」に導かれた自己超越に関心を寄せている。レヴィナスにおいては、全体国家を超える普遍的正義、家を継承する多産性の美徳、および、全体国家と家を超える創造としての自由という、三つの観点から「善き生」が捉えられている。単純に図式化すると、次のようになる。

顔 → 全体性の超越 → 普遍的正義 （正義基底的な自由主義）
愛 → 家の超越 → 多産性 （保守主義）
師 → 全体性と家の超越 → 創造的自由 （創造的自由主義）

以下ではそれぞれの善き生について検討したい。

2 全体国家の外部

レヴィナスの出発点は、私たちが世界の内に存在しているにもかかわらず、そこにおいては「ほんとうの生活」が欠けている、という認識にある。ほんとうの生活は、現実の生活とは別のところにある。私たちは、「他なるもの」へ向かわざるをえない。私たちは「わが家」を離れて、見知らぬ外部へとおもむかざるをえない。[1] そのような運動を導く回路には、およそ二つある。

一つは、孤独な私的生活（アトミズム）を超えて、地域ないし国家の共同体の文脈に自己の「生の意味」を位置づけるような回路である。この回路は、古代ギリシアの哲学、ヘーゲル、ハイデガー、そしてコミュニタリアニズムにいたるまでの哲学の系譜において、さまざまに示されてきた。しかしレヴィナスは、このような回路が、歴史のなかで戦争に意味を与える源泉として機能してきたことを批判する。アトミズムを超えようとするとき、私たちはどうしても全体性を想定してしまう。レヴィナスは、全体性の文脈とは別に、全体性の外部にあふれる余剰としての無限が、意味の源泉になりうると主張する。全体性の立場からすれば、外部とはあらゆる意味を失う無の世界であり、世界の終わり（終末）である。その世界の終わりもレヴィナスによれば、もう一つの意味の源泉である。それは「全体性と同じように本源的なものである超越」を表現するという(2)。

「世界の終わり」は、各人にとって死を意味するのではない。各人の死は、世界の終わりの前にやってくる。個々の死に意味を与えるのは、全体性であり、その歴史である。これに対して世界の終わりは、全体国家とその歴史をすべて無意味に帰するような無であり、あらゆる無意味の源泉であるようにみえる。ところが私たちは、同時に、その無が何であるのかを知りたいと思う。無に対する知の欲望は、絶対的に〈他なるもの〉への欲望として現れる。そのような無に対する知の探究は、決して全体性へと帰還することがない。レヴィナスによれば、他者性への欲望は、充足されることのない知の渇きであり、〈より高きもの〉の他性へと向かっていく。「高さという次元そのものが、形而上学的な〈渇望〉によって開かれている。この高さがもはや天空ではなく〈見えないもの〉であるということこそが、その高さをさらに高めているのであり、また高貴なものにしている(3)」という。高き他者性へと向かうこの知の運動は、全体性の内部におけるあらゆる利害関心から離脱している点で、純粋な善でもある。レヴィナスによれば、哲学ないし形而上学とは、全体性のなかで安住することのない知の欲望であり、あらゆる利害関心を脱しているという(4)。

では、あらゆる利害関心を脱した知の運動は、私たちの社会に何をもたらすのか。レヴィナスは、政治と宗教を区別する。政治は、「相互承認（すなわち平等）」を目指して「承認の闘争」を繰り広げる。これに対して宗教は、知の欲望そのものであり、社会における可能な剰余（「栄えある卑小さ、責任と犠牲という剰余」）であるという(5)。では、そのような「宗教としての知」の運動がもつ社会的含意とは何か。

古代ギリシアの哲学からコミュニタリアニズムにいたるまでの政治思想の系譜は、全体性に埋め込まれた文脈こそが意味の源泉であると考えてきた。これに対してレヴィナスは、そのような全体性から「分離された一箇の《私》にもとづいて〈他者〉を経験することのほうが、さまざまな全体性を理解するための源泉であり続ける」という。(6)例えばハイデガーの場合、存在論の優位という考え方が、諸個人のあいだの倫理的関係を存在者の存在との関係に従属させている。それは一切の存在者を(知の関係のもとで)把持し支配するような非人称的な存在を受け入れることを可能にし、各人はその存在に対する服従を強いられる。(7)そしてその服従は、たとえ全体性の内側に有意味かつ非暴力の空間を作るとしても、外部に対しては意味の文脈を認めず、国家の専制(強権政治)を許すことになる。全体性を意味の源泉とする考え方は、外部の他者に対して、意味のある平和な関係を築くことができない。

このような陥穽を克服するために、レヴィナスは、私たちが裸形の他者の顔と直接に対面することが必要であると考えた。全体性に包摂されない他者と直接に向き合うことは、知の運動としては、他者を理解=包摂しよう(同化しよう)として果たせず、他者の示す無限の外部へと誘われることになる。他者との対面とは、同化しえない「存在の過剰」と向き合うことである。それは自己の権能が及ばない領域において、無限という外部へ導かれる。他者の顔は、同化しうる全体性のなかには存在しない。その不在はしかし、無限の遠方から意味を与えている。それがすなわち、暴力を阻止する「正義」であり「善き生」である、とレヴィナスは考える。(8)

確かに、顔をもった他者との直接的対面が暴力を阻止する作用をもちうることは、真実である。しかし、(1)暴力を阻止する作用は、顔をもった他者のみから生まれるわけではない。また、(2)顔をもった他者が暴力を阻止する作用をもつためには、いくつかの条件が揃わなければならない。

(1)暴力を阻止する作用は、顔をもたない他者(脱人称的な他者)によっても与えられる。例えば、貨幣を通じた交易は、人称性とは別の次元で他者とのあいだに平和な関係を築く回路の一つである。あるいはまた、他者をその人格的個別性によって差別せず、普遍的な「人権」をもった主体として遇することは、平和を築くためのもう一つの回路である。むろん貨幣も人権も、他者とのあいだに平和な関係を築くには脆弱であるかもしれない。それゆえ他者の顔こそが、平和な人間関係を築くために必要であるのかもしれない。しかし次のような問題がある。

（2）顔をもった他者が暴力を阻止する作用をもつためには、(a)全体性の内部において、すでに平和が保たれていることが必要である。そのような平和に十全な意味が与えられるためには、人は全体性の観点から生きる意味を受けとり、その全体性を有意味な空間として見出さなければならない。もし私たちが「平和で有意味な全体性」を知らなければ、何が外部の他者性を構成するのかについても、理解することがない。「無限」がもう一つの意味の源泉であるためには、他者は全体性の意味空間に照らして、徹底的に外部に存在しなければならない。(b)加えて、顔をもった他者は、自律した存在でなければならない(9)。もし他者が助けを必要としている依存的存在であるならば、私たちはその他者に対して、慈愛の手を差し伸べることがふさわしい。慈愛はしかし、カリタスとしての宗教的全体性のなかに他者を包摂するか、あるいは私的で無世界的な出来事にとどまらなければならない。というのも、公の場面で評価されるやいなや、慈愛は、「社会的評価を度外視した真の利他心」に導かれたとは言えなくなるからである。慈愛は、他者を宗教的全体性に包摂することによって、他者の他者性を剝奪してしまう。あるいは慈愛は、それが私的で無世界的な出来事にとどまるならば、絶対的な他者とのあいだに取り結ばれるべき平和な関係を「公的な意味」として主張することができない。いずれの場合にも、慈愛は正義をもたらすことがない。したがって他者が他者性を維持するためには、この私から自律した特徴をもっていなければならない。

これらの条件に加えて、次のような問題も生じる。(c)いま、慈愛などの実践によって包摂することができない他者（絶対的他者）が多数いるとして、私たちはどのように振る舞うべきか。私たちは、人称的な関係を結ぶことのできない多くの他者に対して、「対面できないにもかかわらず」尊重しなければならないという倫理を要請されるのではないか。そのような普遍的倫理は、個別の他者に対する配慮から、他者一般に対する普遍的な正義へ向かうものである。しかしこのような倫理の普遍化は、顔をもった絶対的他者の前ではなしえない。顔をもった絶対的な他者との対面は、私たちに非暴力を教えるとしても、他者一般に対する正義の理念を教えない。この困難に対するレヴィナスの対応は、次の一節に表れている。

〈対象〉の一般性は〈他者〉へとおもむく主体の寛大さと相関的である。主体はエゴイスティックで孤独な享受を超えて、〈他者〉におもむく。そのことでまた、享受という排他的な所有のただなかに、この世の富の共有という次元を生じさせるのである。／他者を承認するとは、したがって、所有された事物の世界を突きぬけて他者に到達することであるが、他方それは同時に、贈与によって共通性と普遍性を創設することである。[10]

このようにレヴィナスは、他者という対象を一般化する知の運動が、主体の「寛大さ」という倫理と関係し、また交換を通じた富の共有をもたらしつつ、私たちのあいだに「共通性と普遍性」を創設するとしている。しかし、私と他者のあいだに共通性と普遍性が形成されるにつれて、顔をもった絶対的他者は、その他者性を剝奪されていく。他者へ向かう知の運動は衰弱し、他者はもはや絶対的他者としては現れない。他者一般に対する正義は、実際には、他者の他者性を剝奪して、他者が「共通性と普遍性」をもった人格として私たちの前に現れる場合に、もたらされる。[11]

するとレヴィナスのいう絶対的他者は、本当に正義の源泉であったのかどうか、疑ってみる価値がある。正義は、他者とのあいだに「共通性と普遍性」を創設することによって可能になったのではないか。それはレヴィナスがいうように、「この世の富の共有という次元」を生じさせる「贈与」によってもたらされたのではないか。レヴィナスが想定する「自己」は、全体性によって意味を与えられながらも、顔をもった絶対的他者との対面によって、他者とのあいだに、非暴力的な関係を取り結ぶことの意義を教える。しかし絶対的他者へ向かう知の運動は、自己を超えて他者を配慮する倫理を提供するとしても、あらゆる他者を公正に遇するという意味での普遍的正義を教えるわけではない。普遍的な正義は、顔をもった絶対的他者との対面に加えて、別の要素を必要としている。[12] 私の解釈では、レヴィナスは結局、顔をもった他者との対面から正義にいたる回路を、論理的に説明できなかったように思われる。しかしレヴィナスは、別の回路を用意している。それがすなわち、家（オイコス）の外部に他者をもたらす回路である。次に、その論理を追ってみたい。

3　オイコスの外部

レヴィナスのいう「家（オイコス）」とは、全体性の内部に包摂される部分ではなく、全体性から分離した自足的な領域である。人は全体性を経験する以前に、「世界」という他なるものに抗して、家に滞在することでもって安全な生活を確保しなければならない。家をもたなければ、人は、大地や海や光や雲などの所有しえないものによって、言い換えれば「始原的なもの」によって、支配されてしまう。「始原的なもの」は、人間の生活に恵みを与えると同時に、これを脅かす。人は、始原的なものから身体を隔てる家を形成することによって、はじめて自己同一性を獲得する。その場合の始原的なものとは、私たちを無限へと導くような外部ではない[13]。人はともかくも、自己を無限の倫理へと導くことのない「外部」を克服して、同一性を維持するための家を形成しなければならない。自己同一性としての家は、無限という善き外部に先立つ基盤である、とレヴィナスは考える。

そのような家において、私たちは、『おいしいスープ』、大気、光、風景、労働、観念、睡眠」等々によって、自らの生を享受している[14]。生の享受は、まずもって労働によってもたらされる。私たちは労働を通じて、始原的なものに直接さらされた「裸形の生」を逃れ、生を占領し、生を楽しませる「糧」を手にする。その糧を得ようとする動因が「欲求」である。欲求は、日々の糧をエゴイスティックに処分することを求め、自足的な生の享受によって、幸せになることを求める。家において自足した生は、生きるために手段化された道具的営みでもなければ、始原的な環境に放りだされた裸形の実存でもない。それは、一定の労働と所有物を通じて、始原的なものへの依存から逃れる企てであり、「他なるもの」を所有することによって自己同一性を形成する企てである。

他方で生の享受は、全体性から分離された生活であり、自己へと退却した内転（involution）である。[15] それは、何らかの目的のために生きられるのではなく、本能的に生きられるのでもない。それは目的（意味連関としての生）と本能（生物学的な生）のあいだにあって、生きることそのものを喜びとする享受であり、全体性に包摂されない生の基盤である。レヴィナスによれば、そのような生は、絶対的に自分のために生きられる。私はそのとき「他者へのかかわりを欠いたエゴイストである」という。[16]

むろん家は、他者との関係を絶っているわけではない。自給自足の生活を営む人は、他者とかかわりをもたずに生きることができる。しかしレヴィナスによれば、そのような生活において満たされる自足的な欲求（besoin）とは、「みずからの他性を引きわたす他なるものとの関係」であるという。[17] その場合の自足的な欲求は、決して満たされることのない欲望（désir）とは異なる。欲求において私は、他なるものを同化すると同時に、自己の内なる他性を、労働によって、あるいは所有によって、自己の外部に放出する。その意味で、家において欲求を満たす営みにも、他者性は介在する。[18] 私は家において、自己の内なる他性を引き渡すことで自己同一性を獲得し、外部の他者と出会うための基盤を得る。

しかし私たちは、なぜ家に住まうことがなければ、外部の他者と向き合うことができないのか。立ち止まって考えてみたい。レヴィナスの説明では、絶対的な他者は、有意味な空間である全体性の外部に位置すると想定された。しかし家との関係における他者は、有意味な空間としての全体性を媒介せずに位置づけられる。そのような他者は、結局のところ、全体性へと包摂される他者であるかもしれない。家の外部の他者は、必ずしも〈私〉を無限の外部へと導くわけではない。レヴィナスは次のように議論を展開する。

すなわち家とは、「親密な空間」であり、そこには「ぬくもりとやさしさ」があって、「生が浸るもの」である。[19] そこでは「慎み深いこと」（不在の現前）が住まうことの条件をなしており、それを引き受けることができるのは〈女性〉である。〈女性〉とは、家において他者を迎え入れる〈他なるもの〉である。そのようなものとしての〈女性〉

は、私（あなた）を迎え入れる。ただしそこで受け入れられるのは、「高さ」という次元をもった他者ではなく、「なじみ深さ」という次元をもった他者である。そのような受け入れにおいて、二人のあいだの関係は、家を成り立たせるための基礎をなす。それは「自足した自己の欲求」とは別の、愛の関係である。家が成り立つ背景には、二人の愛（エロス）の関係が必要である。愛とは、他者との関係であり、それは「自足的な欲求」によって求められるのではない。その意味で、愛における他者との関係は、家（私的領域の形成）を前提として成り立つのではない。しかし、レヴィナスにおいては、愛の対象である他者は、絶対的な他者ではないとみなされる。愛における他者は、家に迎え入れる存在であり、愛の関係を通じて、自足的な家を成立させる存在である。レヴィナスによれば、愛の本質とは、絶対的他者へと導かれることではないという。

> 愛は他者との関係でありつづけながら、欲求へと急転する。……それでも愛はまた、愛される者のかなたへとおもむく。／〈他者〉がその他性を維持しながら欲求の対象としてあらわれる可能性、さらには〈他者〉を享受する可能性、語りのてまえとかなたとに同時に身を置く可能性、……欲求と欲望、官能と超越とのこの同時性、……ここにエロス的なものの独特なありかたがある。エロス的なものとは、その意味で際だって両義的なものなのである。[20]

愛は、それを享受する場合には、エゴイスティックな欲求となる。愛はなぜ欲求に急転するのかと言えば、愛する他者は顔をもった存在ではないからである。愛は、他者の顔と直接対面することを求めない。愛はむしろ、他者との接触、すなわち愛撫を求める。愛撫とは、形而上学に導かれた知の運動を誘うのではない。むしろ感受性に導かれた探求を誘う。愛撫において探し求められるのは、いまだ存在しない「無以下のもの」であり、善さを可能にする倫理ではない。愛撫とは、自分に到来するだろう未来を知らない幼児性のうちに没入することであり、死を知らない動物的なありかたをしている。

それでも愛撫には、深さがあるとレヴィナスはいう。[21] 愛は、愛撫を通じて、自己の権能を実現するための未来をもたらすのではない。反対に、愛撫による愛は、人格的であることよりも動物的であることを肯定し、自己の可能性よりも自己の現在性を、自己の投企よりも自己の不投企を肯定する。そのような愛は、自己の可能性を塞ぐ一方で、無限の可能性にみちた他者としての「子」をもたらす点で、「多産性[22]」をもっている。多産性は、存在と対比される可能性ではない。多産性は、存在と対比される「不在」であり、自己が自己の子に対して築くことのできる関係である。多産性は、非連続の連続によって、老いを生むことのない歴史を形成し、自己の認識論的・実践論的な制御能力を超えて、無限の時間をもった共同体の歴史をつくる。私たちは一個の存在として、無限の可能性をもっているのではない。私たちは、愛する〈女性〉の他性を通じて、他者である子において多産性を表現することができる。多産性は、一つの倫理的な善さである。それは絶対的他者を通じて示されるのではない。

レヴィナスは明確にしていないが、この多産性は、全体性とも無限とも区別される、意味の第三の源泉である。全体性は、文脈がもたらす意味の源泉である。これに対して無限は、文脈とは無関係な意味の源泉である。多産性は、これらのいずれにも還元されない「不在の深さ」を意味の源泉としているように思われる。子が産まれることは、もう一人の自己をもたらすことではなく、自己の権能を贈与することでもない。子が産まれることは、贈与の権能それ自体を贈与することであり、そこにおいて自己のエゴイズムは回避される。子は他者であり、子をもたらすことは、家（私的領域）を住まいとする〈私〉のエゴイズムを克服することになる。

こうした多産性による子との関係が、自己が自己を超えるための契機であるとすれば、必要なのは、他者の裸形の顔と対面することではなく、「エロス的なものと、エロス的なものを具体化する家族とによって社会的な生に保証」を与えることである。[23] あるいは教育を通じて、多産性を真に多産なものとして継承するために、自己の可能性（ケイパビリティ）を脇に置きつつ、子の可能性を育むことである。

表6-1　レヴィナスにおける内部と外部の連関

	家の内部	その外部	全体の内部	その外部
脱人称的	動物性としての愛撫（女性的なもの）	始原的なもの	官僚制	暴力、貨幣、人権
人称的	家族	子	共同体	他者の顔、私的慈愛

むろんレヴィナスにおいて、子をもたらすことを通じて継承される集合体が、家族なのか、民族なのか、それとも人類なのかは、明らかではない。しかしその単位がどうであれ、そこで善いとされる自己超越の仕方は、自己の可能性を断念して子を産み育て、「共同体の無限の歴史」に貢献することである。そのような善さを、レヴィナスは、絶対的に他なるものの時間がとる具体的なかたちであるとしている(24)。

はたして私たちは、このような共同体の継承的保持を、自己を超えるための目標とすべきだろうか。多産性による共同体の継承は、それ自体として価値がある。だがその価値は、全体性（国家）に対して、どのような含意をもつのか。節を改めて検討したい（以上のまとめとして、表6-1を参照。「家」の内部と外部、「全体（国家）」の内部と外部に、それぞれ脱人称的な内容と人称的な内容がある）。

4　普遍的正義を超えて

ここまで、レヴィナスにおける自己超越の二つの回路を検討してきた。すなわち、他者の裸形の顔と対面することによって開かれる無限の次元を通じて、絶対的他者への配慮から普遍的正義にいたる回路と、愛する他者との愛撫を通じて、自己の可能性を否定した先に「多産性としての子」をもたらす回路である。前者は、国家を超える普遍的正義の体制を要請するが、その論理は成功していない。後者は、国家に包摂されることのない家共同体の存続という、ある種の保守主義の体制を要請する。

ではレヴィナスは、一方における普遍的正義の体制と、他方における家共同体の保守主義に引き裂かれた思想家なのか。そうではない。レヴィナスの他者論は、全体主義に対抗するための論理であると同時に、諸個人の自発性（自発的意志）を尊重する自由主義に対する批判として、あるいはコミュニタリアニズムに対する批判として解釈することができる。そこで次に、レヴィナスの自由論を検討したい。

自由主義のなかには、個人の自発的な意志を重んじるタイプの思想がある。意志をもった個人は、強制的な権力によってその行為を制約されてはならず、たとえ個人が共同体の価値を認める場合にも、その価値は個人自らの責任で選択されなければならないとする。ところがレヴィナスが疑うのは、このような「自発的意志」そのものである。レヴィナスによれば、人間の意志は、本質的な次元において蹂躙されかねず、自己を裏切る可能性をはらんでいる。意志は、奴隷の魂となることがある。意志は、エゴイズムの中核において、他者の意志へと変容してしまう。そのような危険性をもった意志を尊重するといっても、人間は誘惑や宣伝や拷問に打ち克てず、奴隷状態を克服することができない。[25] 人間は、自らの自発的な意志に導かれて、全体主義への隷属を欲することがある。それゆえ、そのような性質をもった人間の自発的意志を尊重する必要は必ずしもない。人は、自発的な意志に基づいて全体主義を欲するべきではなく、むしろ絶対的な他者や愛する他者に導かれて、正義や多産性をもたらさなければならない。レヴィナスはこのように発想する。

このような視点から自由の問題を捉えると、個人はそもそも、自己の存在を自発的に選んだわけではないという所与性の問題に直面する。個人は、全体社会のなかで、自分がどのような位置を占めるのかを自発的に選べるわけではない。個人は自己の存在がもつ意味を、全体社会のなかで知ることができるのみであり、その知は全体社会を超えた外部との関係をもたない。自発性としての自由を重んじたとしても、人は存在を規定する全体性から自由になるわけではない。「自発性としての自由」は、全体性を超える価値基盤を提供するわけではない。

自分の自発的な意志が、全体社会の意味空間を疑うのではないとすれば、それを告発するための価値理念は、外部の無限へと向かう「知の運動」でなければならない。言い換えればそれは、自らの自由意志を疑う遡行的な知でなければならない。そのような知は、存在からの解放としての自由をもたらす。すなわちそれは、自発的な意志を植えつけられた自己が、全体性の外部にある無限に導かれて、自己を超える試みになる。

レヴィナスは、人があらゆる依存を排して、「無からの創造」に対して例外的に依存することが、全体性のうちで統合されることのない多元性（体系の外部における自身の自存）を可能にするという[26]。ここで「無からの創造」への依存は、存在において絶対的他者による創造を反復することであり、存在の過剰をもたらすことである、と解釈できる。このように自発的意志を重んじるのではなく、他者に向けて自己を投企する試みを、私は他者性に導かれた「創造としての自由」として解釈したい[27]。外部に向けて過剰であるためには、私たちは自らの自発的意志を超えて、自己を創造しなければならない。絶対的他者たる創造神に依拠して、自己の内部において「無からの創造」を経験しなければならない。自発的に選びとったのではない自己の生を、「無からの創造」によって変容させ、それを全体性にとっての絶対的な余剰として示さなければならない。そのためには、創造的な活動において他律的であることが求められる。

そのような意味での他律性の美徳は、自発性（自律）を前提とする自由主義やコミュニタリアニズムの思想を超える射程をもっている。この他律性に基づく創造的自由がもつ第一の意義は、他者と出会うことによって、自己を開いていく可能性である。未知の可能性に開かれた自己とは、いま・ここに限定された実存ではない。一個の人格にとって、選択肢のなかから選ぶ自由が恣意的にすぎないとすれば、そのような恣意性を打ち破り、新しい選択肢をもたらす企てが必要となる。そのような契機は、まずもって「アレルギーをいだくことなく他者と出会うこと」である[28]。絶対的な他者との出会いは、愛によって導かれるのではなく、無限によって導かれる。無限は、絶対的他者とのあいだに配慮の関係を築くだけでなく、自己を創造的自由へと導く契機となる。絶対的他者は、自己の内部にある他なるものを開き、無からの創造を介助する。絶対的他者は、そのような創造を反復することが「善き生」であると教える。

「創造としての自由」は、絶対的他者を師（創造神）とみなして、自己を超える創造を企てることである。無からの創造は、普遍的な正義のもとに他者を遇する地平を超えて、自己という存在を超える善さを、自身にもたらす。その善さは、他者を師として仰ぐことによってもたらされる。レヴィナスによれば、自由にとって最大の試練は、死ではなく「苦しみ」である。[29] 苦しみにおいて、自分の意志は絶望にうちのめされる。それでも人は、その絶望を行為と希望へ転じるために、忍耐強く自己を制御する。忍耐とは、自己のエゴイズムを克服し、師としての他者に導かれることである。忍耐は、無限に導かれた善さを欲するように、自己を転換する作用をもっている。

では、このような師としての他者を要請する社会とは、どのようなものか。[30] 創造としての自由は、自己の内部に「ほんとうの生活」を築いていく。そのような生活が全体社会のなかで可能であるためには、社会は「師としての他者」との出会いに開かれていなければならない。社会は、自己の内なる他性を創造的に引き出すような他者を組み込んでいなければならない。

個人の自発的な意志を尊重するタイプの自由主義は、自発的な意志に基づく自由な行為が、全体国家のなかで有意味な人生を形成するように導こうとする。そのような思想に導かれた国家は、包摂的な全体国家である。包摂的国家は、正義が全体性の意味空間のなかで価値をもつと考える。これに対して、包摂的国家に包摂されない他者性の意義を認める国家を、私は「異邦的国家」と呼んでみたい。異邦的国家は、全体性の意味空間によっては理解されない意味の源泉があると考える。その一つは、師としての他者に導かれた創造である。そのような創造的自由を経験することが、善き生を形づくると考える。

5　創造的自由

創造的自由を重んじる社会、すなわち異邦的国家を目指す場合、問題となるのは、社会の内側で、誰が師（創造神）としての他者の役割を引き受けるかである。これは原理的に不可能な役割であるが、次善として、教師が生徒の創造的な「他性」を引き出すという、教育の可能性を考えることができる。レヴィナスの場合、師としての他者は、私たちをして、全体性を破壊する方向に向かわせる。[31] しかし教師は、全体性なるものをまだ知らない「子」と向き合うのであり、そのかぎりにおいて、子は全体性を破壊することができない。子は、全体性の平面に現れるのではなく、共通の始原をもたない多元的な存在として現れる。[32] そのような子どもたちは、全体性を欠いた集まりであり、リバタリアン（無秩序）な世界を生きている。このような状況において可能な教育とは、子の内なる他者性を介助することで、創造の作用を引き出すことである。レヴィナスのいう「師としての他者」は、教育において、子の他者性を発現する役割を担うことができる。そのような教育理念をかかげる社会は、子の自発性を重んじるのではなく、他者性の発現を重んじるものになる。

他者性は、さしあたって、子が住まう家の内部との対比で捉えうる。教育においては、まずもって家にとっての他者性を引き出すことが求められる。[33] むろん、そのような他者性が、全体性の外部にあるかどうかは不明である。自己の内なる他者性は、結果的に、全体性によって意味を与えられるかもしれない。ただしその場合でも、子の内なる他者性は、全体性の外部から意味作用を受けとるような「無からの創造」を必要としており、そのために絶対的他者の役割を果たす師による媒介を必要としている。そのような創造を国家が子に奨励するとき、国家は、絶対的な他者性に開かれた自由社会として現れうる。

子の内なる他者性を引き出す国家とは、子の内なる潜勢的可能性を引き出す開発国家である。その場合の国家は、教育を通じて、たんに子どもたちの「多様な善き生」を実現するのではない。国家は、子の内部に他者性を認め、その他者性を通じて、無限の可能性（創造的自由）を引き出そうと企てる。[34]

そのような教育は、「愛」に基づくのではない。レヴィナスが洞察するように、愛は他者性に導かれながらも、自己のエゴイズムに終わる可能性がある。教育はむしろ、教師が絶対的な他者性を装うことによって、あるいは子が異邦的な役割を演じることによって、子の潜勢的可能性を引き出すような過程を必要とする。またそのような「能力を引き出す関係」を、政治、経済、文化の場面へと拡張するならば、それはある一つの社会像へいたるだろう。私たちは自己を超えて、どこへ向かうのか。それは絶対的な他者としての師に導かれて、創造としての自由を享受する社会であり、そのような社会は、他者性を意味の源泉とする他者志向型の教育国家、言い換えれば、他律を許容しつつ創造を奨励する異邦的国家として構想することができる。

6 おわりに

以上、自生化主義の哲学的基礎として、他者の性質を検討してきた。レヴィナスは、私たちが他者の裸形の顔と対面することに関心を寄せた。また、愛における他者との関係によって、家の外部に子が産出されるという「多産性」にも関心を寄せた。レヴィナスは第三に、「師としての他者」論を展開した。この第三の回路を積極的に解釈すると、それは絶対的な他者（創造神）に導かれる「創造としての自由」にいたる。

自生化主義は、子の潜勢的可能性を引き出すために、師としての他者を必要としている。師としての他者は、創造神の役割を引き受ける教師である。師としての他者は、子の自発性や自律性を重んじるのではなく、子が内に秘める他者性を引き出すことで、有意味な空間を与える社会の全体性を打ち破っていく。そのような自由の理念は、大人にも必要である。大人もまた、「師としての他者」を通じて自由を獲得することができる。

第七章　選択論　サルトルとの対質

ジャン＝ポール・サルトルの主著『存在と無』は、自由を中心に据えた人間の学である。この哲学はしかし、どこまで自由の意義を捉えているだろうか。サルトルは、私たちが「実存」として自由であるべきだ、と主張する。自らの存在を限界的な状況に投げ出し、自由で根源的な選択を通じて、自己の存在意義を獲得すべきであるという。このサルトルの要求は、存在論が開示する一つの規範的要請である。しかしそれは、存在のさまざまな可能性のなかから、いくつかの論点に焦点を合わせたときに導かれるものにすぎない。他の理路を歩むならば、私たちは存在について、別の規範的含意を引き出すことができる。本章は、サルトルとの対質を通じて、自生化主義の観点から、存在論の別の規範的含意を導く。

あらかじめ議論の見通しを与えると、第一に、サルトルは「問う存在」と「問われる存在」を区別して、「問われる存在」（すなわち「私とは何者か」に応じる主体）の存在論的性格を検討したが、しかし私たちは、最初に想定される「問う存在」にさかのぼってその存在論的性格を検討することで、別の自由論へ向かう。第二に、サルトルは「問われる存在」が存在の本質を欠如していることに「不安」を覚えるという現象学的事実から、根源的選択としての自由へと向かったが、しかし存在の本質の欠如は、解放的な契機でもありうる。解放の観点から自由を捉えると、根源的選択から別の意義を引き出すことができる。第三に、サルトルは、人間の存在意義がその個人の選びとった究極的価値によって根拠づけられると考えたが、根源的な選択は、存在のもつ潜勢的可能性を開く側面がある。この点に関心を寄せるなら、人間の実存＝存在は、別様に捉え返すことができる。およそ以上の議論を通じて、存在論的自由の新たな内実を明らかにしたい。

1 問いと存在

1-1 問う存在

サルトルがほとんど検討しなかった第一の主題、すなわち「問う主体」の存在論的性格から考察を始めよう。サルトルによれば、「私」というこの人間は、即自的な存在を抜け出て、一つの問いかけ的な態度で、存在の前に立っている。即自的な存在は、問いを発することがない。しかし意識をもったこの私は、存在についての問いを発することができる。ではこの私とは、どんな存在なのか。私とは、まずもって「問う存在」である。そしてこの意識が捉えようとしているのは、「問われる存在」としての私である。私とは、「問う存在」としての私が、「問われる存在」としての私をつかみとるときに現れる。私とはまずもって問いを立てる存在である。しかる後に私は、「問う存在」が「問われる存在」をつかみとる仕方で現れる。

問いとは、私がその即自な存在を超えて、問われる存在との関係を結ぶために必要な意識の形態である。問いの意識は、たんなる「関心」や「好奇心」ではない。存在に対する関心や好奇心といったものは、それを向けられた存在に対して何も求めない。これに対して「問い」は、それを向けられた存在に対して応答責任を課し、その応答を通じて対象との関係を結ぶことを期待している。私は「問い」を通じて即自的な状態を超出し、自己との関係を結ぶ。それはいわば、問いと応答の冒険であり、私とは何かを知るための旅でもある。

およそサルトルはこのような考察に導かれて、即自存在を超越する意識が「問い」であり、その問いは、ただちに即自的な存在に向けられると想定した。「問い」は、「存在に向かって、その存在の仕方について、もしくはその存在について問う」とされる。(1) しかしここで立ち止まって考えてみたい。「問う存在」としての私は、問いかけられた存在へと向かわずに、「問う存在」そのものへと向かうこともできるのではないか。「私とは何か」を問う意識は、「その問いを投げかける私とは何か」をさらに反省することができる。「問う存在」は、さしあたって「問われる存在」ではない。その問いが反省的な仕方で「問う存在」自身に向けられるとき、私は対自的な存在としての私を対象化することができる。「問い」は、ここでは同時に「問われる存在」となる。私はなぜ「私とは何か」という問いを発するのか。私はなぜ「問う存在」であるのか。ここでは、「問う存在」としての私が問われることになる。

「問う存在」は、その存在に対する反省的な問いかけという行為を通じて、自身を捉え返す。その意味で「問う存在」は、自足的に自律できる。「問う存在」は、反省的な問いを通じて、対象としての「問う存在」と呼応関係を結ぶことができる。意識とは、まずもって「私とは何か」を問う意識であるが、その意識はしかし、二つの方向に分かれる。一つは、問われている対象を「問われる存在としてのこの私」として措定し、その問いを引き受ける方向である。もう一つは、その問いを立てた存在を「問う存在としての私」として措定し、その私が反省的に問いを引き受けるという方向である。サルトルは「問う存在」が、ただちに「問われる存在」と関係を結ぶと考えた。しかし「問う存在」は、それ自身を対象化して、自律的な仕方で問い問われる関係をつくりだすことができる。

「問う存在」の自律とは、まずもって意識が問いを立て、そしてその問いを反省的に問うような意識をもつことである。「問う存在」の反省意識は、私が問う存在であることを問題にする。問いを立てる私とは、どんな存在であるか。それは一個の謎である。これに対して「問う存在」としての私の問いが、「問われる存在」としての私に向けられるとき、そこでは一般化された問い、例えば「あなたは誰か、いかなる存在か」という問いが向けられる。こうした問いに、「問われる存在」が何らかの応答をなすとき、私は私の存在に対して、意義を与えることになる。「問われる存在」は、応答を引き受けるというその行為によって、存在の意義を獲得する。また「問われる存在」は、その応答の特徴において他と区別されるとき、それ自身の存在意義を獲得する。これに対して、「問う存在」の問いが、反省的な仕方で「問う存在」自身に向けられるとき、問う存在は自分でその問いに対する応答を引き受けなければならない。

ではその場合の「問う存在の応答」は、他の存在者の応答と区別されるような固有の存在意義を、どのようにして獲得することができるのか。ここで「問う存在」としての私は、「なぜ問うのか」、「問う存在としての私とは何か」を問われている。この問いに対する応答は、問う存在としての私が、たんに「私とは何か」を問うかぎりにおいては、私の固有の存在意義を見出すことができないように思われる。サルトルは存在への問いを、「問われる存在」の応答という局面に即して探求したが、存在への問いを「問う存在」の応答に向けるとき、どのような特徴をつかみとることができるだろうか。

私とは何かを「問う存在」は、何らかの契機で存立し、しかる後にこれを反省的に捉え返す意識によって自律する。では「問う存在」は、いかにして存立しえたのか。一つの仮説は、そもそも即自的な存在が潜在的に「問い」のかたちをとっていたのであり、それが意識によって顕在化した、というものである。もう一つの仮説は、即自的な存在は関心や好奇心といった意識をすでにもっていたのであり、その意識は対自的な存在において問題のかたちをとった、というものである。いずれにせよ、問う存在としての意識は、それが即自的な状態から対自的な状態へと移行する際に、たんに私とは何かを問うたのではなく、例えば「なぜ空は青いのか」といった、さまざまな問いを立てる能力として現れたと考えられる。問う存在は、潜在的には無限に立てられる問いのなかから、いくつかの具体的な問いを立てる存在として、他と区別される個性的な存在として現れたにちがいない。問う存在は、さまざまな問いを問うユニークな存在として現れたと考えられる。

問う存在にとって、それぞれの問いに対する答えがないことは、存在を脅かす無の契機ではない。問う存在は、答えの有無とは無関係に問いを産出する。問いは、この私という問う存在に向けられるかもしれないが、しかし私は、さまざまな問いを産出する運動体として、あるいはその運動を束ねる高次の主体として、すでに存立している。存在者にとって最初に与えられる自由とは、このような問いの運動である。

1-2 問われる存在

しかし「問う存在」は、問われている存在がこの私であるとき、問われた存在としての私がいかなる存在意義をもちうるのかという問題に直面する。問う存在は、その問いを「問われる存在」としての自己に向けるとき、「問われる自己を問う存在」として現れる。サルトルは問いを、存在についての知、すなわち、存在とは何かについての答えを開示するものとして想定した。しかし、その答えは与えられないかもしれない。問う存在は、「問われる存在」を明らかにしないかもしれない。すると問う存在の問いが示しているのは、「非存在（無）の不断の可能性」である。サルトルはこのような発想から、存在への問いにおいて探究される私が、「無」である可能性を抱えているとした。では「問われる存在」は、いかにしてその存在の確証を得ることができるのか。

存在への問いは、存在か無（非存在）かという根本的な疑念を抱え込む。しかしこの場合の無とは、存在の消失ではない。サルトルによれば、無とは存在の「意義」の消失である。つまり「存在への問い」は、問われる存在が、どの程度の意義と尊厳をもって生きることができるのかという問いである。存在への問いは、善き生をめぐる問いである。「問われる存在」とは、存在意義を問われる存在であり、「善く生きることができるかどうか」、あるいは「意義深い生き方をすることができるか」という問いに対する応答としての存在である。存在への問いは、存在意義としての善き生についての問いである。その意味で存在論は、形を変えた倫理学である。

問われた存在としての私は、善く生きることができるかどうかを問われている。サルトルは、私という存在が、存在する意義をもたないかもしれないという不安を抱えると考えた。しかし同時に、そのような存在意義の欠如に、自由の根拠がある。サルトルによれば、自由とは、存在をめぐる問いへの応答に際して、無を分泌させる可能性であり、自らの存在が腐食していく可能性でもある。しかし自由は、同時に、善き生の可能性を秘めている。(2) サルトルはこのような洞察から、根源的選択としての自由論へと議論を進める。けれどもここで、存在と自由の関係を、サルトルとは別の理路で示すこともできる。

サルトルの議論における暗黙の前提は、存在意義とは肯定的な評価であり、それがないと人間は不安になる、というものである。しかし存在意義には「否定的・消極的なもの」もある。私の存在意義は、劣等なものとして意味づけられるかもしれない。これに対してサルトルのいう「存在（意義）の無」は、肯定・否定のいずれの評価に対しても未規定な状態として捉えることができる。存在意義を規定されていない存在、すなわち無としての自由は、それが「善き生の規定」から排除されているという意味においては不安をもたらすが、「悪しき生の規定」を免れているという意味においては、解放の感覚をもたらすのではないか。私は何者であるか。このように問われた存在は、まずもって未規定であり、一個の可能性として存在する。「問われる存在」は、この未規定な可能性を克服して、一つの行為を成就させる。その場合の行為は、未規定であることの不安を解消し、あるいは未規定であることの解放的感覚を終わらせる。行為の成就は、行為の過程の消滅であり、諸可能性の放棄＝無化である。このように捉えてみると、「自由」とは、行為の出発点ないしその過程における存在の未規定性であり、行為の結果の諸可能性である。サルトルはS・キルケゴールに倣い、自由を不安の意識であるとみなしたが、自由を解放の契機として捉えることもできる。

サルトルは、不安を抱えた行為が、その動機構造において無を抱えているとする。もし存在者が存在の本質（したがって自分にとっての善き生の理念と根拠）をもっているとすれば、その本質に基づいて行為のよき動機を与えられるはずである。しかしその本質が分からなければ、私は、私の存在意義に基づいてなすべき行為の動機を欠如している。これは不安であると同時に、自由の契機でもある。行為者がなすべき行為は、実際の動機構造によっては与えられない。自由とは、行為における動機構造を無効にする契機である。[3] しかし、このような動機構造における欠如が自由であるとすれば、そのような自由は解放の意識においても認めることができる。不安のみならず解放もまた、行為の動機づけが行為を決定するのではないという自由をあらわにしている。[4]

「問われる存在」は、動機構造における欠如ゆえに、存在意義を示すことができない。サルトルは、動機構造において無を抱えた人間が、存在の本質から切り離されていると考えた。人間は、生きる意義、すなわち「善き生」を求めて生きる存在であるとして、その存在意義は、存在の本質に求められるのではない(5)。もし理想的な生としての善き生の根拠が「私の存在の本質」に根差しているのだとすれば、この私はその善さを実現するために「意志」を必要としない。むしろ他律的な意志によって、私はその善さを実現する。しかしサルトルは、そのような他律的な存在のあり方を拒否する。存在の根拠は、むしろ自由にある。私は自分の存在意義を自由に選びとることができるのであり、正確に言えば、私は自由に存在意義を選ばざるをえない。というのも、私には何が私の存在の本質であるのかが分からないからである。

サルトルはそのような意味での自由が、自己存在の唯一の根拠であると考えた。むろん私たちは、日常の世界では諸価値に囲まれて生活しており、自己の存在価値は、その社会的文脈のなかで与えられる。しかしサルトルによれば、それは私という存在が「諸価値をもった一つの世界」に拘束されているからにすぎない。私の生活を条件づけている価値は、非反省的な意識において与えられたにすぎない。もし私が、私の存在を価値あるものとして成り立たせるためには、私は世界の意味と私の存在の意味を、同時に自分の意志で実現しなければならない。私が自由であるとは、私が世界に意味を与えることであり、その意味世界によって自己の善き生を根拠づけることであるという。

もし不安のない行為があるとすれば、その行為者は、何らかの意味世界を参照するその動機構造によって、直接の「生きる意味」を受けとることができる。その行為者の存在意義は、行為の動機を形成する際にすでに与えられる。しかしそのような行為は、所与の意味世界の文脈によって拘束されており、私はその文脈のなかで存在意義を受けとるにすぎない。するとその行為者は、「問う存在」が「問われた存在」と関係を結ぶまでもなく、そもそも存在とは何かについての問いを発する必要がない。存在とは何かについての答えは、すでに与えられた文脈のなかで確定している。そこには問いかけを通じて新たに可能になる存在の要素はない。そのような存在者は、自己の存在意義をあらわにしているわけではない。存在の意義が、非本質的な存在の様態と区別されるためには、はたして存在は「無」ではないのかという根源的な問いにさらされて、その「無」である可能性が開示されなければならない。存在の意義は、同時に、存在者が「善く生きることができるかどうか」、あるいは「意義深い生き方をすることができるか」という問いに対する応答としてあらわになるのだとすれば、それは存在者がその存在意義を、既成の文脈に依存せずに、自ら与えるのでなければならない。

ところがこの私は、自分という存在に意味を与えるとしても、世界全体に対して価値の体系を与えるのではない。私は既存の価値体系を造り替えながら、自己が自己の根拠たりうる価値を示すことができるにすぎない。世界に意味を与えるとは、既成の意味構造を変化させるような契機をもった善き生を営むことである。サルトルは、自由によって存在の意義があらわになるとしたが、正確に言えば、そのような自由は、既成の諸価値に囲まれた世界から離れて、新たな価値を世界の意味構造に加えるような行為である。自由な存在の自由な可能性は、まさに行われようとしている行為が、既成の諸価値に囲まれた世界によっては規定されないという意味での無ではない。文脈によって規定されないという意味での無は、ただちに自由を構成するのではない。

H・ベルクソンは、既成の諸価値に囲まれた世界によっては規定されることのない「内奥の自我」を想定した。確かに内奥の自我は、どんな文化的価値の世界にも規定されず、独自の創造をもたらす源泉となりうる契機である。しかしそのような内奥の自我は、意識と意志を犠牲にして成り立つにすぎないとサルトルは考える。もし私が、世界に新たな意味を与えようとすれば、そしてそのような企てによって自己の善き生を実現しようとすれば、私は意識と意志をもたなければならない。意識と意志は、内奥の自我から超出して自己の存在を捉え返し、世界に新たな価値をもたらすような行為を志向できなければならない。自己創造の源泉としての内奥の自我は、明るみに出てはいない。内奥の自我は、創造的な行為において現れるとしても、反省的な意識において与えられるのではない。問う存在としての私は、問われる存在としての内奥の自我を、意識において把握しようとする。問う存在は、その存在の意義を、問われた存在に与える。しかし問われた存在としての内奥の自我は、存在しないかもしれない。あるいは十分な意義をもった存在ではないかもしれない。十分に意義深い創造をなしえないかもしれない。問われた存在は、そのような無の可能性を抱えている。私が一個の存在として問いを発し、その問いに対する応答を自己に対して求めうるためには、自己が無であるかもしれないというリスクを引き受けなければならない。つまり自由とは、たんに創造的な営みを通じて自己の存在をあらわにするのではなく、内奥の自我が創造的な仕方で自己を現わすことがないというリスクを宿している。

むろん、私は自己が無であるリスクを引き受けるときに自由であるとして、そのような自由を求めない人もいるかもしれない。前節で明らかにしたように、無としての自由は、動機構造における欠如一般であり、存在意義の肯定・否定の両方の欠如である。無としての自由は、存在意義の空白であり、それはまだ否定的な評価にもさらされていないという意味で、存在の軽さでもある。この軽さに堪えられない存在は、無としての自由から逃れ、いかなる自己を構築するにせよ、とにかく既成の価値世界のなかに包摂され、信念を傾倒することを望むかもしれない。しかしサルトルの観点からみれば、そのような包摂と傾倒は、自己の存在を直視せず、自らを欺いて社会的な価値を得ようとする自己欺瞞にすぎない。自分が何者であるのかを知らずに、大いなる価値へと巻き込まれた存在にすぎない。そのような自己欺瞞を避けて、自己の存在を真正なものとして受けとるためには、私は内奥の自我とは別に、真正の自己を問わなければならない。私は何者か。私の存在意義は何か。この問いに答えるために、私は私の内面を探っても答えがみつからないかもしれない。しかし内面の自我とは別に、私が自分を欺いているとは思えないような、私にとってほんものと言えるような、真正な生き方がみつかるかもしれない。では、そのような自己はいかにして見出すことができるのか。これが自己にとっての根本問題である。サルトルは、状況における根源的な選択を通じて、自己の存在意義が獲得されると考えた。無の可能性としての自由は、私の意志と根源的選択によって、積極的なものへと転換されうるとサルトルは考えた。節を改めて、検討しよう。

2　他者と自由

2-1　試練としての他者

人間は対自的な存在として自律している。しかしサルトルは、人間が対自的存在にとどまりながら、根本的に異なったタイプの存在論的構造、すなわち「他者」を指し示すような意識に出会うという。他者は、それ自体としてみれば、私が対自的存在であるかどうかにかかわらず、私の存在を承認したり否認したりできる存在である。私という存在は、他者によって存在意義を与えられる。では、私が自己の存在に対して与える意義と、他者が私に対して与える意義についての私の理解は、いかなる関係にあるのか。ヘーゲルはこれらの関係を全体の視点から捉え、包摂的で普遍的な自己の理解が可能であるとした。しかし他者の存在は、私の存在とともにあるとはいえ、私の存在を構成する重要な要素ではない。他者と私は、包摂の関係、あるいは弁証法的統一の関係にあるのではない。他者と私は、ともにあるにすぎない。他者による承認によって構成される自己は、自己が対自的存在として存立するためには、何も寄与しない。自己が対自的な存在たりうるためには、他者による承認は不必要ですらある。にもかかわらず、他者は私に問いかけてくる。

サルトルによれば、他者とは「私の存在の構成に寄与するエクセントリックな極限」である。(6) 他者は、私の存在に対する試練として現れる。私と他者とは、正面から対立するのではなく、脇からの相互依存関係にあるという。他者は、どこからやってくるのか。そして他者は、私に何を問うのか。サルトルは、他者は、私の内奥において見出される無からやってくると考えた。私のなかの「私ではあらぬもの」が、他者の本性であるという。(7) 私は、存在する意義をもたないかもしれない。そのような存在意義の無の可能性は、「あなたは存在する意義をもっているのか」という問いとして現れる。その問いは、他者によって課された試練である。はたして私は、存在する意義があるのか。この問いは、問う存在としての私が問うだけでなく、私のなかの欠如から生まれた他者もまた問うのであり、その場合の他者とは、自己に試練を与える存在である。

サルトルは、この他者の他者性が課す試練を「まなざし」と呼んだ。私は、他者のまなざしによって試されている。私は、他者のまなざしによって、羞恥を感じたり、尊厳を得たりする。もし私が独我論に陥りたくないのであれば、私はそのようなまなざしとしての他者の存在を認めざるをえない。しかもそのまなざしは、私にとって自由を構成する条件でもある。私の自由とは、まずもって、私の内奥の自我が意義をもたない可能性である。しかしそれは他方で、他者がそのまなざしによって捉える私の存在の属性でもある。私という存在は、他者によって自由に把握され、自由に他有化されうる。とすれば、私の自由の意義は、他者が私の存在をどのように評価するのかにかかっている。私が自由を獲得するのは、他者による評価可能性に向かって、自己を超出するかぎりにおいてである。サルトルはこのように議論を進めていく。

ここで自己存在における「無」の意味を、次のように整理して考えてみよう。

(1) 動機構造に空白がある。
(2) 既成の意味世界によって規定されない。
(3) 内奥の自我に存在意義を見出すことができない。
(4) 自己の存在意義が他者のまなざしによって他有化される。

サルトルは(1)と(2)から、自由な自己が根源的な選択を通じて自らの存在意義を獲得することができる、と考えた。しかしそのような自由な自我とは、既成の意味世界に拘束されない「内奥の自我」を中核に据えるわけではない。サルトルは、(4)の問題が、(3)の問題から生じると考えた。他者とは、内奥の自我における欠如が生み出したまなざしである。自己の存在意義は、たんに内奥の自我が自由に生成するままに任せておくだけでは、存立しえない。内奥の自我は「善き生」を生み出すには不完全な運動体にすぎない。他者はそのまなざしによって、私の「内奥の自我」ではなく「ある状況におかれた存在」としての私を評価する。私はその状況を制御することはできない。むろん他者は、その状況に拘束された私を自由に評価するのではなく、私が自由に振る舞う結果として生じる諸可能性を予測するのみである。他者はそのまなざしによって、存在の重さないし軽さをみる。他者とは、私が存在の重さをつかみとるために、ある具体的な状況へと呼びだす契機である。私の存在意義は、ある状況における私の振る舞いによって、他者のまなざしという試練のもとで、私によって与えられなければならないとされる。

2-2 批判理論としての自由

このように私とは、他者の試練にさらされて、存在意義をつかみとるべき存在である。ではその場合の自由とは、先に挙げた（1）から（4）までの消極的な意味（すなわち無）をもつにすぎないのだろうか。

サルトルは次のように議論を進める。私たちは、既成の社会のなかに埋没していると、その欠陥に気づかないことがある。社会を変革するための視点は、既成の社会的文脈を超出して、ある限界状況に身を置くことによって与えられる。限界状況とは、既成の社会的文脈によって判断することが困難な状況である。その場合の判断は、次の二つの方法によって導かれる。すなわち、ある純粋で普遍的な価値をアプリオリに立てて判断する場合と、そのような価値をも超出しようとする運動によって判断する場合である。

アプリオリに与えられる普遍的な価値の観点から、現実の社会を批判的に把握するアプローチは、規範理論である。その基本的な価値の要素は、効用、正義、善（徳）、自由、平等などである。これに対して、価値をアプリオリに立てるのではなく、さまざまな規範論的思考を促すような仕方で社会を検討するアプローチは、批判理論である。批判理論は、現状に対する有効な批判と変革の駆動因を、規範的に存立しえない「無（空白）」の観点から導く。このアプローチの基本的な構成要素は、批判、解放、創造、暴力、変革、自由である。サルトルの関心は、主として批判理論からみた自由の概念におかれる。しかしサルトルの自由論を、規範理論の観点から読みこんで発展させることもできる。自由の概念は、規範理論と批判理論の二つのアプローチにまたがる。

「批判理論」としての自由は、既存の社会的文脈から離れて思考することが自由であるとみなして、私たちが既存の社会に対する批判的な観点を築くように奨励する。この場合の自由とは、これまで生きてきた自己との断絶によって、無の領域から降り注ぐ光のもとで、自己を考察することである。そのような考察は、既成の文脈によっては与えられなかった意味を、私に与える。しかし批判の企ては、私の存在をただちに開示するのではない。私という存在は、批判による超出を通じて、いまだ到来せざる将来によって意味づけられる。私は、私の存在が将来においてあらわになるという期待から、自己を超出する。サルトルは、人がこのような関心から企てる行為と動因と目的の結びつきを、自由であると考えた。[8]

既存の社会的文脈からの超出としての自由は、二つの要素をもっている。一つは、自己の過去について、その即自的な存在の意義を無化することである。自己の存在意義は「即自的存在においては無かった」という否定の契機をもつ。もう一つは、自己の将来について、その特徴と意義を規定しないことである。そのためには、即自的存在を超出しようとする反省の作用が、いかなる固定化も避けるものでなければならない。私が自由であるのは、現在の私がまだその存在の意義をあらわにしていないからであり、現在の私の目的や動機や動因が、将来の私の存在意義を規定していないからである。そのような自由な状態を保持するためには、対自的な存在としての私の意識は、たえずその対自的なあり方を超出しなければならない。批判理論としての自由は、たんに即自的な状態を超出するだけでなく、対自的な意識それ自身をも超出するという、無限の対自化（反省化）を企てるように要請される。

このような意味での自由な自己は、存在の本質をつかみとった自己ではなく、人間の核心にあるところの無であり、サルトルによれば、この無が、人間をして自分を「作る」ように仕向けるという。人間の意識は、即自的な存在を超えて対自的存在になることを目指すとして、その反省的な意識によって把握される自己存在は、内奥において意義を見出すことはできない。そこで私は、「問われる存在」の存在論的性格を超出するという、批判による自由の冒険に出なければならない。人間は、その存在意義を獲得するために、対自的超出の冒険をつづけざるをえないのであり、その意味において、自由を運命づけられている。しかし、たえざる自己超出としての自由は、いかにして自己の存在意義をあらわにするのか。サルトルによれば、私とは、存在意義がないかもしれないという不安を抱えた存在である。私は他者のまなざしのなかで、自己の存在意義についてたえず揺さぶりをかけられている。そのような他者による試練のなかで、存在意義をつかみとらなければならない。あるいは先に述べたように、「無」を不安ではなく解放として捉えた場合にも、類似のことが言える。私とは、悪としての存在から解放された存在である。ところが解放された自己といえども、他者のまなざしによってその存在意義を揺さぶられている。私はやはり、他者の試練のなかで、自己の存在意義をつかみとらなければならない。

不安と解放の契機は、自由の契機である。そのような自由をもった私の存在は、存在の軽さに直面している。他者によって試されているのは、私の存在の軽さであり、他者はその軽さを克服するように迫ってくる。けれども私は、存在の重みを獲得したいと思うだろうか。あるいは私は、存在の重みとは別の存在性質へとたどり着きたいのだろうか。他者のまなざしは、私が私なりの仕方で、存在の意義を獲得するように迫ってくる。この試練を回避する場合、私にとって私の存在意義は、たえず自己欺瞞の疑義にさいなまれる。他者のまなざしを避けるとしても、そこに見出される内奥の自我は、当てにならない存在である。内奥の自我は、欠如を抱えている。サルトルは、不安から逃れて存在の重みを獲得する存在を想定した。けれども解放の要素を含めて問題を一般化すれば、存在の軽さはいかにして克服可能であろうか。この問題をサルトルに即して検討してみよう。

2-3　根源的選択

批判理論としての自由は、たえざる自己超出を可能にする。ではその営みは、私をどこに連れて行くのか。サルトルによれば、自己超出は「自己の諸可能性」に向かって投企することであり、いまだ存在しない潜在的次元を開示することである。[9] 自己超出は、自己のさまざまな動機や目的の可能性を開示する。しかしこの自己超出を一つの具体的な行為において表現しようとすれば、それは現在の自分ではない他者によって動機や目的を与えられ、その目的によって自己を投企することになる。これは自律的な目的定立行為を超えたところに、自らの存在意義を見出すことを意味する。

人は、自己の存在の欠如から生まれる他者によって目的を与えられ、その都度、自己を超出していくように求められる。ではこの他者とは誰かと言えば、それは自己が存在において抱える無であり、存在意義の欠如が生み出した自由である。自由とは、自分では定立しなかった目的であり、自己存在の他の諸可能性である。私がある可能性へと投企できるのは、私が潜勢的な諸可能性の束として存在するからである。この場合の自由とは、他者、すなわち可能性としての自己が立てた目的を遂行しうる可能性であり、言い換えれば、自己が他でありえた可能性である。

サルトルは、この潜勢的可能性にとどまる状態としての自己が、将来において到達しうる自己であるとしても、現在の自己は、これを総体としてつかみとることができないと考えた。現実の自己は、現に私があるものとは別のものとして選ぶことを迫られている、と考えた。[10] サルトルはここから、かの「根源的選択」論を導き出す。私は、諸々の私の行動を体系的に導くような動機や動因を、自己の存在から引き出すのではなく、新たに根源的に創造しなければならない。私が自身を選ぶとは、そのような根源的な創造を現行の選択によって成し遂げることである。根源的な選択は、潜在的な自己のなかの一つを到来させる。一つの未来を到来させる。一つの未来における可能性としての自己が、過去の自己に一つの意味を与えるとき、私は自分自身が何であるのかについてあらわにする。

しかしこの根源的選択は、私のなかにある潜勢的な諸可能性のなかから、ある根源的な動機や動因に基づいて一つの可能性を選びとることであり、諸可能性の全体を引き受けることではない。サルトルは、一方では自己の潜勢的な諸可能性を総体としてつかみとることを目指しながら、他方では、自己という存在は現在の選択によってはじめてあらわになるという制約から、存在の一つの可能性を実現させると考えた。むろんサルトルは、そのような根源的選択を、私たちがなんども不断にやり直すことが不可欠だとする。[11] 根源的選択は、それによって選択された自己に意義がないかもしれないというリスクを抱える以上、たえずやり直さなければならない。根源的選択は、「やり直し」という自由をもつかぎりにおいて、自己の潜勢的な諸可能性の全体をその都度あらわにする。すると自由な存在とは、たんに選択に際して自由な決断をする主体ではなく、自己の存在をあらわにする根源的選択をなんどもやり直す存在だということになる。ではこの私という存在は、最終的にどのような存在へといたるのか。サルトルの議論はここで、いわば批判理論から規範理論へと踏み出す。

サルトルによれば、存在は、本質をもたない偶然的な性質を帯びているが、人は自由な根源的選択によって、存在の本質としての実存をもたらすことができる。[12] 実存は自己の存在根拠となる。自己にとって存在の本質は無であるとしても、根源的な選択は自己という存在に根拠を与える。私は限界的な状況のもとで、自分を偉大な者や高貴な者として選びとることもできるし、下劣な者や卑屈な者として選びとることもできる。この根源的な選択において選びとった価値的意義が、私の存在根拠となる。サルトルはこのように、存在の本質が無である可能性の問題を、存在の偶然性の問題に転換し、さらにその偶有性は、根源的な選択を通じて、自己存在の必然的根拠に転換しうると考えた。では根源的選択は、私たちをどのような善き生へ導くのか。サルトルは検討していないが、いくつかの理路を考えることができる。

(1) 人は試行錯誤を通じて、最終的にこれが自己存在の根拠であるといえるような根源的選択にたどりつくと期待できる。ただし、根源的選択によって選択された自己は、もはや自由ではない。自由とは、自己の根拠となる価値をつかみとるためのプロセスであり、善き生に先行するものである。善き生とは、自由を失った一個の価値存在である。

（２）すべての選択は、根源的選択である。それゆえ人は、その都度の根源的選択を通じて、たえず新しい自己を根拠づけなければならない。自由とはこの場合、その都度の「いま・ここ」において根源的な選択をする行為である。根源的選択においてある価値を選択した私は、その都度自由を失うが、根源的な選択を繰り返すかぎり、自由な主体として生きることができる。

（３）人は「いま・ここ」における根源的な選択を重ねていくうちに、その積分によって自己の存在根拠を形成する。「いま・ここ」の自己は、微分した存在根拠を形成し、それらが集積して一つの大きな存在根拠となる。私はその大きな存在根拠をあらかじめ志向して、「いま・ここ」の連続において一つの存在意義を体系的に追求することができる。自由とはこの場合、「いま・ここ」において、その都度、ある体系的な存在意義を目指すことであり、自分にとっての根源的な価値を選択することである。私には存在の本質というものがない以上、ある任意の価値体系を、自由に追求することができる。自由とはこの任意の価値を体系的につかみとり、それを実現することである。

（１）は、「私の最終的な存在根拠とは何か」という問いを私に投げかける。（２）は、「どの選択行為がいっそう根源的なのか」、という問いを投げかける。（３）は、「真に選ぶべき任意の価値体系とは何か」という問いを投げかける。私という存在は、根源的な選択に際して、こうした問いを不可避的に抱える。私は、いずれの場合においても、私の存在を根拠づける価値について、これを探求しなければならない。私は、自分を「偉大な者」「高貴な者」として選びとることができるとして、では「偉大／高貴」とはどのような価値なのか、またそのような価値はどのような仕方で存在根拠として実現しうるのかについて、解釈を加えなければならない。

サルトルによれば、さまざまな可能性のなかから選択する行為を統一するテーマは、価値である(13)。根源的な選択によってたどりつく理想の自我は、たんに自分にとっての「一次的・二次的な目的」を案出するだけでなく、それらの諸目的を相互に結びつけるための「解釈の全体系」をも案出する(14)。これらの諸目的とその解釈体系の案出を導くものとして、価値がある。価値は、自己の存在根拠を自分のうちにもつ者によって、理想的な仕方で現れる。そのような価値を選びとることが、根源的選択によって存立する自我の理想とみなされる。では、ある価値によって自己を根拠づけたこの「私」は、結局のところ自由を失うのだろうか。サルトルは、私という存在がある価値を選びながらも、その価値から距離をおく自由な主体であると考えた。『存在と無』において、サルトルが最後に立てた問いは、次のようなものである。

自己を自由として欲する自由とは、要するに、「それが-ある-ところのもの-であらず」「それが-あらぬ-ところのもので-ある」ような、一つの存在であり、かかる存在は、存在理想として、「それが-あらぬ-ところのもので-あり」「それが-ある-ところのもので-あらぬ」ことを選ぶのである。それゆえ、このような存在は、自己を取り戻すことを選ぶのではなくて、自己を逃れることを選ぶのであり、自己と合致することを選ぶのではなくて、つねに自己から距離をおいて存在することを選ぶのである。自己となれなれしくしないことを欲するこの存在、自己から距離をおいて存在することを欲するこの存在、われわれはこれをなんと解するべきだろうか(15)。

私とは、ある価値に傾倒しながらも、どこか冷めた視線をもって自分となれなれしくしない場合に、自由な存在であるとされる。これは言い換えれば、ダンディズムこそが自由な生のあり方である、ということである。

2-4　世界へ向けての遠心力

自由を担保するこのダンディズム、あるいは自己のコミットメントに対する冷めた視線は、価値の次元に回収されない生き方の美学的側面にすぎないわけではない。自由の価値は、それが依って立つ「あらぬ-ところ」としての「世界」の存在論的な性格に依存している。自由とは、世界との結びつきによって与えられる一つの価値である。この私は、根源的な選択をなしうるとして、その選択は、つねに個別の「いま・ここ」という所与の状況においてなされるにもかかわらず、世界とつながっている。私という存在に根源的な根拠を与えるのは、世界である。私が対自的な存在として自由を行使するとは、この個別的に与えられた状況を世界との結びつきにおいて解釈することであり、個別の文脈を普遍的な視野のもとで捉えることである。サルトルによれば、自由とは、個別的な所与を、世界そのものの発見との結びつきにおいて、これこれの仕方、これこれの光のもとに、現れさせるという[16]。自由とはつまり、個別の状況を普遍の視点で解釈するように仕向ける作用であり、それは世界とつながるための、自己に対する遠心力の作用であると言える。

私という存在は、たんに社会の状況のなかに埋め込まれているのではない。私は私が置かれた状況を、個々の社会の文脈を超えて、世界との結びつきにおいて捉えることができる。では世界とは何か。それは何らかの巨視的な座標軸（＝羅針盤 coordonnée）であるといえる[17]。自由とは、巨視的な座標軸を用いて、個別の状況を把握することである。それは、私という存在に遠心力をかけて、世界へと乗り出す過程でもある。自由とは、世界へ乗り出していく善き生である、ということになる。

このように、自由によって把握された自己とは、世界との関係において意義を与えられる。けれども他方で、状況を超える世界を想定できなければ、私は根源的な価値をつかみとることができない。根源的な選択において選びとる存在の価値は、世界の側からやってくる。私は、世界を選ぶ存在ではなく、世界との結びつきにおいて、状況に制約された自己を選ぶ存在である。世界とは、私が置かれた個別の状況を、私が反省的に捉え返すために必要な装置である。私の反省意識は、根源的な選択を遂行し、また私の存在意義についての解釈を与えることはできるとしても、価値や意味を与えることはできない。私が私の存在を根拠づける際に用いる素材としての価値や意味は、世界の側にある。

すると問題が生じる。世界とは、私が置かれた個別の状況を解釈するための装置であるとして、それは私という存在に遠心力をかける点で自由の作用をもつが、同時に、価値や意味の起点でもある。では私が世界へと進み、私が世界に内在する意味や価値によって包摂されるとすれば、私は自由を失うのだろうか。私は最終的に、世界が与える意味や価値と融和し、世界は私を包摂するのだろうか。

むろん実際問題として、この私は決して世界と融和することはない。私はナショナリズムや人種主義を乗り越えて、世界の理念によって自己に遠心力をかける自由をもっているが、到達点として想定される世界は、さまざまな構想として存在するにすぎない。

3　おわりに

サルトルは、自己という存在の究極的な可能性が、根源的選択によって代替できない人格の唯一性に到達することであり、それは何らかの価値に基づくものだと考えた。しかし根源的選択の意義を別様に解釈することもできる。根源的な選択は、自らの存在を開示する一つの投企であるとして、その投企は同時に、自己の新たな可能性をも開示する。根源的な選択は、選択しなかった選択肢の可能性を活性化しない一方で、その選択によって派生的に生じる、自己の新たな可能性を活性化する。価値の選択と潜勢的可能性の開示は、いわば弁証法的な関係に開かれている。

世界とは、そしてまた自由とは、私の根源的な存在根拠に遠心力をかけて、私のさらなる潜勢的可能性を開示する作用であるといえる。私は、私の存在の軽さを克服するために、ある限界状況における根源的選択を通じて「存在の重さ」を獲得することもできるが、他方で私は、同じ選択を通じて自己の潜勢的可能性を活性化させ、「存在の深さ」へ降りていくこともできる。私の人生がたどりつくべき最終地点とは、存在の重さではなく、存在の深さでありうる。それは世界に向けて、自らの潜勢的可能性を開くことでもある。

私は何らかの根源的な選択をしたとして、この私の存在を育むのは、その際に選びとった「価値」よりも、選びとった「問題」である。私は、究極的な価値によって自己を律するのではなく、究極的な問題の編成によって自己を律することができる。自由とはこの場合、価値や目的を選ぶ際の反省意識ではなく、諸問題を通じて自己の潜勢的諸可能性を開く営みである。そのような営みにおいて、一方における「問う存在」としての私は、諸問題を立てる点で自由であり、また他方における「問われる存在」としての私は、潜勢的な諸可能性の扉を開くという意味で自由である。自生化主義は、このような自由を基礎にして、自己の新たな生成を促していく。

サルトルは対自的な自己意識が、決して抽象的・普遍的で根本的な目的を目指すのではなく、個別の状況をつくりだしながら、自己の存在根拠としての実存をつくりだすと考えた(18)。これを自生化主義の観点から解釈すれば、対自的な自己意識は、決して浮遊した世界市民になることを目指すのではなく、個別の問題状況に身を置きながら、自己の存在の諸可能性を生み出すことを目指す。限界状況においては、問う存在がさまざまな問いを発し、それらの問いに応ずるかたちで、問われた存在はその潜勢的可能性を開いていく。するとそこには存在の深さが生まれる。自由とは、存在の深さである。自由が最終的に価値へと回収されない意義をもつとすれば、それは人間の実存において問われている事柄が、存在の深さであることを意味する。

第八章　精神論　道元との対質

この世界には、満ち足りたといえる人生がある一方で、不安や孤独にさいなまれた人生や、どうしようもなく満たされない人生がある。けれども同時に、この世界には、状況を克服しようとする人間の努力があり、またそのような願いがある。あるいは反対に、満たされない生を幸福であるとみなすような、自己欺瞞もある。

人生は、あらゆる手段を通じて肯定されねばならないとして、しかしその肯定欲は、煩悩に導かれたにすぎないかもしれない。この世界には、自己の生を安易に肯定するのではなく、ゆるぎない確信をもって降りかかる不安や疑念をふさぎ、究極の快楽である「極楽」を手に入れた人たちがいる。道元の『正法眼蔵《しょうぼうげんぞう》』(一二三一年から一二五三年にかけて書かれた)は、そのような生のあり方について、さまざまに論じている。この世界には、煩悩に従って自己を安易に肯定する人もいれば、それでは満たされない人もいる。私たちは、どのような人生を生きるべきなのか。

本章は、『正法眼蔵』と対質しつつ、自生化主義の精神的基礎を論じる。自生化主義は、たんに社会を自生化させようとするのではなく、自己の生についても、これを自生化させようとする。私の解釈する道元によれば、真実の自己は世界を離脱するのではなく、世界内存在として自己を開示する。その開示の仕方は、意のままに振る舞うという意味での全能感ではなく、自己の意志や意欲を超えて、自生的に自由闊達さが現れるという意味での全能感に結びつく。それはある種の修行によって可能になるが、そこには自生化主義的な知恵がある。またその境地は最終的に、他者の潜勢的可能性を介助する救済の倫理にいたるだろう。

1　真実の自己

私たち人間は、安定した存在基盤を求める存在である。一方には、一人でいることに自足して、安定したと感じる人がいる。他方には、孤独であることに不安を感じて、人々の結びつきにおいてこそ、安定を感じる人がいる。しかしいずれの場合も、存在の安定感を超えて、存在の本質を問題化しているのではない。個体や集合体、あるいはそれらを成立させている原初的な関係性は、存在の本質にとって重要であるわけではない。この世界には、ただ孤独であること、包摂されてあること、尊いこと、心配であることなどの、心の現象がある。しかし心的な現象は存在の本質ではない。では私たちは、真の存在、あるいは存在の本質に近づくために、どのような認識と実践が必要なのか。

存在の本質を理解するための第一歩は、自己という存在を突き放して認識することである。私は、まだ私という存在の本質を理解していない。その意味で、私という存在は空虚である。私という存在の本質は、社会のなかで与えられた役割や、自分の器、自分の格、あるいは他者との関係性によっては捉えることができない。これらはすべて他でありえたとしても、真の私は存立しうる。自分と社会の関係が他でありうることの認識は、存在の本質を開示するための第一歩である。

私は、別の人格であったかもしれず、別の社会に生まれていたかもしれない。そのような可能性の認識は、私という存在を相対化する。そのような相対化を幾重にも続けるなかで、私が同一性を保つことができるとすれば、それは私が「自己とは何か」を問う存在としてである。この問う存在としての私は、問いに対する究極の答えをもたなくとも、存在としての同一性を得る。では、この問う存在としての私は、いかにして自己の存在の本質を理解するのか。

私と社会の関係が他でありうることの理解は、同時に、私という存在が他でありえた可能性、すなわち私の潜勢的可能性を開示する。その可能性の認識は、私という存在の安定した存在基盤を崩し、その遠方に私の存在の本質を開示する。もっとも、私たちが一度に認識できる自己の潜勢的可能性は、個々の特定の可能性であり、すべての可能性ではない。すべての潜勢的可能性を認識するには、無限の時間を要する。それでも私たちは、自己のすべての潜勢的可能性を一度に感じる全能感によって、自己の存在の本質に向かうことができる。

そしてこの全能の感覚は、私に実践の原理を与える。私は、私という存在の本質を理解し、そしてその理解を証明するために、終局的には、何らかの源泉（ダルマ）によって活性化された存在になることが必要である。認識的な次元で自己を知るだけではなく、実践的な次元において自己を活性化することが必要である。

自己を知るための第一段階は、自分が社会のなかで凡俗の人間（衆生）にすぎないことを理解することである。けれども自己の「真の姿」を知るためには、いま目の前にある現実世界における自己の位置を知ることを超えて、さまざまな可能的世界（十方世界）において、自分がどんな存在として位置づけられるかを知らなければならない。自己の潜勢的可能性の全体を、全能感によって把握しなければならない。

一般に、私たちが客観的な知識を得るためには、社会あるいは世界を鳥瞰するような、観察者の観点を手に入れることが必要である。社会や世界を鳥瞰する視点は、同時に、鳥のように動く視点をあわせもたなければならない。またその視点は、時間の次元においても自在に動くものでなければならない。鳥は飛びながら空間全体を把握する。そのような鳥の鳥瞰能力を拡張して、世界を鳥瞰する認識は、空間的な広がりだけでなく、人の生死を超えた歴史の時間においても自在に広がり、あるいは潜勢的に可能な時間と空間においても自在に広がりうるものでなければならない。そのような時空を拡張する認識の自由自在性は、世界を鳥瞰するという意味での客観的な認識の理想である。もし一つの視点に立って世界を認識するなら、その視点では見えない部分を知ることができない。客観的な認識の理想は、そのような欠如を超えて、この世界をあらゆる点から認識することである。

むろん私たちは、理性の限界ゆえに、そのような認識にいたることができない。認識における時空の拡張は制約されている。けれども鳥瞰的な社会認識は、そうした制約があたかも存在しないかのように認識するという、抗事実的な前提によって与えられる。道元は、あらゆる空間と時間にわたって飛び来り飛び去るような「去来」を想定した[1]。それはいわば、認識における自由自在の鳥瞰である。鳥瞰的認識を極限にまで突き詰めると、それは時空を自在に飛び回って世界を認識する力となる。

自己にとっての真実とは、自己と社会の関係を超えたところにあるとして、その姿は、自己と社会のありうる潜勢的諸関係を通観する去来の力によって開示される。それは認識的には不可能であるが、実践的には全能感によって与えられる。むろん、Ｍ・ウェーバー以降の社会科学的な客観性の認識は、このような鳥瞰的な能力を前提としない。社会科学的な認識は、ある特定の価値関心から、社会的事実を整序する営みである。しかし私たちが本当に知りたいのは、たんなる客観的な社会的事実ではなく、自己にとっての真実である。それは自己と社会の関係が他でありうる可能性を探究する営みにおいて開示される。真実の自己を知るためには、いま・ここの文脈を超えなければならない。

ある意味で真実の自己の理解とは、一つの個体のなかに万物のすべてが宿っていると知ることである[2]。人は潜在的に、世界のすべての可能性を迎え入れることができる。この私が世界のすべての可能性であり、世界の可能性のすべてはこの私に宿っている。そのような可能性において自己を認識することは、自己がこの社会のなかでどの程度の器の人間であるのかを知ることではない。自己は、この社会において規定される自己を超えて、世界のすべての可能性を含みもつ存在として認識される。そのような諸可能性としての自己を知ることが、真実の自己を知ることにほかならない。かりにこの社会の現実を知りつくし、自分の器がどのようなものであるかを理解したとしても、真実の自己には到達しえない。

真実の自己は、いわゆる合理的行為のモデルによっては捉えられない。真実の自己は、人生の効用を最大化するという合理的計算を超えたところに現れる。日常の世界において、私たちは自身の潜勢的可能性を、すべて一度に実感するという全能感をもつことがある。ある種の行為は、それが前提とする能力の状態と選好を超えて、突如として全法に通じる真理を顕現することがある。その場合に充足される選好は、どんなものでもかまわないが、どんな選好を満たそうとも、あるいはどんな最適化をしようとも、人は自由闊達の境地に真の自己を見出すことがある。自由闊達の境地にいたるための道筋は、人によって異なり、事前には誰も分からない。現在の自己の能力を冷静に見定めるならば、真の自己にいたることは難しい。

自由闊達の境地は、自身の身体に宿る意志や意欲によって実現するのではない。自己に固有なものは何もないという空虚さの認識から、自己の潜勢的可能性は無限であるという認識に到達し、その認識から今度は、あらゆる潜勢的可能性に対する全能感を引き出し、そしてその全能感を実践の原理とすることによって、自由闊達の境地が自生的に突如として現れる。この境地は、仏教においては「仏性」と呼ばれる。日常にありふれた仏性とは、「活《はた》らき」によって存在する人間の有様である。(3) それは意欲や意志によっては捉えられない作用である。私たちはまず、自らの活らきをわがものとする必要がある。さらにそこから、自らの潜勢的な活らきをわがものとする必要がある。善き生とは、究極的には、自己のあらゆる潜勢的可能性を発現するような境地であり、それはある可能性の発現が、あらゆる可能性の発現に通じているような全能感をもたらす境地である。

そのような境地は、ある種の修行を通じて到達されるが、その修行をプログラム化することはできない。道元に従えば、真実の自己は、あるとき、理性が満月のようなかたちをとって顕現する。(4) 真実とは、認識的にはただ虚しく、何のわだかまりもなく明るいものであり、形もなく声もない。そのような真実は、認識の次元においては、真に受けとめるに値しないかもしれない。しかし、何のわだかまりもない空虚さは、私たちの「善き生」に対する既存の理解を変更し、私たちの実践を別様に導く。

次のように考えてみてはどうか。私がいま・ここである行為をするのは、私がその行為に価値を見出しているからである。ではそのような価値にどんな根拠があるのかといえば、それは高次の価値によって与えられる。究極的には、個々の行為の価値は、私が人生に見出している究極的価値によって与えられる。例えば、私が散歩するのは、それが気分転換になるからであり、その気分転換は、私の人生をより幸福なものにしてくれるからである。けれども実際、人生における究極の価値は、漠然としたかたちでしか形成されていない。それは、ある諸価値のパッケージ（幸福と成功と欲求充足、等々）から成り立っていると考えられるが、そうした価値のパッケージを支えている根拠を問うならば、それは結局のところ空虚なものでしかない。問題は、その空虚さの認識が、自分をどこに導くのかである。

人生の究極的な価値の根拠は、空虚である。この空虚さの認識は、私という存在を無意味なものにする一方で、人生の究極的な価値とは異なる次元に、求めるべき真の自己がありうることを開示する。空虚さの認識は、私たちにある活らきを与え、私たちを別の方向に導くことができる。

人はそれぞれ、自身の「尽界」というものをもっている。(5) 尽界とは、自己のすべての潜勢的可能性の領域である。人はその諸可能性を尽くすことによって、充足を得ることができる。私たちは尽界において生を受け、死を迎える。尽界とは生きる場であり、それは微小でありながら、そこに花が開花する広がりをもっている。人はたんに自己の欲求や選好を充足させるために生きるのではない。真実の自己は、自己の潜勢的可能性を尽くすことによってはじめて開示される。自己を尽くすことによって充足される欲求や選好は、もはや現在の自己の欲求や選好ではない。真の欲求充足ないし選好充足とは、尽界における生の充足であり、尽界という場にいわば蓮華のような花が咲くことである。

私たちは、ただたんに個々の文脈に位置づけられた生を生きるのではない。そのような文脈を超えたところに、ただ生きる身に現れるわだかまりのない満月のような次元がある。あらゆる文脈の裂け目から通じるその次元において、私たちは理性の明るみに召喚される。そのような次元において、私たちは自己を超出し、自己のうちに無限の潜勢的可能性を感じる。わだかまりのない満月は、あらゆる潜勢的可能性を開示するような光とともにある。求められている真実は、なんのわだかまりもない満月を自己の器のなかに迎え入れることではない。自己の器を超えて、そのような満月を迎え入れることである。そのためには既存の自己を超えなければならない。そのような自己超越の実践は、終局的には私たちを類的存在へと導き、ひいては他者を救済する努力に結びつく。

自由闊達な精神は、あらゆる意を逃れたところに、真実の自己を見出す。自由闊達とは、それが世界の法則と一体化していることを意味する。この場合の世界の法則とは、ある汲みつくすことのできない源泉（法）が支配していることである。それは、おのずと人々を救済する活らきとして、外に向かって洩《も》れ出るものでなければならない。真実に召喚された自己とは、たんに「自己の意のまま」に生きるような、全能性をおびた支配者ではない。真実の自己とは、個々の文脈に位置づけられた衆生を救済する心をもった存在でなければならない。自己の潜勢的可能性の実現が、あらゆる潜勢的可能性の実現であるとすれば、それはあらゆる他者の潜勢的可能性が、世界の潜勢的可能性の実現に通じている状態でなければならない。そのような境地はおのずから、「自己にとっての真実は他者にとっての真実である」ことを教える。他者を真実へと召喚するような、救済の実践をあわせもつ。

2　修行による全能感の獲得

真実の自己に到達するというこの企ては、徹底的に行為主義でありながら、行為では得られない境地に到達することを目指している。それは修行によって可能になる。しかし修行によって、私たちがどれくらい目標（真実）に近づいたかは、測りようがない。真実に近づこうとすれば、それだけ過ちも多くなる。真実は、目指すべき対象として、前方にあるのではない。真実はいわば後方にある。それはそこに花が咲くようなものである。自己の潜勢的可能性が無限に働くような活らきを得るとき、それを成り立たせている場所が後方に見出される。それが真実であり、そこにおいてはさまざまな花が自生的に開花する。ある意味で修行とは、そのような多産な場所としての自己を形成することである。善き生が開花する土壌を育てることである。

道元によれば、修行においては次のような認識が生じる。「仔細に検討を重ねるにあたって、全感応を挙げて満眼に声を聞き、全器官を挙げて耳に色を見るのだ。両眼が闊然と開けば、目前の反すると見える現象は真相ではない、目前の事象は真相ではないことに気づく(6)」と。たんに眼でものを見たり、耳で声を聞いたりするのではなく、五感を全開して可能になる知は、現れたものを、それぞれの感官の特性に従って、ありのままに客観的に捉えるのではなく、それぞれの感官の特性が十全に機能した状態を超えて、その潜勢的に可能な次元を獲得する。ある能力の発揮が他の潜勢的能力の覚醒とともにあり、全能感をもってあらゆる潜勢的能力が活らきとともにあるとき、人は真の自己に到達する。

例えば、魚の群れが自由自在に泳いでいる姿は、魚にとって、そのあらゆる潜勢的能力が開かれた運動であるようにみえる。(7) 個々の魚の個々の振る舞いは、何らかの規則を遵守して群れを維持するかぎりにおいては、自由ではない。しかし個々の魚の振る舞いは、自他を超えて、全能感をもって世界と共振する。ある個体が自由自在であるためには、その個体にとっての世界そのものが自由自在でなければならない。この自在性は、ある能力の発現が、他のあらゆる潜勢的可能性の実現へと通じているときに生ずる。

おそらく解脱とは、そのような自由の境地であり、自由自在である自己を知ることである。そうした境地においては、ある潜勢的可能性の実現が、あらゆる潜勢的可能性の実現に通じている。それはさまざまな活動によって得られるとして、そこには修行と呼ばれる一定の実践が必要である。修行は同時に、自由な境地に到達した人にとっても、すなわち覚者が自身の自由を維持しつづけるためにも、必要である。

では人はなぜ覚者を目指すのか。覚者は次のように教える。すなわち、自由な境地とは、自己が真実の自己として成り立つための条件であり、もし不足があれば、自己は真実の自己と折り合わず、自己が自己を恨むことになる。自己にとっての真実とは、ある実践術のなかで育まれる。その実践の労力を惜しむこともまた、人間の自然な姿ではあるが、自己にとっての真実とは、他者にとっての真実でもあり、自分以外の覚者を育成するための種子でもある。古来より受け継がれる精神のリレーのなかに、自己の真実が現れる。自己にとっての真実は、すべての人にとって無縁ではなく、人類の精神の流れのなかに在る。それゆえ私たちは、覚者たる師に学び、また精神史の研究から真の自己を学ぶのである。(8)

私たちはそのような学びを通じて、ある特定の時と場所において生活しつつも、全世界・全宇宙の空間と永遠の時間を出現させることができる。真実の自己は、可能的世界のすべてを経験する精神であり、それはある時と場所に制約された現実原則を離れて、いつでもどこでも顕現可能である。仏教とは、そのような全能感としての自由を手に入れることを目指す企てであり、またコミュニケーションであるということができる。

あるいは仏教は、全能感としての自由を手に入れる方法を、言葉で伝えようとする努力のうちに自己を見出すことが、真実の自己にいたる道筋であることを教える。覚者として覚醒するためには、またその覚醒を持続させるためには、ある実践術が必要である。適切な実践術は、各人の状況や魂の段階に応じて異なるとして、しかし覚醒した人は、さまざまな方法で、そのための実践術と内実を、他者に伝えなければならない。また覚醒を目指す人は、そのような覚者たちの努力から生まれたさまざまな教義を比較して、自分にとってすぐれた実践術を探さねばならない。

すぐれた実践は、火宅ないし火焔《かえん》、すなわち非常事態において可能になる。(9) 非常事態においては、日常において眠っている潜勢的可能性が開花する。非常事態において、自己の潜勢的可能性が本当に開花するのかと問うことには意味がない。目指すべきは、すべての潜勢的可能性が開示されるような、非常事態に身を置くことである。そのような場所に身を置くことで、かりに自己の潜勢的可能性が開示されない場合にも、それに影響を受けた他者の潜勢的可能性が、自生的に育まれていく。

ある特定の潜勢的可能性が開示されることが、すべての潜勢的可能性の実現に通じるというのは、全能感が満たされることでもある。火に包まれたような非常事態において、私たちは、自らのうちに埋もれた諸々の潜勢的可能性に気づく。火に包まれた場所でこそ、私たちは青蓮華を咲き敷くことができる。非常事態における自己の精神は、花を自生的に咲かせるための土壌となる。枯れ木に花を咲かせる能力とは非現実的な能力ではあるが、そのような非現実的な能力を、人はあたかも得たような全能性に召喚される。そのような全能感としての自由は、世界のさまざまな可能性に、自生的な発現の活らきを与える。

3　世界内存在としての自己

この世界は、煩悩にとらわれた界と、精神が純化され昇華された界から成り立つと想定してみよう。食欲、性欲、睡眠欲などは、それが生理的に必要な一定の欲求にとどまるならば、煩悩とはいえない。あるいはこれらの欲求が、もし自身の精神の純化や昇華への導きに伴うならば、煩悩とはいえない。煩悩を免れた世界とは、必要な欲求を満たすだけの世界であるか、あるいは精神の純化や昇華を導くような世界である。すると世界は、（1）煩悩にとらわれた世界、（2）煩悩はないが必要を満たすだけの世界、（3）煩悩を離れて、精神の純化・昇華が生じている世界、という三つに分類される。

人間の資質として、生まれながらにして生を熟知している「生知」というものがある。また学問を通じて自己を極める「学知」がある。あるいは生まれながらにして自他の区別にとらわれず、覚りを得た「仏知」がある。[10]これらの知は、いずれも精神の純化や昇華を導く。では精神の純化と昇華が極限に達した場合、私たちはこの世界とどのような関係を結ぶのか。

道元によれば、いわゆる解脱の境地といえども、この世界を超出することはない。精神が純化し昇華した極限の世界とは、これらの三つの世界がどのようなものであるかを見通す境地であり、乗り越える境地ではない。[11]三つの世界は、それ自体が普遍的な理《ことわり》をもって存在する。純化され昇華された精神は、三つの世界の普遍的な理と一体となって、その真実の姿を現す。世界の外に目指すべき世界は存在しない。人間はその意味で世界内存在にとどまる。

それでも人間は、その世界を拡張することができる。人はそれぞれ、尽界をもっている。尽界とは、すべての潜勢的可能性を尽くすことであり、尽くすことによって充足をえるような境地である。けれどもそのような尽界は、十方に広がり、多次元に折り重なっている。私たちは、そのすべてを経験し尽くすことはできない。「尽十方界」とは、道元によれば、そこにおいて生と死が訪れるような場所としてある。人は、すべての潜勢的可能性を実現することができない存在として生まれ、死を迎えざるをえない。

自己にとって真実とは、すべての潜勢的可能性を尽くす境地であり、そのためには「尽界」を鏡として自己を対象化する必要がある。しかし尽十方界は、あらゆる可能な世界の束であり、それは自己の潜勢的可能性を尽くすことによって捉えられるものではない。(12) けれども、あらゆる可能な世界において自らの可能性を尽くそうとする努力は、尽十方界を間断なく変化させる。自己が対象を捉えて認識しようとしても、その対象は、尽十方の世界にあって、変転する。認識しようとすると、対象はその作用を逃れて、「自己が対象を捉えて自己になる」という反省的規定を挫くことになる。対象の変換に応じて、その都度の反省的規定を繰り返し、すべての世界の次元において自己を反省的に捉え返そうとすると、それがすなわち、道元のいう「全身」であり、観音であり、普遍の行仏となる。それは「円いものが自在に転がる（円陀陀地《えんだだち》）」という動的なイメージによって捉えられるような、自己の真実の姿である。(13) 尽十方界を知るとは、自己の有限な生死を超えて、あらゆる次元を自由に去来する存在になることであり、そのような行者の運動として、自己を捉えることである。

精神の純化ないし昇華とは、この世界を究め尽くすことである。(14) 究め尽くすとは、世界の本来の姿を開示することであり、世界のあらゆる可能性が活らきとして現成化することである。世界のあらゆる可能性は、諸個人のあらゆる潜勢的可能性を含んでいる。するとその可能性を究め尽くすためには、人間のすべての潜勢的可能性が活らきとして現成化するのでなければならない。覚者が世界を究め尽くすためには、自己の潜勢的可能性を全能感として、喜びとして享受するだけでは足りない。精神の純化ないし昇華とは、究極的には、他のすべての者の潜勢的可能性が、すべて平等の価値をもって、活らきとして現成化することでなければならない。それが世界の本来の姿であり、真実の自己の姿でもある。

世界のありのままの相とは、量的にも空間的にも限定されない、無限の次元における潜勢的可能性である。世界をありのままに捉えるための認識の立脚点は、世界を空間として一望できるような鳥瞰的な視点ではない。煩悩を免れて精神を純化するといっても、自己と世界を巨視的に眺望するような視点を手に入れることが目標なのではない。世界をありのままに捉えるとは、自己の精神が、あらゆる潜勢的可能性を現成化するような活らきとともに、世界を捉えることであり、世界をそのようなものとして究め尽くすことである。

　自己とは空虚な存在であるが、しかし自己はその空虚さを、何を鏡にして知るのかといえば、潜勢的に無限の可能性を秘めた世界を通じてである。このことを逆にいえば、潜勢的に無限の可能性を秘めた世界は、個々の空虚な人間存在を通じて現成する。しかし空虚な人間は、なぜ世界の普遍性を知ることができるのか。それは空虚な人間において、世界の潜勢的可能性が十全な仕方で現れるからであり、そのような現れの相において自己を認識するならば、自己とはたんに空虚であるのではなく、世界のあらゆる可能性を映し出す鏡のような水面としての空虚になる、と期待される。

　例えば、周囲に岸がなく、はてのない水のなかで、しかも底まで透き通るような清らかな水のなかで、魚がゆったり行く姿があるとしよう。あるいは、はてのない空を、杳々《ようよう》と飛ぶ鳥の姿があるとしよう。[15] このように、行き着くはてのない行程を行くという、最終目的をもたない過程においては、目的によって行為に意味を与えたり、目的によって行為の手段を合理化したりすることはできない。最終目的をもたない過程、あるいは目的をもった宇宙（意味世界）が存在しない状況においては、人は自分の位置や役割を知ることができない。けれども私たちは、堂々とした振る舞いを示すことができる。目的によって自己を律する主体になるのではなく、あらゆる潜勢的可能性に通じて、自由闊達に生きることができる。

　ある意味で坐禅とは、たんに行為を最小化するのではなく、行為において前提とされる、ある集合的・個別的な目的（価値）によって生に意味を与えられるような世界から脱して、目的をもたなくても潜勢的可能性の活らきを尽くすことである。すべての潜勢的可能性に通じた存在とは、真実の自己であり、また真実の世界である。その姿は、悠々と目的もなく泳ぐことであり、そのような行為のなかに森羅万象のあらゆる可能性を映し出すことである。

4　夢の中での覚醒

私たちが自由な境地を生きるためには、現実に対応するものがないような言葉や思索を必要としている。道元は、そのような言葉や思索が成り立つ場を、「夢中説夢の場」と呼んだ。(16) 私たちは、夢のなかで言葉に出会い、その言葉を通じて覚者となる。しかしその夢は覚めた夢であり、人は夢において覚醒している。覚醒、あるいは解脱は、現実に対応するものがなく、確証するものがないという意味で、夢の世界の経験である。けれどもそのような夢の世界は、各人に平等に与えられており、互いに他を妨げることがない。夢とは、可能的世界である。可能的世界は、現実の世界とは別に、さまざまな方向に開けた次元として認識される。それは自由の境地の経験と同時に認識される。

夢とは、現実原則の観点から排除されるべき戯言のような夢想ではない。夢は、現実原則を生きる人々を覚醒させ、世界を変革する作用をもっている。夢と覚醒は、同時に掘り下げられていく。その際、光は真実を求める者にとっての自己確証を与える。光は、自己が真実にいたったのかどうかを教えてくれるのではない。どんな人間にも、無限の潜勢的可能性（尽十方界）が開かれている。ある潜勢的可能性の実現によって、すべての潜勢的可能性に通じるような経験は、自己がいわば光のなかに存在する場合に確証される。光のなかに在ることは、諸々の制約を超えようとする実践の原理となる。

私が世界と向き合うとき、世界は一定の広がりと時間をもった対象として現れる。すべての広がりとすべての時間の流れをもつ世界は、自己が潜勢的に可能なあり方を規定する場所である。それは「尽界」である。尽界においては、自己のすべての潜勢的可能性が実現可能であり、それらの可能性は互いに妨げあうものではない。個々の潜勢的可能性は、空間的にも時間的にも、他の潜勢的可能性を排除しない。そのような非排他性を表す言葉に、時の概念がある。

時としての自己の存在は、空間としての自己の存在とは異なり、他の存在可能性を妨げない。それは心の作用であり、すべての可能な心の作用が時である。しかし「ある時、私はAとなった。また別の時、私はBとなった」という具合に時を理解してはならない。時とは、ある一時点であると同時に永遠である。ある一時点での存在は、潜勢的には他のすべての可能性を含んでいる。逆にいえば、尽界におけるすべての潜勢的可能性としての存在は、一時点における存在を根拠として成り立つ。ある時点の存在に会うことは、潜勢的に可能な存在の全体に会うことを意味する。ある個別の存在が普遍的な存在であり、他の存在を妨げないとは、第一に、存在とは一時において永遠を含んでおり、他の存在を可能性として排除していないという意味であり、第二に、空間上の他の存在によって妨げられない時間的なものである、という意味である。(17)

時は飛び去るのではない。過去は連なりあって現在とともにある。迷いの内にある自己も、それを克服した現在の自己も、すべてが現在とともにある。すると自己の本質とは、いかに解脱の境地に到達しようとも、迷いとともにある。迷いとその克服は、すべてありのままのものとしての自己を規定している。この世界の諸要素はすべて、無限の潜勢的可能性を秘めている。人間界における人間の本質は、その魂が地獄にある場合、餓鬼界にある場合、あるいは畜生界にある場合など、さまざまな可能性を秘めている。人間にとっての真実とは、そのような諸々の可能性が、すべて現在の自己とともにある、ということである。

5 言葉とテキスト

自己が真実の自己に到達するとき、その経験は、言葉によって媒介されている。ある言葉の語句が、真実の自己を成り立たせる。またその言葉は、他者へと伝えられ、他者は伝えられたさまざまな語句のなかから、自己が真実の自己にいたるための言葉を探す。このように人は、言葉の伝達と言葉の探究を通じて、真実の自己にいたる。言葉は、自己にとって固有のものを造り出しながら、同時に、他者に伝達される公共的次元を生み出す。真実の自己は、言葉が与える自己の固有性を通してはじめて経験される。私たちは、自己の個別性と公共性の弁証法を通じて、普遍的な固有性へといたる。

ある語句を媒介にして到達した真の自己は、意味に満たされた自己であり、あらゆる次元で身心を歓喜させる。その歓喜は、一つの場所にとどまらず、潜勢的に可能なあらゆる身心の次元に行き渡る。それは全能感としての自由を呼び起こす。歓喜とは無限の快楽であり、全能の感覚である。それはある特定の語句がもたらす作用によって可能になる。私たちはそのような感覚を、他者から語句を通じて受けとる。全能感は、他者から与えられた賜物としての語句に起因する。それは語句の意味を媒介にしている。

これまで自由な境地に到達した人々は、その境地をさまざまな言葉で表現してきた。そのような言葉の蓄積のなかから、どのような語句が自己に固有の意味を与えるのか。私たちは精神のリレーを通じて、細心の注意を払って自己に固有の語句を探さなければならない。自己にとって必要な語句は、一つであるかもしれない。それが精神の全体を奮い起こす要の役割を果たすかもしれない。自己にとって必要な語句は、事典や語彙集のような書物に書かれている可能性が高い。そのような書物は、私たちの公共的な語彙伝達にとって有意義であり、読む者に対して、語句による歓喜を与えてくれる(18)。いくつかの古典的な作品を教義《ドグマ》として受けとめ、全身全霊を傾けたとしても、私たちは真実の自己にいたるわけではない。自己にとって権威ある教義を相対化するために、思想史の書物があり、またそのような歴史叙述を相対化して、自己にとって本当に必要な語句を探すために、事典や語彙集がある。

ある古典的なテキストを学ぶとは、そのテキストの内容をかみ砕いて自己のなかに注入することではなく、まさにそのテキストの内容が自己の内側にあり、テキストを通じて自己の精神を内側から現成させることである(19)。テキストを学ぶ、あるいは森羅万象から学ぶとは、究極的には、自己の潜勢的可能性が新たに開示され、その新たな可能性から自身が学ぶことにほかならない。

真実の自己は、最終的には、探究の末にわがものとする語句によって開示される。誰も事前に、「これが真実の語句である」と教えてあげることはできない。真実の自己とは、ある言葉の意味を理解することによって成り立つのではなく、またある対象を認識することによって成り立つのでもない。真実の自己とは、実践的な駆動因を得たときに、おのずと知られるものであり、知らざるをえないものである。[20]

それゆえ「真実の自己とは何か」という認識論的な問いを立てることは、さほど有意義ではない。真実の自己にいたるためには、自己の全能性を自生的に開花させるための駆動因を、実践的に学ばねばならない。けれども認識もまた、実践における試行錯誤の一環をなしている。認識論的な問いへの応答は、真の自己にいたるための道程である。道元によれば、「このように発した問いは、問いに似ているけれども、答えに似ている。すなわち、問いは答えに姿を替え、答えは問いに姿を替えている[21]」。立てられた問いは、探究とともに変形し、もはや答えと区別されないような問いとなる。「真実の自己とは何か」という認識論的な問いも、またそのような変形をこうむる。

6　規範意識と救済

世俗社会においては、私たちは、道徳的な規範意識をもって生活するように要請されている。私たちは、「することなかれ」という戒律を守ることによって、道徳的な主体となる。しかし真実の自己を探求するためには、別の規範意識を必要とする。それは修行を受け入れる意識である。修行は、さまざまな悪を「してはならない」という意識のもとに自制する道徳的な主体を超えて、意識しなくても制御しなくても、さまざまな悪をなすことがないような境地に主体を導く。修行とは、人間の野獣性を道徳によって克服することではない。修行とは、野獣性と道徳性の両方に共通する「世俗性」を克服して、聖なる領域に人間の姿を見出す試みである。そこにおいて悪は、禁止や抑圧によって制御されるのではなく、おのずから脱落している。世俗社会を成り立たせている規範は、他でもありうる偶有性を帯びているが、宗教は、そうした規範の偶有性と恣意性を開示して包摂する。例えば仏教には「十悪」がある。殺生《せっしょう》、偸盗《ちゅうとう》、邪淫《じゃいん》、妄語《もうご》、両舌《りょうぜつ》、悪口《あくく》、綺語《きご》、貪欲《どんよく》、瞋恚《しんに》［自分の心に逆らうものを怒り恨むこと］、邪見《じゃけん》である。これらの悪は、見方によっては悪ではない[22]。道元によれば、殺生は生きものの現象にすぎない。偸盗は物などの移動にすぎない。邪淫は生殖であるにすぎない。妄語・両舌・悪口・綺語は言葉であるにすぎない。貪欲・瞋恚・邪見はさまざまな煩悩の現れであるにすぎない。このように悪と呼ばれる行為も、見方を変えれば悪ではない可能性がある。では悪とは何か。

この問題に正解があるわけではない。道徳律に絶対的・必然的なものはない。真実の自己を探求する者は、道徳における善悪によって自己を律するのではなく、ある特定の道徳規範を要請する世俗社会を、他でもありうるものとして相対化しなければならない。そのような相対化は、多くの場合、聖なる営みを通じて可能になる。多くの人がそのような聖なる営みを通じて自己の本来性へと召喚される社会においては、世俗社会において必要な道徳律の内容も変化する。既定の悪は悪ではないとされ、戒律の中身はリベラルなものとなり、社会はそのようなルールのもとで、道徳的に普遍化されよう。

かりにもしすべての人が、世俗社会における自己を克服して、自由闊達な生き方を手に入れるならば、そのとき人は、他者によって道徳的戒律を守るように要請された存在ではなく、自らの真実に従って行動する存在となる。しかし私たちは、実際にはあらゆる煩悩を克服した社会を構築することができないため、私たちは自身の本質を、世俗性と非世俗性、煩悩と非煩悩の両側において捉え、あるがままの人間性を肯定しなければならない。

小乗仏教の教えでは、修行とはひたすら煩悩を断ち切ることだとされる。これに対して大乗仏教においては、煩悩を断ち切る際に、別の煩悩が援用される。ある煩悩と別の煩悩とが葛藤を引き起こす状態に身を置くことで、葛藤のなかから精神を昇華し、真実の自己を開示する活らきが生まれるように期待する。そのような活らきを、さまざまな術を通じて、自生的に生み出そうと企てるのが大乗仏教である。人はみな、潜在的には精神を純化する境地に到達しうるとしても、その潜在的な能力を引き出すためには、たんに煩悩を抑圧するのではなく、むしろ諸々の煩悩のあいだの葛藤を通して、いわば自生的な仕方で精神を昇華させねばならない。これは一つの自生化主義的な企てである。例えばある行為、食欲や性欲や睡眠欲などを悪しきものと定めて禁止し、これを順守させることは、精神の修行にならない。食欲も性欲も睡眠欲も、それ自体としては煩悩ではない。むしろ煩悩にとらわれているからこそ、これらが悪として理解されるのである。悪とは、煩悩にとらわれた人間の欲求にすぎない。同じ欲求であっても、煩悩を脱した人にとっては悪ではない。問題は、煩悩の葛藤のなかから、いかにして精神を昇華する活らきを生み出すのかである。[23]

覚者とは、ある特定の潜勢的可能性の実現によって、すべての潜勢的可能性に通じるような存在である。覚者は、実際には、すべての潜勢的可能性を自在に実現できるわけではない。すべての可能性を自在に実現する自由自在な存在は、自在天とか転輪王などと呼ばれる。覚者が経験する自由は、自在天や転輪王が経験するような、「全能それ自体」に到達することではない。覚者にはやはり受苦があり、世俗社会を生きる現実がある。[24]全能感としての自由は、世俗を克服した先の理想ではなく、あくまでも世俗社会にとどまりながら、世俗社会を「善き社会」へと変革するための理念でなければならない。それは道徳的戒律の観点からみて善なのではない。世俗において煩悩を制御するための作用ではなく、煩悩の葛藤のなかから精神を昇華するような徳を示せなければならない。

小乗仏教においては、仏像を造ったり仏塔を立てたりすることは、現世的な利益を求める行為であって、仏法に反しているとされる。精神を昇華するためには、坐禅などの修行を通じて、ひたすら観照的な態度をもって仏法の実相を捉えることがふさわしい。これに対して大乗仏教においては、たんに自分が覚りの境地に到達することが目指されるのではなく、衆生を救済することが、自身の真実の姿を実現することと結びつく。人は例えば、一茎の草にも仏性を見出すことがある。では、そのときに人の心の内に現れた仏性の種子を、どのように育てていけば、人々のあいだに仏性が育つのか。多くの人々が自らの仏性に気づくようになるためには、仏像や仏塔、経典などを造ることが必要である。[25] こうした目に見える財は、人々が自身の器や格を超えて、自身の潜勢的可能性に気づくための契機となる。救済とは、人々を各人の潜勢的可能性の開花に即して介助することであり、そのような介助によって、介助する側もされる側も、人間の普遍的な潜勢的可能性へと導かれることである。自由闊達の理想は、世界のあらゆる可能性を踏破することである。その際、他者もまたあらゆる潜勢的可能性に開かれた存在として、世界の可能性を豊かに構成する存在であることを、私たちは理解しなければならない。

7　おわりに

以上、自生化主義の精神論を、道元との対質を通じて検討してきた。自生化主義は、自己のすべての潜勢的可能性を一度に感じる全能感によって、自己の本質を捉えようとする。その全能感は、非常事態に身を置くことによってもたらされる。全能感の獲得は、自由闊達な精神の獲得につながる。そのような精神は、他者の言葉（語句）によって喚起される。さまざまな語句を集めた語彙集や辞典は、自由闊達な精神を滋養するための苗床になる。あるいは自由闊達な精神は、煩悩を抑圧するのではなく、諸々の煩悩を互いに葛藤させることを通じて、自生的に生まれる。自生化主義はこのように、非常事態、語彙、葛藤などの作為的な条件のもとで、精神を昇華させていくことができる。自生化主義は、他者の精神の救済が自己の精神の救済になるという理解から、他者の潜勢的可能性を引き出す実践へと進む。他者の精神は、これを自生的な仕方で養うことができると考える。

第三部　成長論的自由主義の思想

第三部は、社会はいかにあるべきかをめぐる規範理論である。自生化主義の規範理論的な側面を「成長論的自由主義」と呼ぼう。成長論的自由主義は、敵対する諸思想に多くを学び、これを摂取する。ここではリバタリアニズム、マルクス主義、コミュニタリアニズムの思想を、それぞれ摂取する道筋を示したい。最後に卓越主義の観点から、成長論的自由主義の理論を拡張する。

第九章　自己所有の臨界　リバタリアニズム論

本章は、リバタリアニズムを検討する。リバタリアニズムにも諸説あるが、なかでも自己所有権を根幹とするリバタリアニズムが支配的である。自己所有権とは、自分という存在を自分の所有物とみなす考え方であり、自分の身体は自分のものであって、自分の身体を用いて生み出した生産物もまた自分のものであると発想する。この自己所有権を根幹とするリバタリアニズムは、これまで所得の平等な再配分を求める左派によって厳しく批判されてきた。(1) 批判者たちは、ある種の梃子の原理に訴えて、このテーゼを否定すれば、配分的正義の原理を正当化できると考えた。しかし自己所有権テーゼを批判しても、それだけでは配分的正義を基礎づけたことにはならない。またそのような批判は、リバタリアニズム全般に対する批判にはいたらない。

このテーゼに対する論理内在的な批判は、自己所有の臨界で、私たちは何をなしうるかを問うものでなければならない。いったんは自己所有権に依拠しない(帰結主義的な)リバタリアニズムの可能性を認めたうえで、リバタリアニズムの原理主義的な要求が抱える論理的困難を指摘するものでなければならない。本章では、成長論的自由主義の観点から、自己所有権テーゼに対する応答を試みる。以下では日本におけるリバタリアニズム思想の開拓者、森村進の議論(2)に絞って検討したい。

1　自己所有権テーゼの分析

自己所有権テーゼとは、「各人は自身の身体と能力の道徳的に正当な所有者であるがゆえに、他の人々を侵害しないかぎりにおいて、その能力を自分の好きなように用いる（道徳的な）自由がある」とみなす考え方である。この場合、「狭義の自己所有権」は、「自分の身体は自分のものだ」という場合の権利であり、「広義の自己所有権」は、「私の労働の成果と代価は私のものだ」という場合の権利である。狭義・広義の自己所有権テーゼを根本規範とみなす立場を、ここでは「自己所有権型リバタリアニズム」と呼ぶことにしよう。

自己所有権型リバタリアニズムは、さしあたって、次の二つの関心に条件づけられている。第一に、この立場は「現社会に存在するもの（とりわけ土地と身体）」に大きな関心を寄せており、潜在的に創造をもたらしうる財（無体財や人的資本など）にはあまり関心を寄せていない。無体財は端的に所有物ではないとみなされ、また人的資本は、公共的観点から捉えることができないとみなされる。第二に、この立場は「ある財の所有が誰に帰属されるべきか」に関心を寄せており、誰にも帰属されずに利用される財（言語などの「客観的知識」（ポパー））を有効利用することには関心を寄せていない。例えば、熱力学の法則に関する知識がいかに有効利用されるべきか、といった問題には関心が寄せられない。つまり自己所有権型リバタリアニズムは、すべての財や所有物に関心を寄せているわけではなく、諸財を等しく「自己所有の原理」に基礎づけているわけではない。

これに対して成長論的自由主義は、自己所有権の境界的な領域に関心を寄せている。例えば、著作権などの知財をいかに制度化すれば、人々の創造的活動を刺激することができるのか。あるいは、教育制度をいかに再編すれば、人々の成長を促すことができるのか。こうした問題はいずれも、自己所有権の境界的な領域において、自由の理念を問題化する。成長論的自由主義は、いまだに存在しない潜在的な次元の所有（資本）や、帰属先の明確でない社会資本を利用することに関心を寄せており、所有以前的なものと所有的なもののあいだに、成長のモメントを見出そうとする。

他方で、自己所有権テーゼに反対する平等主義者たちは、「天賦の才能」がもたらす所得をいかに社会的に再配分するか、という問題を提起してきた。論者たちによれば、人間の恵まれた資質（天恵）は、社会のなかで恣意的に分配されている以上、公平ではなく、「天賦の才能」から得た所得は再配分の対象になるという。しかしこの種の議論は、すでに実現した資質の再配分を問題化するだけであり、潜在的に実現可能な資質を開花させることに関心を寄せはしない。成長論的自由主義の観点からすれば、財の再配分という問題は、潜在的に可能な自己実現を促進するという問題と結びつかなければならない。「天恵としての資質」もまた、平等論の観点からみて恣意的かどうかが問題なのではなく、多くの天恵を社会的に開花させるために、どの程度の財の再配分が必要かという問題が検討されるべきである。成長論的自由主義は、天恵の不平等を確定するためのコストを憂慮して、むしろ実効的な次元から、潜在的な天恵を発見し促進するための機会を支援しようとする。「機会の平等化」が望ましい理由を、積極的自由の活用促進という観点から与えようとする。

では自己所有権型リバタリアニズムを検討しよう。自己所有権テーゼから導かれる「自由」とは、「自己が所有するものを処分する権利」である。この自由を擁護する際の理由をめぐって、リバタリアニズム思想の内部では、理性的-自律的個人の人格を尊重する立場と、生理的-直感的な身体感覚を尊重する立場の主張が拮抗する。以下では森村の議論（後者の立場）を中心に検討を進めたい。

2　臓器移植の問題

森村の自己所有権正当化論は、生理直感的な身体感覚に基づく直観に根ざしており、それは「眼球くじ」というパラダイム例によって明解な理由を与えられる。眼球くじとは、政府が「くじ」によってある健常者から片方の眼球を摘出し、それを盲目の人に移植するという身体器官の再配分制度である。眼球くじを行えば、片目を失った人の負の効用よりも視力を回復した人の効用のほうが上回るだろうから、人々の効用は社会全体として上昇すると期待できる。けれども、もし人々が眼球の摘出に生理的嫌悪感をもち、自らの眼球に対して絶対的な自己所有権があると信じる場合には、このくじは政治的な抵抗にはばまれる。森村は、生理的直感に訴えることで、この眼球くじを拒否し、自身の身体諸器官に対する自己所有権を正当化しようと企てる。森村はさらに、この生理直感に基づく自己所有権の正当化から出発して、自己の労働と正当な交換によって獲得した財産の正当性を演繹的に導こうと企てる。

しかし以上のような自己所有権の導出の論理は、他の論理を強く否定するものではないように思われる。私たちは身体の支配権を、「臓器」「手足」「労働」という三つの次元に区別して考察することができる。臓器は、これを気遣うことはできるが統御することはできない。手足は、これを統御することができる。また労働は、自分で統御しうるだけでなく、その営みや成果を譲渡したり交換したりすることができる。

私たちは一般に、労働によって得た所有物の一部を再配分することに合意するとしても、臓器や手足の再配分に対しては、にわかに合意しない。とりわけ手足の再配分（例えば両腕が不自由な人に対して、健康な人が抽選で片腕を提供するという配分）には、合意しない。なぜなら、手足は、身体の制御力という人格の根幹にかかわるからである。では肝臓や腎臓の場合はどうか。あるいは、眼球の角膜といった器官の一部分はどうか。これらは身体の一部であるとしても、私たちの統御力にかかわるものではないようにみえる。むしろ臓器は、その移植に際して、もし自己制御力という人格の特徴を大きく損わなければ、社会的再配分の対象になる可能性がある。例えばもし、肝臓の一部を移植する際に、提供者の身体に何ら影響を及ぼさない技術が開発されたとすれば、肝臓は社会的再配分の対象になりうる。あるいは眼の角膜の一部を移植手術する際に、自分の視力を〇・一下げるだけで、ある失明者の視力が回復するのであれば、そのような方法でもって他者を救うことに、多くの人々は合意するかもしれない。

自己所有権テーゼは、「人格の根幹にかかわる身体部位」の所有について妥当するとしても、「人格の境界的事例にかかわる身体部位」の所有については、絶対的な規準を提供するわけではない。たとえ身体のすべてが自己を構成する要素であるとしても、そのすべてが自己所有権という場合の自己の定義に含まれるわけではない。臓器移植くじや眼球移植くじの例は、身体器官を移植するという行為が人々に与える生理的嫌悪感に訴える。しかしこの嫌悪感は、必ずしも身体の自己所有が絶対的であることを説明しない。眼球移植くじについて、九九%の人々が強い嫌悪感をもつとしても、一%の人々が自発的に移植くじに参加することは、自由な社会においては許されよう。この場合、生理的嫌悪感をもつ九九%の人々は、一%の人々が眼球くじに参加することを許容するという、いわば生理的直感に反する仕方で「身体の自己所有（処分）権」を擁護しなければならない。ところが、臓器移植や眼球移植に対する生理的嫌悪感は、たんなる生理的苦痛を超えて、他者の自己所有権（この場合は臓器処分権）を脅かすような社会的圧力となることがある。人は自らの嫌悪感情が社会的に正当であると主張し、他者の身体処分権を否定するかもしれない。多数派の生理直感的な自己所有権擁護論は、少数派の生理直感的な自己所有権処分論を否定するかもしれない。

こうした境界的な事例に関して、リバタリアンであれば、次のように応じるかもしれない。すなわち、「一般に人格の特徴とみなされていない身体部位であれ、それを処分する権利は個人の自由であるから、政府が強制的に再配分をすることはできない」と。しかしこの応答は、臓器に対する身体所有の直観的正当化を回避して、「処分する権利」という人格（制御）の側面から自由を擁護している。かりに私たちが、眼の角膜やまつ毛の一部に対して身体所有の生理的直感を共有しないとしても、その処分権については、人格的制御という意味での自由権によってその所有が正当化されうる。またかりに、九九%の人が身体の自己所有に対する懐疑をもつ場合、リバタリアンは「少数者の権利」を擁護する立場から、身体の処分権を擁護することができる。ここで問題は、生理直感的な身体所有論に基づく自己所有権テーゼが、必ずしもリバタリアニズムの基礎を提供しているわけではない、という点である。「人格的制御としての自由権」や「少数者の権利としての自由権」は、必ずしも自己所有権テーゼの直観的正当化に基づかない。むしろその正当化効力が失効する場面で、固有の価値を開示する。

以上の議論から、次のような問題を指摘することができる。すなわち、臓器移植に対する生理的嫌悪感から「自己所有権テーゼ」を導く場合、導かれたテーゼがひとたび理論の基礎に据えられると、推論の出発点となった生理的嫌悪感は、もはや揺らいでもかまわない、という点である。森村流リバタリアニズムは、一方では生理的直感に基づく自己所有権の正当化を試みるが、他方では、人間の利他心への楽観的期待を抱いて、臓器移植が政府を媒介せずに行われうるとみなしている。人々が十分に利他的であれば、臓器や眼球の再配分という問題は、自発的な交換（市場交換や自発的アソシエーションの結成に基づく分配）を通じて解決されよう。

ただしその場合の利他性道徳には、二つのタイプがある。一つは、人は身体（臓器）に対する自己所有感覚を強烈にもちながらも、身体の一部を贈与したいと思う場合である。もう一つは、自分の身体は必ずしも自分のものではないという意識から、利他性の道徳が芽生える（したがって提供に合意できる）場合である。前者の立場は、利己性を前提とした利他心であり、後者の立場は、利己性の否定を前提とした利他心である。いまもし、後者のタイプの利他心を楽観的に期待できるとすれば、それは自己所有権テーゼの直観的正当化論を侵食する。利己性を否定する利他心が繁茂する社会においては、リバタリアニズムは「身体所有の生理直感的正当化」論を展開することができず、むしろ成長論的自由主義と同様に、帰結主義の観点から所有権制度を評価しなければならない。ここで問題は、制度運営の出発点において必要な正当化論と、制度運営の途上において必要な企て論が乖離《かいり》するということである。

別の問題として、リバタリアニズムの終極的関心は「政府の強制からの自由」という理念を正当化することであって、必ずしも自己所有権テーゼを絶対的に正当化することではない、という点を指摘することができる。いまかりに、眼の角膜の一部を移植する手術によって、失明者の視力が回復する技術が確立されたとしよう。またこの移植に際して、角膜の提供者は視力を〇・一下げるだけで、手術には何ら痛みを伴わないとしよう。このようなケースであれば、政府が「角膜移植くじ」によって失明者を救うことに、多くの人々は合意するにちがいない。角膜採取の場合、眼球の採取とは違って、身体に大きな影響を及ぼさないからである。もちろんこの制度に反対する人もいる。しかし多くの人々が賛成するならば、たとえ少数者が拒否権を行使しても、この制度は政府の運営によって有効に機能するにちがいない。日本において陪審員制度を導入した際に、くじで選ばれた陪審員候補者に拒否権を認めたことと同様である。

以上のような移植くじは、多くの人々が身体の自己所有権に制約があることを認める一方で、一部の人たちがその権利の絶対性を主張するような状況においても、有効に機能しうる。成長論的自由主義の立場からすれば、このような角膜の移植配分制度は、ウェルビイング（幸福）の増大という観点から支持できる。これに対してリバタリアニズムは、国家がウェルビイングの増大を企てる権利をもたないと考え、あくまでも市場を通じた自由なアソシエーションによって、移植くじを行うべきだと主張するだろう。はたして国家の財源を用いて「くじ」を運営すべきかどうか。この問題に対する応答によって、リバタリアニズムと成長論的自由主義の対立点が明確になる。

もっとも成長論的自由主義の立場からすれば、移植くじをたんに国家に任せればよいというのではない。問題は、それが公的運営であるかどうかよりも、むしろ当の制度を洗練されたものへと成長させるインセンティヴが働くかどうかである。くじの公的運営に関して、他のすぐれた方法や技術があるにもかかわらず、政府はそれを実施していないかもしれない。ある競合的な発見促進システムを構築しなければ、政府の独占的な制度運営に伴う浪費や停滞を回避できないかもしれない。成長論的自由主義にとって臓器移植くじの問題点は、所有権をめぐる問題である以上に、運営主体に対する信任や運営方法の発見の問題である。そして帰結主義的なリバタリアニズムの国家批判が意義をもつのは、この点においてである。

もう一つ、身体の自己所有権テーゼは、臓器のような身体の所有から「人格」の自由を導くとしても、労働に関する所有の絶対性を導き出せない、という点を指摘したい。生理直感的な身体所有論に基づくリバタリアンは、次のように想定するだろう。すなわち、臓器の所有が正当化される際の生理的直感の揺るぎなさ、あるいは、その揺るぎなさによる正当化の強さが、人格や労働に関する自己所有の正当化を同レベルで導く、という想定である。しかしこうした正当化の同位転移は困難である。人格や労働の所有が正当化される程度は、臓器の所有権が正当化される程度に連動するのではなく、前者の正当性が弱まるところで後者の正当性が強まる可能性もある。生理直感的正当化の同位転移という想定は、論理的なものというよりも、リバタリアンが示す規範の原理化志向に根ざしている。もし私たちがそのような原理化志向を共有するのでなければ、自己所有権テーゼに基づく公理的論理の展開は、当初の生理的直感がもつ正当化の効力をしだいに失う。

なるほど、規範理論の原理性や純粋性を重んじる立場からすれば、リバタリアニズムと平等主義のいずれかを擁護することが知の美徳に適っている。しかし理性の営みが、初発の生理的直感（情念）を可変的にするのではなく、むしろその確信性を強固なものにする場合には、理性は情念の奴隷となる。リバタリアニズムにせよ平等主義にせよ、理性によって純粋な情念に確信を与えるという原理主義的な思考においては、当初の情念を変更したり洗練化したりする余地は生まれない。私にはむしろ、人々が自らの生理的直感や情念を疑い、自己所有の正当化領域について試行錯誤することを許すような、そうした余地と批判のプロセスを制度的に組み入れることが望ましいようにみえる。所得税とその累進税率をめぐる制度に関していえば、いくつかのオプションを競合させるような構想が、成長論的自由主義の理念に適っている。

3　自己奴隷化契約の問題

生理的直感に基づく自己所有権正当化論の観点からすれば、一定期間にわたる自己奴隷化契約を認めることができる。というのも自己所有権テーゼは、たとえ自己が理性を否定されるとしても、自己の身体を自由に処分する権利を認めうるからである。しかし森村は、自己奴隷化契約を認めない。とりわけ長期の契約においては、「契約の当事者と、将来の当事者とは重要な意味において別人といえる」以上、その別人の基本的自由を守るために、自己奴隷化の契約を禁止すべきだという[3]。とはいえ、人格の根源的可変性と生理的直感に基づく自己所有権を認める立場からすれば、むしろ自己奴隷化契約を認めるべきではないか。そしてその契約を、いつでも低いコストで解約可能にすることが、一貫した論理になるのではないか。

成長論的自由主義の観点からすれば、自己奴隷化契約を認める余地がある。ただしその根拠は、長期における人格の別人化可能性の否定にあるのではなく、契約における致命的な判断ミスを避けて、一定レベルの「後悔に基づくやり直し」を認め、またそれを促進するためである。後悔することは、人格の重要な特徴である。また他者によって評価にさらされる人格は、長期的継続性をもって帰属されることが望ましいといえる。森村の挙げる受刑者の犯罪歴もまたその一例である。自由主義的な寛容とはこの場合、後悔することへの許しであって、後悔せずに過去の人格を捨てることの許容ではない。成長論的自由主義の観点からは、後悔を含めて、人生の試行錯誤一般を促すような制度的工夫が求められよう。

なるほど「後悔する」という遂行的行為の意義は、目的-手段の合理性によっては捉えることができない。例えば、合理的行為主体を基礎とするミーゼス-ロスバード流のリバタリアニズムの論理においては、後悔は人間行為としての意義を与えられない。しかし、後悔とそれに対する寛容は、人格の成長や試行錯誤による自尊心の獲得を奨励するという意味で、積極的な自由の理念に結びつく。自己奴隷化契約は、政府不介入という消極的自由の立場だけでなく、成長論的な人間像を掲げる積極的自由の立場によっても容認されうる。

4　所有の快楽という問題

臓器移植くじの例にみられる生理直感的正当化の論理とは別に、森村は、身体を自由にコントロールすることから得られる「所有の快楽」に訴えて、自己所有権テーゼの正当化をはかっている[4]。最後にこの論理について検討を加えたい。

所有の快楽をめぐっては、これまで、身体制御の快楽（自己所有権の正当化）と他者存在肯定の快楽[5]（自己所有権の否定）が対立してきた。確かに身体には、自己制御力の行使や充溢感から得られる快楽や、身体の存在を肯定したり制約したりすることから得られる快楽がある。しかし私は、こうした快楽に加えて、成長へのプロジェクトやチャレンジそのものが与える快楽、すなわち「デュナミス（潜勢的可能性）の快楽」というものがあると考える。私たちは、自らの可能性だけでなく、人々の可能性が開花する感触そのものに、快楽を得ることができる。そしてまた、所得の再配分は、他者の潜在的能力（資源）を開花するための機会提供という観点から正当化しうる。私たちが他者の他者性に対して快楽を抱くのは、他者の近隣存在性や制御不可能性そのものにあるのではなく、むしろ、他者の生命の振動がもつ潜在的次元への関心、あるいはその潜在的可能性が開花することへの関心（そしてそこから帰結する異質性や意外性）にある。

こうしたデュナミスの快楽が身体制御の快楽と同様の価値をもつとすれば、私たちは自己所有権型のリバタリアニズムに固執する必要はない。例えば市場社会の秩序について、私たちはこれを、自己所有の快楽よりもデュナミスの快楽に照らして擁護することができる。成長論的自由主義は、市場のもつ発見機能を「潜在的に可能な生産や流通を促進すること」として解釈する。そしてハイエクのいう「発見手続きとしての競争」を、デュナミスの快楽という観点から正当化する。

5　おわりに

以上、自己所有権型リバタリアニズムの思想を検討してきた。自生化主義、つまり成長論的自由主義は、自己所有権を否定するのではなく、その臨界において、ふさわしい制度をデザインすべきだと考える。所有の臨界事例においては、所有することの快楽よりも、デュナミスの快楽を促すことがふさわしい。そのような場面では、財を成長論的な仕方で分配することがふさわしい。角膜移植くじの公営制度は、その一つの構想である。この他、奴隷契約について、後悔の人格的意義という観点から検討した。自己所有権型リバタリアニズムは、所有の臨界に注目することで、成長論的自由主義へと発展させることができる。むろん他のリバタリアニズム思想に対する検討は、今後の課題としなければならない。

第十章　平等という苗床　マルクス主義論（1）

本章と次章は、マルクス主義を論じる。これらの章において私は、成長論的自由主義がマルクス主義を批判的に摂取し、発展的に継承することを示したい。本章は分析的マルクス主義を検討し、次章はマルクス主義全般を扱う。

現代のマルクス主義は、哲学や経済学の最新の知見を吸収して、さまざまな方向に発展してきた。なかでもG・コーエンやJ・ローマーの分析的マルクス主義は、どんな社会が望ましいのかについて、ロールズ以降の規範理論と同じ土俵に立って議論を展開してきた。従来のマルクス主義のように、「社会主義は歴史の必然である」とか、「社会主義は弁証法を通じて資本主義の矛盾を揚棄（aufheben）する」といった思考に訴えるのではなく、どんな政策が望ましいかをめぐって、その正当化理由を与えるための価値体系を明らかにしている。本章では、この分析的マルクス主義の知見を成長論的自由主義の観点から摂取し、平等は成長の苗床になるという考えから、議論を発展させたい。例えば、階層間移動の流動化（階級の消滅）、生産性の上昇に基づく集合的不自由の克服、全能感としてのアバンダンス（満ち溢れた富）の称揚、未知なる成長の観点からの搾取批判といった規範理念は、いずれも成長論的自由主義の観点から、新たに位置づけ直すことができる。一見すると、マルクス主義は自由主義の対極に位置するが、分析的マルクス主義の知見は、成長論的自由主義の思想に包摂しうることを示したい。

1　配分原理をめぐる問題

貧しき者に手を差しのべる人の心を、否定する人はいない。慈愛の心は、その美しさゆえに隠されることがあるとしても、その徹底した追求は、M・ウェーバーが「愛の無差別主義」と呼ぶところの、卓越した生の理想を示している。しかしそのような道徳的振る舞いを、はたして政府が肩代わりすべきかどうかをめぐっては、諸説が拮抗する。いったい政府は、いかなる理由から、人々の自発的な意志を代行して、財の再配分を行うことができるのか。

この問いに対して、私的所有権の原理的擁護を唱える「リバタリアン（自由尊重主義者）」は、人間の自発的な利他的行為を尊重するという関心から、政府による配分政策を否定する。反対に「国際平等主義者」は、世界中の人々が実質的に同等の生活水準を達成すべきであるとの希望から、世界大の所得配分政策（またそれに伴う政府機能の拡大）を要求する。前者は、自発的な慈愛を強制的な配分原理に転化することができないと説くのに対して、後者はこれを無制限に転化しうると説く。この二つの立場は、なるほど人々の純朴な慈愛心を尊重する点では等しいものの、現実の配分政策をめぐって相反する要求を掲げる。一方は配分原理を認めない自由主義の徹底を要求するのに対して、他方は配分の実践を最大限に模索する平等主義を要求する。

実際、配分政策をめぐる実践的な議論は、この両極の思想を対比的に参照しながらも、現行の制度を拡大すべきか縮小すべきかをめぐって展開される。代表民主制下における民衆の意見形成は、投票行動の決定因となる争点に終極化されることから、配分の問題は、所得格差是正のための増税か、それとも所得格差容認による減税か、という問いに焦点化される。しかしこうした議論の一面化は、配分をめぐる他の問いを塞いでしまう。「増税を認める平等主義」と「減税を希望する自由主義」を対比する問いの立て方は、以下の四つの点で再検討を要する。

第一に、自由主義と平等主義は、配分のための税制をめぐって必ずしも対立するわけではない。例えば、M・フリードマンは、所得税率を一律にすると同時に各種の免税特別措置を廃止すれば、結果として政府の歳入が増加すると見込める[1]ことから、その収入によって低所得層に配分（負の所得税）を施すことができるという。この発想は、福祉国家の理念と真っ向から対立するものではない。同じくF・ハイエクも、公的扶助を含めて国家の役割を大幅に認めており、現代の福祉国家をラディカルに批判するわけではない[2]。リバタリアンの森村進も、日本国憲法が保障するところの「健康で文化的な最低限度の生活」を保障するために、所得の再配分を認めている[3]。こうした考え方はどれも、「最も悪い境遇に置かれた人々が十分な福祉を享受すべきである」という配分的正義の理念を否定しない。しばしば平等主義やリベラルの論客たちは、配分の基本理念に基づいて自由主義を批判するが、多くの自由主義者たちは配分原理の基本理念を認めている以上、そのような素朴な批判は的を外している。

第二に、一般に反自由主義と呼ばれる人々は、配分原理に関しては自由主義と類似の見解を示すことが多い。例えば、国家よりも地域の自治を強調する共同体主義は、中央政府による一律な課税制度に反対する点で、小さい政府を求める自由主義と見解をともにする。あるいは、世代間の文化的継承を重視する保守主義は、相続税に反対する点において、ハイエクの自由主義と共鳴する。また以下に論じるように、マルクス主義の配分思想のなかにも、自由主義的な諸理念が含まれている。こうした理由から、自由主義と反自由主義の単純な対比は、配分をめぐる争点を明確にするためには役立たない。

第三に、「自由主義を徹底すればリバタリアニズムになる」とか、「平等主義を徹底すれば国際平等主義になる」という考え方は、必ずしも正しくない。リバタリアニズムは、自由を権利基底的に理解した場合の特殊な自由主義であり、それはA・スミス流の古典的自由主義や「市場の効率性」を追求する経済的自由主義とすら両立しえない場合がある。自由を成長や解放の観点から捉えるならば、自由の徹底は、リバタリアニズムとは別の方向へ向かう。他方で、国際平等主義は、平等のための配分を世界規模に拡張する点において徹底的であるが、しかし何を平等の尺度にするかという点では曖昧である。この立場は、実効的な政策を新たに切り拓くことに関心を寄せており、この点では、平等の実質化を徹底するものではないとみるべきである。平等の理念を一貫して追求する立場は、必ずしも国際平等主義と結びつくわけではない。実質的平等の完全な実現を模索する平等主義者であれば、制御可能な特定の集団内で、その理想を実現しようとするかもしれない。

第四に、配分原理を根源的に肯定したり否定したりする立場は、必ずしもユートピア的であるとはかぎらない。同様に、配分の程度に中間的な立場をとることは、必ずしも現実主義的ではない。ユートピア主義とみなされることの多いリバタリアニズムと国際平等主義は、その主張の単純さゆえに、実践的にはむしろ現実的でありうる。次節において提示するように、リバタリアンと国際平等主義者に対しては、税制上のオプションを設けることができる。反対に、現行の配分制度に対して、少しでも減税を望む消費者の発想は、税制改革に携わる実務的現実主義者からすれば、ユートピア的に映るかもしれない。あるいはまた、完全には制度に体現されない価値の理想を掲げる自由主義や平等主義は、たとえ配分率に関して中間的な立場をとるとしても、いかなる制度も不充分にしか理想を実現しないとみなす点で、ユートピア的である。こうしたことから、配分率の程度を指標にして思想のユートピア度を測ることは適切ではない。そのような図式的理解は、諸思想の十分な把握にはいたらない。

およそ以上のような四つの理由から、配分率に即して自由主義と平等主義を対比させる理解は不十分である。自由と平等の複雑な関係を理解するためにも、私たちは配分原理の問題を、別の観点から考察する必要がある。すでにこの主題をめぐってさまざまな議論が展開されているが、ここではこれまであまり論じられることのない「成長」という観点から、自由主義と平等主義の融合可能性を検討したい。

成長論的自由主義の立場は、平等主義一般に対立するのではなく、さしあたって成長を志向しない自由主義と対立する。次節ではこの思想の含意を明確にするために、一つの課税制度案を検討したい。つづく第3節では、自生化主義という理念のもとにこの思想を敷衍し、第4節では、これまで自由主義に最も批判的であるとみなされてきた分析的マルクス主義の学説を、成長論的自由主義の観点から摂取する。マルクス主義が自由主義を志向しないとしても、自由主義の新たな可能性はマルクスの思想にも求められる。それは機会の実質的平等、民衆の潜勢的可能性の活用、無階級社会、集合的不自由の解決、アバンダンス、搾取批判などの主題をめぐって示される。はたしてマルクス的な自由主義は、いかにして可能か。本章は自由主義のポテンシャルに、新たな展望を与えたい。

2　一つの課税制度案

成長論的自由主義、すなわち自由の価値を成長の理念に照らして捉える立場からすれば、いかなる配分政策が望ましいだろうか。この問題を具体的に考えるために、まずリバタリアニズムと国際平等主義という両極の立場に税制上のオプションを与えることによって、これらの要求を成長論的自由主義の内部に包摂する道があることを示したい。

リバタリアニズムにもさまざまな配分政策があるが、ここでは森村進の主張を取り上げる。(4) それによれば、政府は原則として、個人の私有財産や所得に課税すべきではないものの、しかし遺産相続に対しては、一〇〇%の相続税を課すことが望ましい。というのも、親と子は人格的に独立しているのであって、子が親の財産を相続する自然な権利は存在しないからである。遺産相続は、子の親に対する経済的依存をもたらすだけではなく、親が老後のケアを子に依存する関係をもたらしてしまう。このように、相続税の徴税に賛成する森村流のリバタリアンに対しては、政府は次のような課税オプションを提案してみてはどうか。すなわち、もし相続税を一〇〇%支払うならば、以降の所得税を毎年五〇%免除する、というオプションである(ただし、相続税を多く支払った分だけ所得税を免除するということであり、これによって政府の税収が減少しないようにする)。こうした税制を一つの選択肢として設けるならば、多くのリバタリアンは、この方式で税を納めるかもしれない。もっとも、親の遺産がなければこの方式を選択することができないので、適用者の資格には制約がある。

他方、国際平等主義者に対しては、政府は次のようなオプションを用意することができる。いま、購買力平価でみた場合の国際的な平均年収が九〇万円であるとすれば、政府はこの額を超える年収すべてに所得税一〇〇%を課す、という税制オプションを提示してみる。国際平等主義者であれば、この方式に従って、他の人々よりも多くの税を支払うことに賛成するだろう(5)。またそこで支払われた追加的な税金は、他国の貧しい人々を救うために、NGO（非政府組織）などを通じて有効に利用されることが望ましい。むろん、年収が九〇万円以下の人はこのオプションを選択することができないので、制度の適用には限界がある。

以上の二つのオプションによって、政府はリバタリアンと国際平等主義者の要求を、ある程度まで同時に満たすことができる。またこの他にも、穏健なリバタリアンには相続税六〇％、穏健な国際平等主義者に対しては一八〇万円を超える年収に所得税一〇〇％、あるいは、一国平等主義者には三〇〇万円を超える年収に所得税一〇〇％、保守主義者には相続税ゼロ％の代わりに所得税八〇％、といった具合に、さまざまな税制オプションを制度化することもできる。

こうした税制オプションの構想は、成長論的自由主義の核心にかかわる。成長とは、あらかじめ定められた目標を達成することではなく、未知の発展を企てることを意味する。そのためには諸制度を競合させることによって、新たな可能性を探ることが有効である。成長論的自由主義は、諸制度のメタ構想であり、それは一つの制度内にさまざまなオプションを設けることで、人々の試行錯誤と切磋琢磨の実践（および議論）を促すことに関心を寄せる。税制オプションというアイディアは、この理念にふさわしい。この構想においては、リバタリアニズムと国際平等主義という両極の立場が共生しうるだけでなく、両者は次のような和解を示すこともできる。すなわち、リバタリアンは、相続税を支払うことで免除された所得税を、もし政府を介さずにすべてNGOに寄付するならば、国際平等主義の実践に参加しうる。このように、税制オプション制度は、自由と平等に関する多様な考え方を両立させていくと同時に、諸選択肢の競合過程において、人々の新たな創意を引き出すように促すことができる。

もっとも、以上に描いた税制オプションは、政府の税収が減少しないかぎりにおいて認められるにすぎない。そうでなければフリーライダーを排除することができず、課税制度の公平性を保てないからである。では成長論的自由主義は、諸々のオプションの基礎となる政府の規模や税率の一般的な水準について、いかなる見解を示すのか。問題を具体的に考えるために、ここで、アメリカ（米）と日本とフィンランド（芬）という三つの国をモデルにして比較してみよう。各種の経済指標を調べてみると、次のようなデータが得られる。(6)

（1）国内総生産に占める政府支出の割合：芬（五五・七七％）＞米（四四・九三％）＞日（四四・四六％）

（2）購買力平価で換算した一人当たり国内総生産：
　米（七六、三九八・六ドル）＞芬（五九、〇二六・七ドル）＞日（四五、五七二・七ドル）

（3）ジニ係数：米（〇・三七五）＞日（〇・三三四）＞芬（〇・二七三）

（4）グローバル競争力の順位：米（九位）＞芬（一一位）＞日（三五位）

以上のデータから各国の特徴を大まかに理解すると、アメリカ型やフィンランド型の社会は、日本型の社会からみて、どのような点で模範となるだろうか。所得格差拡大とともに政府部門の拡大が生じているアメリカ型の社会は、自由主義の観点からみて目指すべきモデルなのか。またフィンランドはグローバル競争力においてアメリカと互角であるが、このような競争力は平等主義の観点からみて目指すべき政策目標なのか。

いずれも難問である。おそらく自由主義と平等主義の対比は、アメリカ型とフィンランド型のモデルの対比によってはうまく理解することができない。歴史的にみれば、平等主義によって経済的インセンティヴを与えることは可能であり、自由と平等の理念は必ずしも拮抗するわけではない。だが問題は、自由と平等がトレード・オフの関係にある場合に、平等を優先するのか、それとも、それでもなお自由と平等の両立可能性を探るのか、という点にある。成長論的自由主義は、後者の探求を促す。成長と言っても、国民総生産の増大を目指すのではなく、国連開発計画が用いる「人間発展指標」などを参照しつつ、平等と自由の関係を人間的成長の観点から綜合的に判断するだろう。(7)

以上をまとめると、成長論的自由主義には二つの特徴がある。第一に、課税制度のメタ構想、すなわち税制オプションの競合過程のなかから未知の発展を展望する点である。第二に、基礎となる配分制度については、人間発展指標などを用いて、成長の観点から自由と平等の適切な組み合わせを模索する点である。この二つの特徴は、成長論的自由主義の基本的な政策理念を提供する。ではその理念はいかなる哲学によって基礎づけられるのか。節を改めて検討したい。

3 「自生化」という発想

未知の発展を企てる成長論的自由主義は、思想的には、スミスからハイエクにいたる自由主義のなかで育まれてきた「自生的秩序」の理念を継承している。より限定して言えば、ハイエクのいう自生的秩序理念に含まれる成長論的な要素を継承する。

ハイエクの自生的秩序論には、およそ二つの秩序理念を読みとることができる。第一に、人間の克服しがたい無知に対処するために、社会統治の根幹に「法の支配」を要請するという考え方である。これは、知の設計主義的発想に基づく中央計画経済の発想と対比して理解される。第二に、未来に対する私たちの相対的な無知（すなわち「未知」）を積極的に克服するために、知識の利用と発見を促すという考え方である。これはいわば、「設計図を持たない庭師」の観点から、社会に備わる自生的な秩序形成力に働きかけて、成長のための土壌作りをしようとする試みである。この後者の考え方を、私は「自生化主義」と呼んでいる。自生化主義の発想は、「人々のあいだに分散された知識を市場の機能を用いて有効に利用する」というハイエクの発想に現れているが、そのアイディアは、開発主義や福祉国家の理念とも両立する。例えば、ある種の雇用促進政策や長期投資の誘導政策は、これを秩序の自生的生成を促す苗床作りと解釈すれば、自生化主義の観点から支持できる。自生化主義は、自動性をもった諸要素に働きかけて、その潜勢的な力能が、一定の秩序形成作用をもった過程のなかで最大限に発現していく社会を展望する。それは実現不可能な理想を掲げる点でユートピア的であるが、現実の諸政策を一貫して導く指針を与える点で実用的である。

以上に略述した自生化主義の考え方は、成長論的自由主義の政策的な根幹を構成する。その理念は、明示的ないし暗示的に、諸々の思想のなかに含まれてきた。大雑把に言えば、ケインズの思想や政治的マルクス主義や根源的民主主義は、自生化主義の発想をもっている。これに対して政治的自由主義や保守主義や分析的マルクス主義は、成長や自生化について積極的に論じていない。リバタリアニズムと国際平等主義もまた、成長を志向していない。こうした思想的布置連関のなかで、成長論的自由主義は、とりわけ以下のような自由主義の諸思想と区別されることを指摘したい。

まず、成長論的自由主義は次の三点において、正義を基底とする自由主義とは区別される。第一に、成長論的自由主義は、潜勢的可能性の最大利用という理念を「善き生」の理想として掲げる点で、善き生のあり方を問わない自由主義とは異なる。第二に、正義基底的な自由主義は「人間はよき法の支配のもとで、十全とは言えないにしても、異質で魅力的な多様性を増殖させていく」と展望するのに対して、成長論的自由主義は「人間は文化の成熟とともに、しだいに潜在的能力を有効に利用しなくなり、自由がもつ意義を忘却する傾向にある」のだから、こうした傾向を防ぐために、社会変動（階層間・地域間移動の流動性）を促す社会政策が望ましいと考える。第三に、正義基底的な自由主義は、民主政治の暴走（集団主義の擁護と個人主義の乏価）を防ぐために、正義や法の支配の理念に訴えるが、これに対して成長論的自由主義は次のように考える。民主政治のもとで政府が肥大化すれば、それはやがて人々を飼い慣らす祭司的権力となり、抑圧的な装置として作動するにちがいない。これを防ぐために、政府は人々を飼い慣らすのではなく、その野性的な力能（アニマル・スピリット）を有効に活用すべきである。このように、正義基底的な自由主義と成長論的自由主義は、自由を擁護する際の発想が異なる。正義基底的な自由主義は社会の暴走に対する警告の思想であるのに対して、成長論的自由主義は社会の駆動力に対する願望の思想である。

なおケインズ主義との比較で言えば、成長論的自由主義は、いわゆるケインズ主義、すなわち、福祉国家を祭司的権力の観点から積極的に構築する立場とは両立しないが、真のケインズ思想、すなわち、人間のアニマル・スピリットが躍動する社会を展望する考え方と両立する。政府の介入のあり方について、ハイエクは「裁量」と「ルール」を区別したが、成長論的自由主義にとって重要な区別はむしろ、「祭司型」と「庭師型」の区別である。言い換えれば、人間の生を飼い慣らす介入と人間の潜勢的可能性や野性を活性化する介入の区別である。後者の観点に立つ政府介入は、成長論的自由主義と両立する。また「市場の失敗」論について言えば、ケインズ主義はその失敗の本質を効率性や安定性の不充足として捉えるのに対して、真のケインズ思想は、これを潜勢的可能性や野性の不活性として捉える。そして潜勢的可能性や野性の活性化という点では、市場だけでなく社会全体もまた失敗しているとみなす。

次に、成長論的自由主義は、社会の「自生的な秩序形成力」を利用することに無頓着なリバタリアニズムとは、次の点で異なる。リバタリアニズムは、そもそも政府が不況を克服するという課題を負うべきではなく、むしろ政府部門の縮小と減税を行うべきだと考える。これに対して成長論的自由主義は、いわゆる日本的経営の文化が育んできた暗黙知の蓄積を有効に利用しながら、産業構造の転換を進めることが望ましいと考える。そしてこの観点から、政府の産業政策を要請する。ただしその場合、国内総生産よりもすぐれた指標を用いて、成長の理念を問題化し検討すべきだと考える。

最後に、成長論的自由主義は、現行の自由社会が育んできた文化を保守したり、よき古き自由社会の理念を復興しようとする新保守主義の理念とは異なる。成長論的自由主義は、共同体の理念を未規定にしつつも、コミュニタリアニズム（共同体主義）の理念に接近する。コミュニタリアニズムは、民衆をアトミズム的孤立状態から共同性へと包摂する際に、善に導かれた人格的成長を掲げる思想である。この理念は、目指すべき人格と社会の理想を未規定のまま問題化することもできる。成長論的自由主義は、善の理念を明確に規定せず、むしろこれをマルクスがいうところの「エネルギッシュな原理」において理解する。エネルギッシュな原理とは、人々の潜勢的可能性を最大限に利用しようとする理念であり、これは、明確な意味や目的をもった善を実現することとは性質が異なる。

以上、成長論的自由主義の理念を、他の諸思想と対比しつつ明らかにしてきた。成長論的自由主義の思想体系については、拙著『自由原理』をご参観願いたい。以下では問題を絞って、配分原理との関係で最も論争的となる論点、すなわち、分析的マルクス主義と自由主義の融合可能性について検討したい。

4 分析的マルクス主義の批判的摂取

ここでマルクス主義を成長論的自由主義の側から摂取しようとする試みは、アクロバット的にみえるかもしれない。しかし一九七〇年代以降のマルクス思想のなかには、自由主義陣営からの批判(とりわけポパーやミーゼスやハイエクの批判)をほぼ承認したうえで、そこからマルクスを救い出す知的営みが一つの勢力をなしている。分析的マルクス主義と呼ばれる潮流がそれである。(8) R・ウェアによれば、分析的マルクス主義とは、一つの運動や方法論やパラダイムと呼べるものではなく、「ゲーム理論的マルクス主義」「新古典派的マルクス主義」「合理的選択マルクス主義」などの断片が集まった現象である。(9) けれどもそれらは共通して、解釈の明証性と議論の厳密さを強調するスタイルをもつと同時に、従来のマルクス主義に対しては、以下のような訣別を告げる点で一致する。すなわち、労働価値説を批判する、革命闘争における理論と実践の統一を放棄する、稀少性の存在しない透明な共産主義共同体社会の形成は不可能であることを認める、弁証法が自由主義の地平の超克に失敗してきたことを認める、ハイエクやミーゼスによる中央計画経済批判を認める、方法論的個人主義を積極的に採用する、ベーム゠バヴェルクによる価値の転形問題批判を承認する、などの主張である。

このように分析的マルクス主義は、従来のマルクス主義とは一線を画しており、現代の規範理論研究において、リバタリアニズムの対極に立つ平等主義の側からの理論的貢献をなしている。それはロールズの格差原理をさらに平等主義的な方向に修正する試みである。しかしその内容を検討してみると、その思考の臨界点において、従来型のマルクス主義がもっていた可能性が新たに現れる。またその可能性は、私見によれば、平等主義よりも自由主義を擁護する規範的内容を提供する。(10) 以下の立論において私は、分析的マルクス主義の知見を成長論的自由主義の観点から批判的に摂取する。マルクス主義はこれまで、自由主義の社会を克服するために、さまざまな理想社会を描いてきた。しかし分析的マルクス主義の貢献によって、私たちはその企てを、別の自由主義（すなわち成長論的自由主義）へと発展させることができる。

まず、分析的マルクス主義者のローマーが提案する二つの制度改革構想、すなわち、教育格差是正措置と市場社会主義について検討しよう。そして後に、分析的マルクス主義が掲げる諸理念、すなわち、無階級社会、集合的不自由、アバンダンス（富が満ち溢れた状態）、および搾取の概念について、自由論の観点から再解釈する。以上の検討によって、私は分析的マルクス主義の思想を成長論的自由主義の側から摂取しうることを示したい。

4-1　教育格差是正措置

分析的マルクス主義が掲げる平等の理念を最も明快に示しているのは、ローマーの教育論である。彼は徹底した平等主義の観点から、教育制度について次のような改革の理念を示した。すなわち、すべての子どもたちが同じスタートラインから人生を出発できるように、また、成績の達成度と将来の所得が各個人の努力のみに依存するように、子どもたちの置かれた周辺環境の格差を是正し、教育機会の実質的な平等を達成することが必要であるという主張である。

この主張を例解するために、ここで、親の平均所得が高く教育環境にも恵まれた白人の子どもと、これらの両方に恵まれていない黒人の子どものケースを比較してみよう。いま、「白人の子どもの平均努力レベル（WAEL）」が10段階で6であるのに対して、「黒人の子どもの平均努力レベル（AAEL）」が10段階で3であるならば、ローマーは、この差は人種間の教育環境の違いから生じているから、WAELの6とAAELの3は等しい「努力度（effort degree；言い換えれば「苦痛度」）」（その数値は例えば6）であったとみなしうる、と考える。つまり、白人の子どもは努力レベルが6、その苦痛度が6となるのに対して、黒人の子どもは努力レベルが3、その苦痛度が6になるという[11]。この場合、ローマーは教育機会の格差を是正するために、黒人の子どもに対して、大学入学時に一定の定員枠を設け、たとえ成績が低くとも入学できるようにすることが望ましい、と主張する。そして理想的には、周辺環境要因によって生じる努力レベルの差を考慮して、すべての個人が人生のスタートラインにおいて実質的に同等な資源を与えられるように、機会の実質的平等を目指して制度を改革すべきであるという。

こうした提案はむろん、実現不可能な理想に基づくが、そうであればこそ魅力的である。以下では、この理念がはたして首尾一貫した理論に裏づけられるのかどうかを検討するために、白人と黒人に加えて、以下の三つの階層を追加してみよう。「低所得であるが教育に熱心なアジア系の人々」「高所得であるが教育に熱心でなくとも子どもの成績が高いような知識層の人々」、および「低所得であり政府の義務教育に価値を置かない仙人層の人々」である。ここで仙人層とは、アーミッシュのように、知識や財の獲得よりも宗教的・精神的な善き生を求める人々の理念型である。ローマーは、これらの階層について十分な考察を行っていないが、理論的には以下のような平等主義的配分が可能である[12]。

いま、アジア系の子どもたちは、平均的な努力レベルが8で、その苦痛度も8であり、成績の達成度が相対的に高く、将来の平均所得もまた、白人よりも高いことが予測されるとしよう（単純化のため、ローマーに倣い、成績の達成度と将来所得は一致すると仮定する）。これに対して、知識層の子どもたちは、あまり努力しなくても親の生活から多くを学び、将来は平均して高所得を稼ぐことができるとしよう。例えば、平均的な努力レベルが3、その苦痛度も3であるが、にもかかわらず、成績の達成度と将来の平均所得が高いことが予測されるとしよう。また仙人層の人々は、高所得を得たり努力したりすることには価値を置かず、ある特殊な信仰や信念をもって充足した生活を営んでいると

表10-1　階層間の教育格差是正問題

	所得水準	努力レベル	苦痛度	達成度	達成度－苦痛度
白人	6	6	6	6	0
黒人	3	3	6	3	−3
アジア系	3	8	8	8	0
知識層	8	3	3	8	5
仙人層	3	3	3	3	0

する。例えば仙人層の所得水準は3、努力レベルは3、その苦痛度も3、達成度も3であるとしよう（表10-1を参照）。

この三つの階層を先の二つの階層に追加した場合、五つの階層のあいだで、どのように所得を再配分し、またどのように大学入学資格の是正措置を設けることが望ましいだろうか。ローマーは、一方では、白人と黒人の教育環境を等しくするための是正措置を望んでいるが、他方では、アジア系の子どもたちが過剰に努力することを殺ぐような是正措置を望んでいない。というのもローマーは、努力の苦痛度が正当に報われる社会こそが倫理的に正しいと考えるからである。ローマーは、知識層の子どもが比較的楽をして高い達成度を遂げること（達成度マイナス苦痛度が5であること）に対しては、逆の是正措置（すなわち入学定員枠の限定）を求めない。ローマーはおそらく、知識層の親にはより高額の所得税率を課すことで、教育機会の格差是正を試みるだろう。[13] また仙人層の子どもたちに対してローマーは、その子どもたちが親の信念に左右されずに、他の階層の子どもたちと平均して同じ苦痛度の努力を払う社会が望ましい、と考えるだろう。すなわち、仙人層の人々は、自らの子どもたちにその生活を強要せず、子どもたちは成人してから、仙人の生活をさまざまな選択肢のなかから自律的に選びとれるような機会を設けることがふさわしい、とみなすだろう。

以上のようなローマー流の平等主義に対して、従来の古典的な自由主義者であれば、真っ向から反対するにちがいない。というのも、法的かつ形式的な権利の平等のみを認める自由主義にとって、諸階層間の実質的な機会を平等にする政策は、権利侵害であるとみなしうるからである。しかし成長論的自由主義の観点からすれば、ローマーの提案は、それが平等よりも「平等を求める際の理由」となる自由や発展を希求する点で、支持しうる面をもっている。

第一に、黒人に対して大学入学に一定の定員枠を設けることは、努力の苦痛度と達成度（将来所得）を一致させるという平等主義の理念からだけでなく、低所得層の黒人に社会的活躍の場を与えることによって、次世代の黒人に希望を与え、社会的地位と所得の流動性を高めるという自由主義の理念から支持できる。階層間移動の流動化は、諸個人の選好形成の多様化を促す点で、自由の理念に適う。もっとも、黒人に対する是正措置に対しては、白人低所得者層から批判の声が上がっている。エスニシティに基づく格差是正に問題があるならば、所得格差に応じた是正を行うことが望ましい。

第二に、ローマー流の平等主義は、仙人層の子どもに対して、他の子どもたちと同等の努力を強いる点で強制的にみえるが、しかしこの施策は、仙人層の子どもが自らの判断で他の階層に移動する可能性を高める点で、自由主義の理念に照らした場合にも一定の支持を得ることができよう。

第三に、ローマー流の平等主義は、実は徹底した平等を目指しているのではない。例えば、知識層の子どものように努力しなくても達成度の高いケースを容認したり、政府が大学に補助金を出してアカデミズムを支えたりすることを承認している。また、格差是正において、最も悪い境遇におかれた子どもたちすべてを救うのではなく、そのなかで努力度の高い子どもたちにすぐれた機会（大学入学）を与えるという具合に、潜勢的可能性のある子どもに成長の機会を与えることを目指している。こうした是正措置は、徹底した平等主義の理念によってではなく、人々の人的資本や潜勢的可能性をよりよく活用するという成長の理念に照らして正当化しうる。[14]

第四に、ローマーは機会の平等政策が、社会の効率性を損なわない程度に適用されることが望ましいと述べているが、[15]これは、成長論的自由主義の理念を優先的に考慮することを表明している。ローマーはIQもまた、人生のスタートラインを平等にするために再配分すべき（他の移転可能な財によって補償すべき）であると考えている。しかしもしIQの活用を各個人の責任に任せたほうが社会全体として効率的なのであれば、ローマーは理論的にはともかく、実践的には妥協を示さざるをえない。

最後に、教育格差の是正によって人生のスタートラインを実質的に等しくするというローマーの発想は、低所得層の人々に「やる気」を与える点で成長志向的であるが、しかしもし、人々の自尊心が努力の程度によってのみ築かれるような社会が実現すれば、学歴の低い人の自尊心は必然的に低くなり、生き難い社会になってしまう。そのような生きにくさを防ぐためには、平等主義者のようにもっぱら「努力度＝苦痛度」を尺度として周辺環境を均すのではなく、むしろ成長論的自由主義の観点から、多元的な尺度を用いて人々の多様な潜勢的可能性を開花させることが望ましい。川本隆史のすぐれた表現を用いれば、子どもたちに「生き方の幅（capability）」[(16)]を拡張するような諸機会を拡充することが、自尊心の基盤という観点からみてふさわしい。

以上の検討から、機会の実質的平等を求めるローマー流の平等主義は、成長論的自由主義の観点から位置づけ直すことができる。このことは次のような例を考えてみると、いっそう明らかになる。

いま、ある中学生Aは親に連れられて夏休みにインドを旅行し、インド文化に強い選好をもったとしよう。これに対して、中学生Bは親とフランスを旅行し、フランス文化に強い選好をもったとしよう。AとBはそれぞれ、海外の文化に関する選好形成に経路依存的な違いが生じることになった。しかしこの違い（インド好きとフランス好き）は、未成年である当人たちの責任とは言えない。周辺環境の実質的平等を求める平等主義の立場からすれば、両者の選好が変化するように、周辺環境が変更されるべき（あるいはべきであった）ということになろう。

この場合、是正をめぐっておよそ三つの立場を考えることができる。第一に、親の収入が平等であれば、AとBの選好の違いはそれぞれの親の責任であると考えて、格差是正措置を講じないという立場がある。第二に、子どもの選好形成が海外旅行という特別な機会によって左右されないように、子どもの海外旅行を禁止するという立場がある。第三に、理想的には子どもたちがすべての国を平等に旅行することが望ましいが、それは不可能なので、政府は次善の政策を考案すべきである、と主張する立場がありうる。例えば政府は、子どもたちにいくつかの外遊オプションを与え、選択を子どもに任せると同時に引率者が監督責任を負うことにする。こうして海外見学の機会を充実させ、周辺環境が与える不平等を是正するという立場がありうる。

以上のなかで、第三の立場は、機会の実質的平等と潜勢的可能性の成長という二つの理念を満たす点で、平等主義的であると同時に、成長論的自由主義の理念にも適っている。教育において平等を求める立場は、たとえ理想的な実質的平等を実現しないとしても、実践的には潜勢的可能性の拡張を求める自由主義の理念を具現することができる。[17]

4-2 市場社会主義

平等主義を標榜するローマーのもう一つの制度案は、株式市場にクーポン制度を導入するという、市場社会主義の新たなデザインである。[18] 市場社会主義はこれまで、価格シグナルなどの市場の利点を国家社会主義の運営に取り入れるべく、そのための制度デザインをさまざまに構想してきた。しかし自らを第五世代の市場社会主義者と位置づけるローマーは、基本的には私有財産制に基づく企業の自由な活動を認めつつ、そこに配分的正義を部分的に満たす制度案を組み込もうと企てる。そのモデルは、もはや中央当局による経済の監督という考え方を捨てて、価格形成を実際の市場に委ねる点で、ミーゼスやハイエクによる社会主義批判を大方承認する地点から出発している。ではローマーのモデルのどこが社会主義的なのかと言えば、それは「負の公共財（public bads）の民主的決定」と「株式クーポン制度」という二つの点においてである。

「負の公共財」とは、例えば、環境汚染や失業や所得格差に起因する犯罪率の増加などである。ローマーはこうした負の公共財を社会的最適水準へ導くために、民主的な意思決定の過程を提案する。すなわち、市民たちは負の公共財がもたらす負の効用とその解決のためのコストを比較考量して、投票を通じて財の最適量を決定する仕組みを構想する。その理念は「経済民主主義」とも呼びうるが、これは設計主義的な統治をもたらすであろう。自由主義の観点からすれば、負の財の産出に対して仮想市場を設け、価格シグナルを用いた解決を模索するほうが望ましい。例えば、石油資源の利用によって排出される二酸化炭素の量を制約するために、石油一単位の使用から発生する二酸化炭素の量が適切な水準mを超える場合には、その業者に追加的な税を課し、またmを下回る場合には、他社の排出する二酸化炭素量を購入して利益を得ることができるようにする。意思決定分散型の自由社会においては、このように負の公共財に価格をつける方法がより適切である。

これに対してローマーの株式クーポン制度案は、自由主義の観点からみた場合にも魅力的である。ローマーは、まずモデルの初期状態において、各市民が各企業の株式クーポンを均等に所有していると想定する。しかもその株式クーポンは、貨幣では売買できず、ただ他のクーポンとのみ取引できると想定する。ローマーはこのような仕組みによって、富者＝大株主による企業支配を排除し、少なくともモデルの初期状態においては、すべての国民が等しい権力によって企業経営を支配する社会が実現すると考える。

このアイディアは、企業の経営を民衆によって支配しようとする点で、平等主義的である。しかし実際には、ローマーも認めるように、支配の平等は初期状態においてのみ確保されるにすぎない。というのも、人々が株式クーポンの取引を繰り返すうちに、ある人は価値の高い株式クーポンを所有し、他の人は価値の低い株式クーポンを所有することになるだろうからである。けれどもローマーのこの提案は、人々が経済の動向に関する知識を学習する動機づけを与えるものとして、成長論的自由主義の観点から評価することができる。株式クーポン制度は、その実践を通じて、人々が現実の経済を学ぶ過程を促す。これは人的資本の形成とそれに基づく経済の活性化という観点から支持することができる。むろん実際には、政府はすべての株券を、ある時点で人々に平等に再配分することは難しそうである。しかし例えば、政府は毎年、一万円分の株式クーポン券を市民に配給するならば、市民はこれをうまく利用するために、さまざまな情報を集めて経済的知識を身につけるにちがいない。またその派生的な効果として、人々は雇用や消費の面でも、自らの実践知や選好を改善していくかもしれない。こうした効果はすべて、人的資本の形成を志向する自生化主義の観点から支持しうる。

もっともローマーは、株式クーポン制度がもつこうした自生化主義的側面に理解を示しているわけではない。例えばローマーは、「反ハイエク宣言」という論文において、J・スティグリッツを援用しつつ、次のようにハイエクを批判している。[19]すなわち、ハイエクはレッセ・フェール資本主義を、可能な諸制度の淘汰過程のなかで生き残る適者という意味において「自然」であるとみなしているが、しかし、社会における生存競争過程は一定の環境に依存し、その環境もまたシステム内生的に生み出される以上、私たちは、システムが全体として最適かどうかを述べることができない。私たちの選好は、それ自体がシステム内生的に生み出されるのであり、システムの進化を評価する際に何が適した基準であるかを評価することはできない。それゆえハイエク的なレッセ・フェールの立場がシステムにとって最適であるとはいえないという。

以上のようなローマーのハイエク批判は、しかしハイエクの理解において誤っているだけでなく、同時に自生化主義の発想を見失いかねない。第一に、ハイエクはレッセ・フェール資本主義が生き残るとは考えておらず、また適者生存の過程を自然とみなしているのではない。むしろその過程において秩序が自生化する現象（秩序が自生的に生まれる過程）を人為的に構成することに関心を寄せている。株式クーポン制度の導入は、秩序の自生的な活性化を促す点でハイエク的側面をもっている。第二に、ローマーはシステム全体の効率性評価がワルラス的な均衡理論によって可能であると信じているが、これはシステムの進化を評価する尺度としてふさわしくない。むしろハイエクのいう「抽象の優位」[20]という考え方が、システム全体に対する私たちの合理的な評価の不可能性という問題に対処するための、一つの展望を与える。これは、私たちが個別具体的な状況や制度のもつ利害状況や合理性基準を超えて、システム全体の調整と成長に必要な無形象かつ暗黙のコンヴェンションを共有する場合に、社会は未来に向けて柔軟な対応を示すことができるという洞察である。この洞察に照らして言えば、株式クーポン制度は、経済の実践に対する抽象的なコンヴェンションの共有をもたらす点で、経済の自生的成長にとって有効である。ローマーは、株式クーポン制度のもつこうしたハイエク的利点を十分に評価していない。

むろん株式クーポン制度が人々の学習を促さないのであれば、この提案は適切ではない。ローマーは、クーポン券を現金化する闇市場を規制するために、クーポン証券市場を形成し、銀行が国民のクーポン証券保有を管理するというアイディアを提案している。この制度案は、人々が株式クーポン市場から経済の実践知を学ぶように促す点で望ましい。しかし、クーポン証券を保有する銀行が諸企業の経営を支配するならば、それは平等主義の観点からみて望ましくない。ローマーの提案は、実践的には、平等主義よりも成長論的自由主義の理念に資するかもしれない。[21]

以上、ローマーの二つの制度案、すなわち教育格差是正と株式クーポン制度を検討してきた。いずれも平等主義の理念から構想されたものの、その内容や実行可能性は、ローマーの意図を超えて、成長論的自由主義の観点から摂取することができる。以下ではさらに、分析的マルクス主義の他の貢献を検討したい。

4-3　階級の消滅、集合的不自由、アバンダンス、搾取批判

分析的マルクス主義のなかには、ローマーのような平等主義の規範理論を否定して、マルクスの思想を自由の観点から救い出そうとする支流がある。A・ウッドやA・ブキャナンの見解である。[22] ウッドによれば、マルクスのいう「抑圧からの解放」は、諸個人の平等を理想とするのではない。マルクスはむしろ、平等をブルジョワ的な観念であると捉えて、この理念が労働者階級の抑圧を隠蔽するとして批判した。マルクスは社会の目標として平等を掲げたのではない。マルクスはまた、資本主義が人々の平等な権利を侵害しているから批判されるべきだとは考えなかった。エンゲルスが反デューリング論のなかで述べているように、プロレタリアートたちの平等への要求は、階級の消滅を求めているのであって、そのための革命的本能を表現するものにすぎない。共産主義における配分は、生産の発展段階を高次化することによって達成されるのであり、それは、現在の生産段階を所与として平等な配分を目標とするのではない。

ウッドはおよそ以上のようなマルクス理解に基づいて、マルクスの共産主義における分配を「平等な配分の原理」

とみなすことが、経済的正義の理解として貧弱であると批判する。マルクスは、配分的正義をそれ自体としてよいと考えていたのではなく、諸階級の廃止によって、人間性や福祉や共同体や個人の発展や自己実現といった価値の実現がもたらされることを展望していた。つまりマルクスにおいて掲げられた正義と平等とは、解放的自由を促すための手段であり、ウッドによれば、「進歩的な社会変化を遂行するための戦略の一部としてのみ推奨される」という。[23]

正義や平等は解放的自由のための手段として要請されるというこの考え方は、「マルクス的自由主義」と呼ぶことができる。そしてこの理念は、成長論的自由主義の発想と近い。両者はともに、既存の社会を乗り越えるという実現不可能な理念を掲げつつ、現実の社会状況と向き合いながら、潜勢的可能性の十全な実現を目指す点で一致する。ただし、ウッドはプロレタリアートの潜勢的可能性に焦点を当てるのに対して、成長論的自由主義はこれをすべての人々の潜勢的可能性に拡張する。そしてマルクスのいう「階級の消滅」という理想を、「世代間階層移動の流動化」や「生産段階の高次化」といった観点から捉え返す。革命的プロレタリアートの力能を、階級が消滅した社会（すなわち階層流動性の高い社会）において全面化し、諸個人の潜勢的可能性が十分に開花するような社会を展望する。そのような理想社会は、資本主義を克服した共産主義社会ではなく、高次の自由主義社会になる。ウッドは自らの理想社会をユートピアとしてのみ語るが、成長論的自由主義はこれを、自由主義の刷新という方向で現実的に捉えようとする。

正義や平等を自由解放の手段として捉える発想は、マルクス的平等主義者として知られるG・コーエンの思想にもみられる。[24]コーエンは、分配的正義の概念を、「厚生への機会の平等」ではなく、「優位へのアクセスの平等」と捉えている。この捉え方は、成長論的自由主義の観点からも支持しうる。第一に、配分において目標とされるのは、厚生の均等化ではなく、劣位にある者が優位になる確率を増大させること（具体的には階層間の人口移動を流動化すること）であると捉える点で、成長論的である。第二に、機会を平等に均《なら》すのではなく、アクセスを増やす方法を考える点で、成長論的である。機会の平等主義は、才能のある人とない人とでは得ている実質的な機会が異なるから、才能のある人の所得を才能のない人に配分すべきであると考える。これに対してコーエンは、むしろ、なるべく多くの人々の暮らし向きがよくなるように、生産性を上昇させながら配分を平等化することが、アクセスの理念に適うと考える。

この後者の考え方を例証するために、コーエンが論じる「集合的不自由（collective unfreedom）」の問題を考えてみよう。コーエンは、「現代のイギリスの労働者たちは、資本家にその労働力を売ることをどの程度まで強制されていると言えるのか」という問題について、次のような仮想例を用いて検討している。(25) いま、ある部屋に一〇人の人々が閉じ込められている。そこには一つだけ重い鍵があって、その重い鍵を運んでドアを開けた人のみが、その部屋から脱け出すことができるとしよう。この場合、部屋のなかにいる一〇人は、そこから解放される一つの機会があるというだけで、自由といえるだろうか。また部屋に二つのドアと二つの鍵がある場合はどうだろう。部屋にN個のドアとN個の鍵がある場合はどうか。

こうした例を用いてコーエンは、他者がその機会を用いないかぎりにおいてある個人が自由を行使できるような状況を、集合的不自由と呼んだ。集合的不自由のもとでは、自分が自由の機会を用いることで他人に迷惑をかける場合には、あえてその機会を用いないことが道徳的であると評価されることもある。しかしそのような美徳は、集合的不自由を所与としたうえで成立するにすぎず、正当とは言えない。またある種のマルクス主義者であれば、資本主義社会においては資本家さえも、稼いだ利潤をすべて投資に回さなければならず、したがって集合的不自由の状態にあると主張するかもしれない。しかしコーエンはこうした議論に反対して、労働者がプチ・ブルジョワジーになるコースを選んだ場合の期待効用が、労働者の状態にとどまることから得られる期待効用よりも高いならば、集合的不自由は解消されると考えた。つまりコーエンは、労働者の暮らし向きが全体として向上することを自由とみなした。

この集合的不自由の克服は、なるほど権利基底的な自由主義とは両立しない。しかし国富やウェルビイングの増大を求めるスミス流の古典的自由主義や成長論的自由主義とは両立する。問題はその手段にある。コーエンは、集合的不自由を克服するために共同性の活性化と所得配分の強化を求める。これに対して古典的ないし成長論的な自由主義は、この問題を、社会の自生化作用を考慮しつつ捉える。

マルクスにおいては、集合的不自由を生産力の高次化によって克服するという目標は、「アバンダンス」の理想、すなわち、共産主義における富が満ち溢れた状態を目指している。そしてこのアバンダンスの理想は、ある一定の解釈において、成長論的自由主義の観点からも支持できる。新古典派経済学者たちによれば、マルクスは財の稀少性という概念を知らなかったがゆえに、「富が溢れれば財の配分に関する経済問題は消滅する」という誤った信念を抱いてしまった。しかし分析的マルクス主義者のP・ヴァン・パリースによれば、アバンダンスの理念は、次のように理解するなら現代的意義をもちうるという(26)。

いま、エデンの園にイヴが一人で暮らしているとしよう。そこには果実があり、また楽しいレジャーに満ちている。イヴは、果実を消費するかレジャーをするかについて時間の利用方法を選択しなければならず、その意味で時間の稀少性に直面している。しかしこのエデンの園には、富が満ち溢れている。なぜならイヴは、自ら思うままに選択するだけの資源と潜勢的可能性に恵まれており、また自らの欲求を満たして飽満（satiation）の感覚を味わうことができるからである。この意味におけるアバンダンスは、ヴァン・パリースによれば、資源の有限性、稀少性の存在、合理的選択の必要性という三つの要件がある現実の経済においても成立する。ただしアバンダンスには程度の差がある。ヴァン・パリースは、次の三つの段階を区別する。第一に、人々が自発的に（無償で）働くことによって基本的なニーズが満たされる状態（自発的に営まれない仕事には賃金を与えてニーズを満たす状態）。第二に、自発的に営まれない労働（負の効用をもたらす労役）を集合的に廃止することで人々のニーズを満たす状態。第三に、人々の基本的なニーズだけでなくすべての欲求が自発的に満たされる状態、である。そしてヴァン・パリースは、私たちが自らの欲求水準を制御できるならば、現実の経済において、第一と第二の意味でのアバンダンスが実現できると主張する。

以上のようなヴァン・パリースの考察は、アバンダンスの概念を、稀少性ではなく人々の全能感（思うままに選択できる能力）に照らして規定する点で魅力的である。もっともヴァン・パリースの規範的関心は、人々の潜勢的可能性の増大によっていっそう豊かなアバンダンスを目指すのではなく、その反対に、人々が自らの欲求水準を現行の生産力水準よりも下げることによって、飽満の状態を達成することにある。この点でヴァン・パリースの理想は非成長論的である。コーエンのいう集合的不自由論やJ・エルスターの自己実現論[27]に照らすならば、アバンダンスの理想は次のように成長論的に解釈することがふさわしい。第一に、アバンダンスとは、人々が自らの潜勢的可能性を拡張できることである。何か特定のことをなしうるだけでなく、これまで欲していなかったことができるように、潜勢的可能性を拡張していく機会に恵まれた状態である。第二に、アバンダンスとは、人々が生産を労苦と受けとめずに、積極的な意味づけをもって担うことである。ヴァン・パリースは、生産力の増大を掲げる思想が環境破壊的であるとみなして、欲求水準の低下による飽満をアバンダンスの理想とした。しかし情報社会の発展は、非物質的な財・サービスの生産によって、環境と生産力が両立する可能性を与えている[28]。そのような非物質的な方向における生産の追求は、成長論的自由主義の理念としてもふさわしい。

以上の検討に加えて最後に、分析的マルクス主義が論じる搾取の概念についても、成長論的自由主義の側から摂取しうることを示したい。ローマーは論文「マルクス主義は搾取に関心をもつべきか」において、既存の搾取論のアプローチを、蓄積理論、支配の理論、疎外論（剰余価値論）、および生産手段の所有論、という四つに整理したうえで、しかしいずれのアプローチも、搾取を批判する規範理論としては失敗していると主張する[29]。第一に、蓄積理論は、資本主義のもとでは労働力商品だけでなく、すべての商品が搾取されることで利潤が蓄積されると主張する以上、とくに労働力商品の搾取と利潤の関係を説明するものではない。第二に、支配の理論は、資本家階級の支配の問題を搾取の問題とは区別して論じることができるので、搾取論に関心を寄せる必要はない。第三に、疎外論は、疎外を剰余価値の理論によって測ることができるとするが、この考え方は、疎外を生産手段の不平等な所有に基づくとみなさないかぎり、搾取論とは関係がない。第四に、生産手段の不平等な所有は、搾取という尺度によってはうまく測ることができない。なぜなら搾取（労働の不等価交換）は、生産関係の不平等性を適切に反映しないからである。

およそ以上のような検討を通じて、ローマーは、搾取の有効な尺度を、新たに「生産資産の配分の不当な不平等性」という理念に求める。その意味するところは、搾取の認定は実証的な問いのなかに見出されるのではなく、「いかなる資源配分が道徳的に正しいか」という規範的な問いにおいて、はじめて有意義に規定されるということである。そしてローマーは、搾取の概念を現代規範理論における平等主義（それがいかなる資源や厚生を尺度とするかについては争われるが）の観点から検討すべきだと主張する。このローマーの提案は、一般に、分析的マルクス主義の中心的な研究方針を示すと受けとめられているが、しかし同派内部からの批判もある。[30] 批判者たちの批判は、ローマーが搾取の克服において、平等や正義よりも自由を志向する点に向けられる。しかしこれはローマーが成長論的自由主義を志向していることを示してもいる。もし搾取がなければ、労働者の生産力（あるいは潜勢的可能性）はもっとうまく発現するはずだという、自由への展望がある。この関心から描かれる「搾取のない状態」とは、生産手段の平等な配分状態ではなく、むしろ、生産性や潜勢的可能性の未知なる成長を促す社会である。搾取のない世界とは、生産の過程において解放的な自由が生成する社会であり、それは労働者が自らの成長的発現を個人的・集合的になしうる社会であると解釈できる。ローマーの立場はこのように、平等よりもむしろ自由の理念に照らして、成長論的に解釈することができる。

以上の検討において私は、階級の消滅、集合的不自由の解消、アバンダンス、および搾取という分析的マルクス主義の中心的諸理念が、成長論的自由主義の観点から批判的に摂取しうることを示した。最後に予期される疑問に答えることによって、成長論的自由主義の理念に正当な位置を与えたい。

5　おわりに

自生化主義の規範理論的側面を表す成長論的自由主義は、人間の潜勢的可能性の開花という観点から、一定の配分原理を要請する。その目的は、自由の未知なる利用を人々に促すことにある。成長論的自由主義の観点からすれば、平等な配分を求める配分原理は、自由を豊穣にするための苗床として要請される。この考え方は、正義の理論に還元されない分析的マルクス主義の貢献、すなわち、階層間移動の流動化としての階級の消滅、生産性上昇に基づく集合的不自由の克服、全能感としてのアバンダンス、未知なる成長を促す理念としての搾取批判、などの理論装置と接合することができる。言い換えれば、分析的マルクス主義の知見は、成長論的自由主義の観点から摂取しうる。

しかしこうした成長論的自由主義の考え方に対して、次のような疑念が生じるかもしれない。すなわちこの理念は、成長可能性のあるところに資本を投下するだけで、貧者を救わず、成長に先立つ生命存在の本源的価値を不当に軽視するのではないかと。次のように答えることができる。人間の潜勢的可能性に対する配慮的関心は、すでに能力を実現させた成功者よりも、実現度の少ない貧者や年少者にこそ向けられなければならない。貧者や年少者たちは、その潜勢的可能性ゆえに祝福されなければならない。成長の概念がもし経済成長率の上昇を求める政策のイメージを与えるとすれば、それは私たちが高度経済成長の終焉とともに、成長という語彙そのものを有意義に用いる術を発達させなかったことの証しである。「経済成長がなければ幸せになることができないのか」と問う者は、同時に、成長の理念をいかに語りうるのかについて考察しなければならない。もしその考察を欠くならば、成長の拒否は、すでに存在を祝福された成功者や支配者たちによる「存在の圧制」を招く危険がある。存在の肯定はしばしば、人々の選好形成における偶有性やバイアス（「酸っぱい葡萄」の拒否）を不可視化する権力をはらんでいる。これに対して成長論的自由主義は、人間が他でありえた可能性に関心を寄せ、さまざまな潜勢的可能性の開花に道を与えようとする。それは存在に対比される所有の礼賛ではなく、未知の潜勢的可能性に対する配慮である。

第十一章　世界変革の方法　マルクス主義論（2）

一八四五年、カール・マルクスは、後に「フォイエルバッハに関する（十一の）テーゼ」と呼ばれる簡単なメモを書いた。このメモは、マルクスの唯物論と変革の論理を端的に示している。L・フォイエルバッハは、ヘーゲルから出発して、独自の唯物論の立場を打ち立てた。これに対してマルクスは、フォイエルバッハと対峙しつつ、自身の唯物論と変革の論理を明らかにした。ではマルクスが打ち立てた論理、そしてマルクス主義によるその継承は、どこが正しく、どこが間違っているのか。本章は、マルクスのフォイエルバッハに関するメモに準じて、成長論的自由主義がマルクス主義をいかに継承するのかを明らかにしたい。

1　マルクス主義に関する十一のテーゼ

テーゼ1　マルクス主義のアプローチ、とりわけ歴史法則主義と呼ばれるアプローチの主要な欠点は、事物や現実や感性が、認識的な理論を媒介として実践を喚起することに集中した結果として、理論的な認識それ自体が規範論的・価値的な性格をもつことを、つとめて問題化しなかったことにある。マルクス主義において、感性的で実践的な行動は、認識的な理論によって導かれる。だがその場合の理論は価値中立的でありながら、革命的実践を喚起するとみなされてきた。ところが当の理論が革命的実践を喚起しなくてもよいとなると、理論の探求は、抽象的な観念遊戯に耽ることになった。

いったい現実の感性的な行動は、いかなる価値理念によって惹起されるのか。マルクス主義の理論的アプローチは、強靱なエネルギーを必要とする実践的行為が、下部構造の矛盾に鼓舞されると理解したものの、それが人間の価値解釈的な営みに大きく依存することを理解しなかった。マルクス主義は、変革のための実践に最大の価値を置きながら、いかなる価値解釈にもとらわれない自由で必然的な実践こそ、純粋に人間的なものと受けとめた。そして彼らは、歴史的必然性という教義のために身を捧げる人々を求めつづけた。彼らは、革命的で実践的・批判的な行動が、どんな価値に導かれるべきか、そのための規範理論的な探求を不当に軽視してきた。

しかしそれは、マルクス主義の長所でもあった。彼らが理解し、理論的に寄与したことは、次の点にある。すなわち、現実の感性的な人間が、思想理念によって喚起される以前に、具体的な労働の場面で、憤懣、不安、絶望、痙攣といった身体的・感性的次元を抱えていること。その様態をアクチュアルに捉え、社会問題化し、分析し、実践を喚起することに、マルクス主義は貢献してきた。人々の感性的な震え――ここでは「感震力」と呼ぼう――を、下部構造から理論的に説明し、社会全体の矛盾を診断していく。そして人々の震えを、もはや震えではないような、豊かな感性へと解放する。そのような解放の理路として、マルクス主義の分析は、多大な寄与をなしてきた。

マルクス主義の理論とは、つまり、人間の行動を喚起する観念や価値理念を、熟慮のうえで主体的に選びとるための道具ではない。むしろ人間がある状況において、あたかも「原罪」として背負わざるをえないような矛盾の重荷を、感震力を通じて表現し、表明し、状況を変革する契機をつかみとること、このことに本義がある。その場合に必要な認識の営みは、具体的な改革のビジョンを豊かに描くことではなく、むしろ、私たちがなぜいまこの苦境を生きざるをえないのか、その苦しみを徹底的に描くことである。そのような描写を通じて、私たちは自身の受苦性を、広い文脈において理解し、普遍化し、解き放つことができるとマルクス主義は考えた。

人間をその受苦性から解放する。あるいは少なくとも、その徹底的な認識的描写を通じて、人間が受苦を受苦として受けとめ、それを高貴な精神力でもって昇華する。そのような精神の陶冶にこそ、マルクス主義の意義がかかっている。

テーゼ2　しかし人々の感震力の具体的内実を説明し、描写するという認識の企ては、それ自体としては、人々を特定の方向に導かない。人々は、マルクス的な認識と実践によって、解放されるかもしれない。だが解放された人間は、どのような価値理念をもって生きるのか。その方向性は明らかにされていない。マルクス主義の解放の企ては、もっぱら現状の批判に徹することで可能になるとして、解放後の実践的方向性は、もはやマルクス主義の課題ではないとみなされてしまうのだろうか。私たちは、どこからどこへ向かうのか。人間の思考は、客観的な真実にいたることができるのか。私たちは、資本主義という重荷を背負わされた苦境から、解放としての人間的真実、あるいは解放としての社会主義的真実（資本主義的矛盾を克服した体制のビジョン）に到達することができるのか。

人間の思考が、客観的な真実に到達できるかどうかという問題は、まだ人間的な真実に到達していない私たちが、それでもなお、人々を総体として救済することができるか、という問題に帰着する。それは、理論的であると同時に、実践的な問いでもある。客観的な真実とは、自身の解放を、人間の総体の解放と重ね合わせることができる場合に現れるような、構想と実践の力でなければならない。私たちは、そのような真実が可能であることを、実践においても理論においても証明しなければならない。そのための思考が、現実的か非現実的かという問題は、あまり意味のある問いではない。人間の思考は、現実的・ユートピア的な要素を、いずれも多く含んでいる。問うべき重要な問題は、私たちが客観的な真実にむけて、いかにして思考と実践を紡ぎ出すことができるかである。

テーゼ3　人間は、認識力を発揮する以前に、身体的な感震力によって、すでに現実を捉えている。その感震力に認識の英知を与え、変革の実践によって人間を解き放つことが、マルクス主義における「理論と実践」の課題とされてきた。けれども、こうした課題の遂行によって、部分的にであれ、内面的にも社会的にも解き放たれた人間は、自身の自生的で内在的な力に導かれて、自身をよりよい存在へと高めていくだろうか。人間は、資本主義から解放されると、おのずと純粋無垢に、よりよい生を紡ぎ出していくだろうか。

人間は内生的な成長の可能性を秘めた存在であり、一定の抑圧から解放されれば、その可能性を喜ばしくも開花させていく──マルクス主義はこのように考えた。けれども、人間の可能性がまさに人間によって不当に理解されていること、そしてまた、可能性を開花させようとする本人がそもそも自身の可能性のすべてに気づいているわけではないことを、マルクス主義は忘れている。この教義は、人間の自己実現という理想を平板に捉える結果、まだ本人にも誰にも知られていないような可能性の芽を、摘んでしまうかもしれない。私たちは自分の潜勢的な可能性について、圧倒的に無知である。

抑圧から解放された人間が、自身の自生的・内生的な力に導かれて、自己のすぐれた可能性を実現する場合、そのような自己の実現は、おのずと限定的にならざるをえない。環境を改変することが人間の行動と合理的に一致するのは、そうした解放による自己実現においてではない。むしろ環境の改変を通じて、まだ知られていない自身の潜勢的可能性を顕在化させていくという、その顕在化の実践に、人は無限の自己を垣間みるからである。潜勢的な可能性の認識とその顕在化の企ては、進化論的に合理的に理解することができる。私たちはたんに、自己の実現を求めているのではない。人類の進化を気遣い、その可能性に自己の無限の可能性を重ね合せながら、自身もまた類的存在であることを、よりよく理解する。

テーゼ4　マルクス主義は、現実の認識に際して、疎外された観念的世界と、疎外された現実的世界の二重化という事実から出発する。あるいは、物象化された観念的世界と、物象化された対象的世界の二重構造という事実から出発する。マルクス主義は、こうした二重化ないし二重構造が、表裏一体であると捉え、疎外された現実的世界（すなわち市場経済を通じた財の配分）と物象化された対象的世界（すなわち存在）を揚棄することが、あらゆる目的にまさる究極の課題であると想定した。

この課題はしかし、どんな社会革命によっても到達不可能な目標であるがゆえに、実践的には次善の目標が、さまざまに掲げられてきた。観念的世界と現実的世界を揚棄ないし融和させる試みは、階級関係を解消させることであると理解され、それは政策的には、所得分配の平等化や、労働者階級の勢力増大を求めるとされた。疎外ないし物象化の機制の解消は、実践的には、階級対立の解消（所得の平等化）と矛盾の揚棄（人間的・価値的な包摂）を目標としてきた。

だが私たちの社会は、依然として、階級対立を温存している。この対立を解消するためには、いかなる実践が必要なのか。例えば、マルクスが想定するように、地上の家族（家父長制を温存した家族関係）が、聖なる家族の秘密（女性の占有関係）として暴かれたとして、ではあらゆる家族形態を解体し、どんな女性も一人の男が占有できないような、その意味で平等な人間関係を理想とすることができるだろうか。類的存在、ないし人類の包摂という価値理念は、人間があらゆる所有欲を捨て去った後に、性的な次元で平等に融和することなのだろうか。

私たちは、批判的に捉えられた現実の人間関係を、いかなる方向に変容させるべきなのか。テーゼ1で述べたように、変革の実践的方向性は、人間の価値解釈的な営みに大きく依存する。その営みは、規範理論的な価値の探求によって、理に適った仕方で導かれなければならない。マルクス主義が怠ってきたのは、この分析である。私たちは、既存の価値を批判するだけでは、包摂的な価値を共有することができない。私たちは価値を解釈し、定立し、構想することによって、客観的真実を探るほかない。

テーゼ5　だがマルクス主義において注目すべきは、特定の価値理念をできるだけ掲げずに、実践者たちの抵抗的情念がもたらす快楽やエロスを、最大限に動員するような道筋を発見したことにある。マルクス主義は、抽象的な規範理論には満足せず、人間の現実的な感性に訴えかける言説を生み出してきた。人間の抑圧された快楽やエロスを活性化し、それを公共的な場面で表現していく。すると人々のあいだに、一定の感情が共有され、育まれていく。まさに人々の感震力を基点として共有された感情が、社会の包摂的価値の前提になっていく。そのような実践の論理をマルクス主義は見据えてきた。マルクス主義は、社会的包摂の理想が、決して理性のみでは到達できないことを知っている。しかし彼らは、そのような実践の論理を、規範理論として練り上げていない。

テーゼ6 マルクス主義は人間の本質を、社会的な諸関係の総体として捉える。だが人間の本質とは、個々の関係性(あるいはコミュニケーション)に内在する抽象物ではない。人間的な本質とは、存在に対比される関係でもなければ、存在そのものでもない。それは存在と関係の二分法を超えて、アリストテレスが理論的に想定していた「問題」の次元、あるいは「潜在」の次元との比較によって、捉えられなければならない。

人間の本質とは、意味でもない。たとえ意味なるものが存在や関係に宿るとしても、人間的本質は意味の次元に回収されはしない。例えばドゥルーズは問題の次元を、センは潜在の次元を、それぞれ探求した。これに対してマルクス主義は、①存在に先立つ関係性(コミュニケーション)に解放の契機を読みこみ、②人間的本質を、関係性(コミュニケーション)として捉え、これを外的で、無媒介で、共振的で、多くの個人を誘惑するような公共性の場において、捉えようとしてきた。このマルクス主義の通念に従えば、無媒介なコミュニケーションの関係から最も遠いところにある機構——あるいはコミュニケーションの関係に暴力や強制力を持ち込む機構——、すなわち国家は、人間的本質の疎外された形態であり、したがって破棄ないし揚棄されなければならない。

だがコミュニケーションは、人間的本質の基底的な部分ではない。外的で無媒介で共振的で誘惑的な空間は、必ずしも人間の本質をあらわにしない。人間的な本質は、問題化による潜勢的次元の開示によって現れる。この考え方に照らして言えば、国家の揚棄という理想は、それ自体としては人間的本質を回復しない。あるいは国家を民主的なコミュニケーションの装置として組み替えたとしても、人間的本質は回復されない。国家はいかなる装置として構成されるべきなのか。この問題に対して、問題と潜在の理念は、別様にアプローチする。(1)

テーゼ7　テーゼ5でみたように、マルクス主義は、人々のあいだに共有された感情が育まれていくことを重視した。しかしその共有された感情は、どこまで階級に縛られたものなのか、どこまで普遍的な正当性の要求に結びつくのか。このような問題について、マルクス主義は探求を拒むところがある。価値の問題については、価値の転覆だとか、敗者の浮上（勝者の没落）といった、勢力の論理で応じるようなところがある。こうした価値の問題を、「勝者も敗者もこのルールに従うべき」のように、理論的に正当化したり普遍化したりするならば、そうした価値の議論は、マルクス主義にとって真に革命的なアプローチとは言えない。なぜなら価値をめぐる規範理論は、階級に縛られない正当化言説を社会に与えるからである。

マルクス主義は、いかなるイデオロギーが望ましいかという価値の議論を避け、自らはイデオロギーから自由な中立的認識の観点を維持し、来るべき無階級社会における価値理念を白紙にしておこうとする。白紙にしておけば、自らをつねに前衛として、高度に実践的な存在として位置づけることができるからである。ところがそのような価値超越的立場を固持すれば、規範理論的にみて、価値言語を操ることのできない素朴な立場を表明することにもなる。現実には特定の価値的主張を、稚拙なかたちで採用してしまうことにもなる。

テーゼ8　マルクス主義にとって、人間的本質とは、関係性であり、それはコミュニケーションの実践によって、社会的に共有された感情の基盤を育むものとみなされる。理論や価値理念は、そのための抽象的な道具であり、もし理論が社会的に共有された感情を記述したり喚起したりする機能を失うならば、理論はおしなべて浮遊し、神秘的になり、人々を惑わせることになる。そのような遊離を防ぐために、マルクス主義は、理論に対する実践の優位を提唱してきた。つまり、理論の取捨選択を、実践を導く力によって判断しようとしてきた。これはすなわち、プラグマティズムの発想である。

マルクス主義は加えて、実践が、物神崇拝的な形態をとることにも批判的であった。人々のあいだで社会的に共有された感情が、いかにして合理的に編成されうるのか。それは私たちの感情が盲目的になることを避ける場合であり、物神崇拝の陥穽を解消できる場合である。例えば、貨幣や権威に対する人々の物神崇拝的な感情を、揚棄する。具体的には、貨幣と国家の両方を破棄する。そのような変革の実践こそ、マルクス主義は、啓蒙の新たな段階を導くと考えた。

ところが、人間が生み出した神秘的なものをすべて除去しようとするマルクス主義の企ては、人間の本質を見誤っている。とりわけ、貨幣を物神崇拝の対象とみなし、これを廃棄することが合理的であるとみなす理路は、人間社会が文明として進化するための理路を見誤っている。人間の本質は、物象化以前の基底的な関係性にあるのではない。むしろ人間の本質は、問題化によって顕在するところの潜勢的可能性にある。私たちはその意味を十全に把握しなければならない。

テーゼ9　価値に関する討議を括弧に入れて、もっぱら歴史的な傾向性と現状分析に思考を費やすような唯物論研究は、たとえそれが人々の感性を刺激して変革の実践を促すとしても、人々が価値の諸理念を豊かに解釈し、自らすぐれた価値を陶冶するように仕向けることはできない。もっぱら実践的な行動を喚起するための理論は、ビタミン剤にすぎない。それはたんなるビタミン剤として、市民社会における個人を活性化するにとどまるだろう。

人々が互いに人間的に承認されるような市民社会の理想を超えて、マルクス主義が描くことのできる実践とは何か。それは人々が、市民社会の根源的な欠陥を暴き、問題化し、既存の政体の根源的な暴力性をあらわにする営みにある。そのような批判の実践において、マルクス主義が目指すべき規範理論は、体制の正当化言説ないし正当化実践に対する根源的批判を通じて、あらゆる承認の関係を問題化し、人間存在の野性と潜在的可能性を爆発的に開花させるような、新たな体制の構想を展望するものでなければならない。

テーゼ10　マルクス主義はこれまで、資本主義を超える新たな体制の理想とその実現が、歴史法則主義的な傾向論によって、あたかも必然的に担保されるかのようにみなしてきた。そのために、どんな社会が望ましいかという規範的問題は、ほとんど正面から議論されることがなかった。しかし歴史法則主義的な思考が退位した現在、マルクス主義の新しい立脚点は、改めて定位されなければならない。その立脚点は、およそ二つありうる。

一つは、人間的な社会の世界化、あるいは、人類全体の社会化された理想を展望するものである。すなわち、あらゆる人間が一つの連帯理念のもとに包摂され、そのなかで共同性と承認関係の両方を満たしていくような社会である。これを包摂主義社会と呼ぶことができる。しかし包摂主義の社会は、現実には、市民社会の論理に福祉国家の保障を加えたものであり、それは例えば、日本の高度経済成長期を支えた、護送船団方式と呼ばれる官庁主導の体制を、根底から否定するものではない。

もう一つの立脚点は、あらゆる市民社会的な関係性を否定し、あらゆる包摂的な価値を否定する革命の実践である。それは言い換えれば、存在に対する潜勢的可能性の優位の表明であり、野性的思考の爆発的な発現であり、権利に守られた安寧の拒否であり、あるいは、人類の進化と個体の変容の促進である。この後者の立脚点は、人間的な社会だとか、社会化された人類といった理想を、あえて拒否する。人間は、人間的であると同時に野性的でなければならず、人類は、社会化されると同時に、社会化されない次元においても、自らの潜勢的可能性を開示しなければならない。そこにおいては、存在よりも潜勢的可能性の次元に関心が向かう。

テーゼ11　これまでマルクス主義の思想家たちは、資本主義の歴史を分析し、社会主義の可能性を探ってきた。彼らは、問題が「世界を変えること」であると十分に承知していたので、この数十年のあいだの思想史が、自分たちの敗北の歴史であることもまた理解している。けれどもマルクス主義の意義は、決して衰えていない。というのも問題は、やはり、世界を変えることだからである。

人間には感震力がある。現状に対して、憤懣や不安や絶望や痙攣を感じる感受性がある。その感震力を初発の基点として、自身の潜勢的可能性を開花させるためには、自身を意図的に変えるよりも、まず、手探りで世界を変えるという実践がなければならない。というのも世界を変える実践は、自身を変えるための最も振り幅のある方法であり、また潜在的には、自身とは世界にほかならないからである。

この世界を、まるごと認識するのみならず、まるごと変革する。その企ては、人間が「覚者」として生きるための条件でもある。自身と世界の潜在的次元に気づき、自身の埋もれた次元を覚醒する。そのためには、存在の秩序がいったん崩壊して、あらゆる潜勢的可能性が問題化されなければならない。そのような破滅的なプログラムを内に秘めつつ、言い換えれば、方法としてのアナキズムを携えつつ、新たな体制をたくましく構想する必要がある。

2 おわりに

以上、自生化主義の規範理論的側面である成長論的自由主義の観点から、マルクス主義を継承する方法を論じた。マルクス主義は、人々の感震力を理論的に説明し、社会の矛盾を診断し、そこから未知の積極的自由を展望する。マルクス主義は、たんなる社会認識の方法ではなく、世界変革の方法を規範理論や実践哲学において示している。成長論的自由主義は、そのようなマルクス主義の方法を批判的に摂取する。疎外から解放された人間は、おのずと真実(人間的本質)を実現するわけではない。また弁証法的な揚棄の運動によって真実を実現するともかぎらない。人間の本質は、関係性やコミュニケーションによって十分に把握されるものではない。人間の本質は、まだ把握されていない潜勢的可能性にもある。潜勢的可能性は、いかにして発現するのか。成長論的自由主義はこのような関心から、マルクス主義を発展的に継承する。

第十二章　自己解釈の動態　コミュニタリアニズム論

二〇一〇年にM・サンデルの「ハーバード白熱教室」が日本のテレビで放映されると、日本におけるコミュニタリアニズムの研究は、にわかに広がりをみせた。中野剛充《たかみつ》の研究[1]は、その先駆的な業績であり、その後、小林正弥／菊池理夫編『コミュニタリアニズムのフロンティア』や菊池理夫／小林正弥編『コミュニタリアニズムの世界』の刊行によって、日本のコミュニタリアニズム研究は一応の到達点を示したように思う[2]。

これらの研究によって、しだいに明らかになったことが一つある。すなわちリベラル・コミュニタリアン論争において、自由主義に対する対抗軸を打ち出してきたコミュニタリアニズムの思想は、自由主義と両立するということである。コミュニタリアニズムにとって自由主義は不可欠であり、自由主義にとってもコミュニタリアニズムは捨てがたい。このような相互補完の関係は、同論争の一応の終着点と言えるかもしれない。むろん、コミュニタリアニズムの独自の意義を探ることは有益である。以下では、リベラル・コミュニタリアン論争の核心を押さえつつ、同思想の新たな可能性を展望する。そしてその可能性は、同時に成長論的自由主義の可能性でもあることを明らかにしたい。

1　意義深いコミュニタリアニズムとは

ロールズ以降の自由主義は、諸々の社会政策を正当化する際に、相互に拮抗する価値判断の妥協点を探るのではなく、公正としての正義に基づく合意に訴えてきた。もちろん、すべての基底的判断基準を公正としての正義に求めることはできない。コミュニタリアニズムに従えば、自由主義が提案する諸政策を正当化するためには、私たちの「善き生」に対する価値判断も含まれるはずであり、また共通善に対する私たちの理解を育まなければ、その正当性は強固にならない。

例えば、所得の再分配政策について考えてみよう。最も恵まれない人々に最大の利益をもたらすべきであるというロールズの分配原理（格差原理）は、合理的に判断することのできる人々のあいだで成立する合意に基づいて、これを正義の観点から正当化する。ところがこの同じ所得再分配政策は、恵まれない人々に対する慈愛や救済といった共通善の観点からも正当化することができる。所得の再分配政策は、いずれの思想によっても正当化できる。しかも両者による正当化論の違いは、実際の分配率に差をもたらすわけではない。コミュニタリアニズムのほうが自由主義よりも分配率を上げるわけではない。両思想はそれぞれの仕方で、同じ政策を擁護することができる。

より詳しくみると、所得の再分配政策に対するリベラルな正当化は、理論的かつ厳密な仕方で構成されるものの、それ自体としては、実効的にゆるぎない基盤を与えるわけではない。実践的な正当化においては、人々の集合的アイデンティティの感情が動員されなければならない。他方で、同政策に対するコミュニタリアン的な共通善による正当化は、人々の共同体的アイデンティティを育むがゆえに、実際の運営において強固な基盤を与えると期待できるが、共通善に対する意見が食い違う場合には、諸価値の闘争状態が生まれ、社会の基盤が掘り崩される危険性をあわせもつ。コミュニタリアニズムは、いわば諸刃の剣である。それは、所得再分配政策の実践的な正当性を強化すると同時に、社会の正統性を危険にさらす。

こうした状況を、私たちは、自由主義とコミュニタリアニズムのカップリングとして捉えることができる。所得再分配のリベラルな正当化は、共通善によるアイデンティティの備給によって強固なものへと補完しうるが、その補完が価値の闘争をもたらす場合は、その闘争を調停すべく、高次のリベラルな原理によって再び正当化される必要がある。逆に、所得分配のコミュニタリアン的正当化は、その説得性をリベラルな原理によって補完できるが、それが実践において堅固になるためには、リベラルな原理を包摂する高次の共通善によって、再び正当化しなければならない。

このように、自由主義とコミュニタリアニズムが互いに補い合う事態は、一歩引いて冷静に捉えると、両思想の融合形態を示唆している。例えばサンデルのように、共通善を擁護する際、多数派の見解とは異なる共通善を擁護しつつ、多数派が望む共通善に対しては、これに抗する「個人的権利の優位性」を認めるというスタンス(3)は、リベラル・コミュニタリアニズムと呼ぶにふさわしい。自由主義とコミュニタリアニズムの言い分を等しく認めるならば、私たちは両陣営の相互補完によって、最適な思想形態を模索できるように思われる。

むろん、このような融合にもさまざまなバリエーションがあり、そのなかで真に骨のある思想原理をみつけることは難しい。コミュニタリアニズムは一般に、存在論や方法論において温和な全体論を採る点で、自由主義と区別される。またコミュニタリアニズムは、規範的には個人主義と集合主義のあいだで、やや集合主義的な立場をとり、また卓越主義(人格の陶冶)を志向する点で、規範的個人主義と物質主義(非卓越主義)を志向する自由主義とは区別される。(4)これらの違いは一見すると大きいが、両思想の内部における多様性に目を向けるなら、さほど大きいとはいえない。コミュニタリアニズムは所得再分配政策において、規範的個人主義に基づくベーシック・インカム制度の導入に反対し、むしろ弓道や剣道などのスポーツにおいて人格を陶冶するための、実質的な機会や制度を再分配すべき基本財として求めるかもしれない。けれどもそのような提案は、卓越主義的な自由主義によっても正当化することができる(次章参照)。基本財の構成要素を、生の完成や強い自尊心の提供を含めて理解することは、リベラルな立場からも提言できる。あるいはまた、コミュニタリアニズムの立場からも、ベーシック・インカムを支持する見解もみられる。(5)こうした状況を踏まえると、問題は、自由主義とコミュニタリアニズムのあいだの違いではなく、両陣営の多様性のなかで、どの自由主義、ないしどのコミュニタリアニズムを意義深いと理解するのかにある。以下では、どのようなコミュニタリアニズムを意義深いものとして理解するか、という点に問題を絞りたい。

2　コミュニタリアニズムの独創性

コミュニタリアニズムのなかには、近代以前の伝統的共同体を理想視するタイプもあるが、多くのコミュニタリアンは近代を擁護してきた。C・テイラーが示したように、近代においては、超越論的な主体を中核に据える政治思想とは別に、「表現主義」や「ほんもの（オーセンティシティ）」など、さまざまな要素が近代人の人格を形成してきた。[6] コミュニタリアニズムは、近代の超越論的主体に抗して、近代の別様の倫理性を称揚する。むろん、そのような倫理的自我の諸源泉は、それ自体としてはこの思想に新しい理論や政策論をもたらすわけではない。理論的・政策論的にみて私が意義深いと思うのは、コミュニタリアニズムの「第三の道」的な発想である。例えば、夫婦別姓の問題に対して、ある種のコミュニタリアニズムは、伝統的な仕方で夫婦同姓を擁護するのではなく、また進歩的な仕方で別姓を擁護するのでもなく、「夫婦は婚姻に際して共通の新姓を創設しうる」と提案するだろう。[7] また、出生前診断については、子どもを選択する自由を認めるリベラルと、それを認めない伝統主義のあいだにあって、コミュニタリアニズムはこの診断を認めつつも、障害をもって生まれた人々を真に尊重するような制度を確立しようとするだろう。[8] このようにコミュニタリアニズムは、選択の自由と共通善（絆や弱者救済）の両方を重視する「第三の道」的な発想をする。この他にも、これは仮想例にすぎないが、義務教育の現場で国歌斉唱（共通善）を強制することができるかという問題に対しては、コミュニタリアニズムは、そもそも国歌の中身を民主的に決定する立法過程を確立して国歌をいつでも変更できるような制度のもとでは、国歌斉唱を正当な仕方で強制できるとみなすかもしれない。コミュニタリアニズムは、たんにリベラリズムと全体主義（ないしコミュニズム）の中間に位置する妥協的思想ではなく、独創的な仕方で第三の政策を提案する点に、思想的意義をもっている。

コミュニタリアニズムの意義を捉えるもう一つの視点として、自己解釈的存在をめぐる議論がある。サンデルがロールズ批判において中核に据えた「自己解釈的存在」の理念は、テイラーが近代人のもう一つの源泉として理解したものであり、それはたんに、ある包括宗教や伝統社会などの価値体系のなかで意義ある人生を与えられる存在ではなく、自主的な自己解釈活動を通じて孤独と無気力を脱し、人格的な関係のなかで「善き生」を育むことができる存在とされる。そのような共同志向の存在は、あらかじめ与えられた価値に包摂されることを望むのではなく、むしろ、解釈に値する価値の多様性と不特定性のなかで、生きるに値する善き生を見出すことになる。例えばテイラーによれば、「自分にとってほんものの生き方は何か」という問いへの応答は、あらかじめ存在する外部の共通善を通じて与えられるのではなく、その主体の解釈実践を通じて形づくられるのであり、解釈実践それ自体が善き生を可能にする。たとえその背後に共通善を体系化した宗教が想定される場合にも、宗教はコミュニタリアニズムの独創性にとって必然的ではない。自己解釈活動を中核に据える「解釈活動型のコミュニタリアニズム」は、共通善の中身を括弧に入れる限定的な企てであり、共通善を体系化した倫理・宗教（包摂型のコミュニタリアニズム）とは別の意義をもつ。それは一方では、安易な信条倫理に基づく共同体活動を認めず、当事者に自己解釈責任を求めると同時に、他方では、自己解釈の末にコミュニティを離脱する自由を認めうる。こうした結果の偶有性すらも、コミュニタリアニズムは共通善の豊かな資源とする点で、独自の哲学を宿している。解釈活動型のコミュニタリアニズムは、社会政策においては、実体化された共通善を求めるというよりも、人々がさまざまな公共空間においてさまざまな語り《スピーチ》をすることや、郷土史や家族史などの編纂作業を求めるだろう。

以上の二つの要素、すなわち「第三の道型」と「解釈活動型」を組み合わせたところに、現代コミュニタリアニズムの意義深い特徴がある（表12-1を参照）。第一の要素を欠くとき、コミュニタリアニズムは凡庸な折衷思想となり、第二の要素を欠くとき、それは共通善の誇大な体系となる。今後コミュニタリアニズムの内部で、この第三の道型の発想がもちうるバリエーションを検討することは有意義である。コミュニタリアニズムは「共通善」なるものを、選択肢の一つとして認める制度を求めるのか、新たに創設すべき価値として求めるのか、民主的手続きによって採用す

表12-1　意義深いコミュニタリアニズムの位置

	伝統主義（共同体）	「第三の道」的発想	進歩主義（市民派）
原子論（アトミズム）	排除された主体 マイノリティ	市場機能の再発見 （福祉多元主義）	主体の合意に基づく合理的制度の構築
解釈活動（人格的関係性に基づくエンパワメント）	伝統社会における祝祭の空間	意義深いコミュニタリアニズム（その独創性）	アソシエーションの形成
包摂する／される関係に基づく共同社会の実体化	伝統的共同体主義	家産制国家	生の脆弱性への合理的配慮（福祉社会）

べき価値として求めるのか。こうした検討から、どのコミュニタリアニズム政策が望ましいのかを争うことができよう。

もう一つの論点として、しばしばコミュニタリアニズムは、「状況に位置づけられた自我（situated self）」の意義を強調するが、「第三の道」的な発想において、そのような自我は必ずしも中核的な基礎をなすわけではない。解釈活動の主体たる自我について、コミュニタリアニズムはもっと複雑な理解をしているはずである。またその解釈活動のあり方にもバリエーションがあるはずである。節を改めて検討したい。

3　解釈活動の優位

コミュニタリアニズムは、従来の「自発的結社（ゼクテ＝アソシエーション）」対「国家（強制加入の暴力装置、アンシュタルト）」という二項軸を超えて、「地域の自治会」や「家族」に注目しつつ、倫理の諸源泉を明らかにしてきた。コミュニティには、基礎的で運命をともにする「家族」、派生的で自発的に形成ないし解体される「結社」、あるいは想像的に共有される「ネイション」など、さまざまな種類がある。コミュニタリアニズムは共通善の源泉が、自発的に紐帯を結ぶことのできる自我にあるのではなく、状況に位置づけられているがゆえに、一定の負荷をすでに負った自我にあると指摘した。しかし「状況に位置づけられた自我」は、その文脈拘束性によってのみ倫理の源泉を得るのではない。例えば自治

表12-2　家族と自治会の特徴

	その都度の創設	既存のものへの所属
移動（退出）しやすい	サークル等	自治会
解消は容易ではない	家族	家制度等

会は、人がある場所に暮らせば、なかば強制的に所属させられるという意味で文脈拘束的であるが、人々は転居を通じてその拘束性から逃れることができる。あるいは家族は、それがいったん形成されれば文脈拘束的であるとしても、形成する行為それ自体は主体を新しい文脈に位置づける解釈実践を含んでいる。自治会は多くの場合、人々が既存のコミュニティへ帰属することを要請するもの、選択と移動の可能性があるという点では運命的なものではない。また家族はその創設において自由な意志に基づく一方、解消することが容易ではないという点で文脈拘束的である（表12-2を参照）。自治会と家族はそれぞれ異なる文脈拘束性をもつが、いずれもたんなる運命共同体にも自発的結社にも解消されないコミュニティであり、それに固有の性質から倫理的源泉を宿している。

しばしばコミュニタリアニズムは、基礎的な集団が個人を文脈に拘束するものであると捉え、そのようなコミュニティを自由なアソシエーションと区別して称揚するが、家族や自治会は、必ずしも文脈拘束的ではない。基礎集団に所属する自我は、状況に位置づけられた自我であると同時に、自らを状況に位置づける自我（situating self）でもあり、また、その位置を変更する自我（transferring self）でもありうる。コミュニタリアニズムは基礎的な倫理性の源泉として、こうした「位置づける自我」や「位置を変更する自我」をすでに要請しているはずである。「位置づけられる」ことと「位置づける」ことは、倫理的自我の弁証法をなしている。このように解釈すると、コミュニタリアニズムにおいては「位置づけられた自我」よりも「解釈活動をする自我」のほうが、基底的かつ優先的に扱われるべき理由をもつ。

解釈活動の優位は、ある文脈がすでにもっている深い価値を共通善としてわがものとすることよりも、さまざまな断絶を含む文脈のなかで、解釈活動を営む過程それ自体に共通善が宿ることを示唆している。共通善とはこの場合、解釈活動を通じた生のエンパワメント（無気力な孤立人の克服）

であり、自らの潜勢的可能性に気づくことである。それは孤立した人間の覚醒ではなく、人々のつながりのなかで育まれた潜勢的可能性の覚醒である。解釈活動を通じた潜勢的可能性の覚醒は、成長論的自由主義の人間的基礎を与えることにもなる。コミュニタリアニズムは、このような自我の位置づけをめぐる受動と能動の弁証法を可能にする基礎集団のうちに、コミュニティの倫理的源泉を見出すことができる。

このような理解は、また、コミュニタリアニズムの国家観にも重要な示唆を与える。誤解も多いが、コミュニタリアニズムはたんにナショナリズムを称揚する思想ではない。コミュニタリアニズムの国家観に独創性があるとすれば、それは国家をあたかも自治体や家族のような基礎集団（ただし運命的なものではない）であると捉え、そこにおいて「位置づけられた自我」と「位置づける自我」の弁証法がみられる場合に倫理的な母体たりうる、と発想する点にあるのではないか。

このような発想が意義をもつのは、とりわけ移民やその他のマイノリティの観点から、国家の倫理的正当性を考える場合である。移民やその他のマイノリティにとって、国家は強制所属のアンシュタルトではなく、離脱可能なコミュニティでありうる。国家は自身を運命的に位置づける文脈とはいえない。にもかかわらず、移民その他のマイノリティは、自らの解釈活動を通じて、国家のなかに自身の倫理的源泉を見出すことができる。そしてこの考え方は、マジョリティ（多数派）にも拡張することができる。国家は、マジョリティにとっても、自身を運命的に位置づける文脈とはいえない。コミュニタリアニズムはこのように、倫理国家の正当性を、運命的ではない基礎集団の共同性から導き出すところに、意義深い貢献をなしている。コミュニタリアニズムを別様に理解することもできるが、ならばどのバージョンが意義深いのか、その内実をめぐって議論をつづけなければならない。

4　おわりに

以上、コミュニタリアニズムの意義を検討してきた。意義深いコミュニタリアニズムは、一見すると対立するようにみえる二つの理念を独創的に両立させる「第三の道」的な政策を提案する。自治会や家族のような共同体において、「位置づけられた自我」と「位置づける自我」の弁証法的な動態を展望する。自己はある特定の文脈に位置づけられるとしても、自己を把握するためには、自己解釈の責任を引き受けなければならない。するとその自己解釈は、文脈と自己のあいだに動態的な関係をもたらすだろう。この考え方は、自由な社会において、まだ知られていない潜勢的可能性としての善を、人々が探求する営みを促進する。自生化主義の規範理論的な側面をなす成長論的自由主義は、このような仕方でコミュニタリアニズムの思想を継承することができる。

第十三章　未知の自由のために　卓越主義論

現代の自由主義には、中立型と卓越型がある。中立型の自由主義は、さまざまな価値の要求が拮抗するなかで、どの価値に対しても中立的で選択の自由に開かれた社会が望ましいと考える。これに対して卓越型の自由主義は、さまざまな価値の要求が拮抗するなかで、誰もが強い自尊心をもちうる社会を構築すべきだと考える。強い自尊心は、それ自体が人間を自由にすると期待されるからである。成長論的自由主義は、人格の成長を掲げる点で、卓越主義的である。では成長論的自由主義とは、どんな卓越を求める思想なのか。

強い自尊心は、次の三つの自由のいずれかと結びつく。（1）自己指導性としての自律に基づく価値選択（啓発教化型）、（2）既存のすぐれた価値の実現（既知実現型）、（3）既存の基準によっては捉えることが難しい価値の追求（未知挑戦型）、である。結論を先取りすれば、成長論的自由主義は、とりわけ（3）を追求する。

（1）の啓発教化型の自由主義は、各人がどんな価値であれ主体的に選ぶことに意義があると考える。政府はそのために、各人の主体化を支援すべきだと考える。（2）の既知実現型の自由主義は、各人が既存の価値のなかから、自らの理想を選びとって実現することに意義があると考える。ある人が自らの理想的価値を追求したい場合、政府はできるだけその機会を提供すべきだと考える。これに対して、（3）の未知挑戦型の自由主義は、人々が未知の理想を探求することに固有の意義があると考える。ある人が未知の理想を探求したい場合、政府はできるだけその機会を提供すべきだと考える。なぜ政府はそのような支援をすべきなのかと言えば、未知の価値の探求は、多くの人々の潜勢的可能性を刺激するからである。成長論的自由主義は、未知の自由のために、新たなタイプの卓越主義が必要であると考える。

現代の卓越的自由主義を代表する論客の一人に、M・クレーマーがいる。[1] クレーマーは、自由主義を「中立型」と「卓越型」に分け、さらに後者を「啓発教化型（edificatory）」と「願望型（aspirational）」に分けて、「願望型」の卓越的自由主義を擁護した。しかし私の考えでは、クレーマーのいう「願望型」は、（2）の「既知実現型」と（3）の「未知挑戦型」に分けることができる。以下では、まずクレーマーの議論に依拠して、なぜ中立型ではなく卓越型の自由主義が要請されるのかを明らかにする。そして卓越型のなかでも、なぜ未知挑戦型が要請されるのかを論じたい。

その前に、卓越主義の概念を整理しよう。最も強い意味での卓越主義は、すべての人が、人類の成し遂げた最大の優秀さをあらゆる面で発揮すべきだと要請する。しかしこれは不可能な要求である。これに対して最も弱い意味での卓越主義は、人格のある一面においてであれ、たんなる最小限の承認（弱い自尊心）を超えた、評価的な自尊心（強い自尊心）を獲得したいという人がいるなら、政府はその人の自尊心の形成を支援すべきであると要請する。本章で想定する卓越主義は、さしあたってこの最小限の卓越主義であるが、これに加えて、評価的な自尊心を獲得したいかどうか分からない人にも、政府は試行錯誤する機会を与えることができると考える。また、かりに私たちが最小限の卓越機会を政府に求めないとしても、私たちは何らかの卓越的価値を獲得した他者から、ポジティブな影響を受けることがある。私たちは、卓越した他者に啓発されたり、憧れたり、恩恵を受けたり、あるいはその卓越をあたかも自分の価値であるかのように享受したりすることがある。私たちは、他者の卓越から一般的な利益を得ると想定する。以上のような想定はあまり無理のないものと思われるので、このような「最小限＋アルファ」の卓越主義を、ここでは「現実的な卓越主義」と呼びたい。ここで現実的というのは、私たちの政府がすでにそのような機会を提供しているからである。

現実的な卓越主義は、最小限の善＝卓越を、より多くの面で、より高い評価を求めて、より大きな影響を求めて、という具合に、限りなくその要求水準を上げていく可能性がある。現実的な卓越主義は、それゆえ思想としては、すでに論争的である。その要求に制約と方向性を与えるためには、自由の概念が必要である。けれども自由をどのように理解するかによって、現実的な卓越主義の理念は異なる幅をもつ。およそ以上のように概念を整理したうえで、本論に進みたい。

1　ロールズ理論の卓越主義的解釈

現代の卓越的自由主義をめぐって、議論の一つの出発点となるのは、J・ロールズの自由主義である。ロールズは、公正としての正義を基底とする自由主義の規範理論を展開した。しかしロールズは、卓越的価値をめぐって曖昧な立場をとった。J・クォンはその曖昧さを解消するために、ロールズの思想を中立的な観点から体系的に再構成しようと企てた(2)。しかしクレーマーによれば、ロールズの自由主義を卓越主義の観点から再構成する余地は残されている。以下ではクレーマーに依拠しつつ、ロールズの自由主義を卓越主義的に組み替える理路を明らかにしたい。

ロールズは当初、自尊心を「社会的基本財」とみなしたが、後にこの見解を修正して、自尊心の「社会的基礎」のみが基本財の客観的性質をもつ（したがって再分配の対象になる）とした(3)。では、自尊心そのものは、自然な基本財なのかと言えば、ロールズは何も述べていないものの、クレーマーによればそのようにみなすことができるという(4)。ロールズの定義によれば、自然な基本財とは、健康、活力、知能、想像力などである。自尊心もまた、こうした基本財と同様に分配不可能な性質をもっていると考えられる。社会的に再分配の対象となるのは、自尊心の社会的基礎である。では自尊心の社会的基礎たる社会的基本財とは何かと言えば、例えば、所得や富を得る「資格（entitlement）」である。所得や富は、それ自体としては社会的基本財とは言えない。これらがありすぎると自分の人生の目的を達成できないという人もいる(5)。自尊心の社会的基礎を提供するのは、所得や富を得るための資格である。この他、選挙権、被選挙権、公共施設・公共サービスを利用する資格、競技大会、環境保全なども社会的基本財に含まれる。

人々はさらに、最低限の自尊心だけでなく、厚みのある（より強い）自尊心を獲得するための社会的基礎にも関心をもっている。より強い自尊心を得るために、その基礎となる社会的基本財の再分配を望んでいる。以下に示すように、ロールズの理論は強い自尊心の社会的基盤の再分配を可能にする。ロールズは、次のように述べる。

公正としての正義はまた、純粋科学——例えば数学や理論物理学——、哲学、絵画や音楽などの芸術に対して、その研究や実践が思考や想像、感情の優れた部分を実現するという理由だけで、社会が大きな公的資源を割り当てるべきかどうかを問題にする。このような見解は正しいが、しかし、政治的な価値観に言及することで、公的資金を使った支援を正当化する方がはるかによい。芸術や文化、科学への公的支援、博物館や公演への資金提供は、社会が自分自身とその歴史を認識し、その政治的伝統を認識するために、確かに公共の政治文化にとって不可欠である。しかし、数学や科学の発展のための社会的産物の大部分は、公衆衛生や環境保全、あるいは（正当な）国防の必要性に期待される利益によって、一般市民の利益を促進するという根拠を必要としている。(6)

ここでロールズは、科学や芸術に対する補助金を、たんに政治的自由主義の観点から擁護するのではなく、「政治的価値観の認識」と「一般市民の利益」の二つの観点から擁護している。すると、美しい自然を保護するための環境保全は、ロールズの理論においては、それが人々の一般的な利益に適うという理由で正当化することができる。ここで一般的な利益とは、さまざまな厚生の総称であり、そこには人々が自然の存在とその鑑賞を通じて強い自尊心の基礎を得ることの利益も含まれている。このように解釈すると、ロールズの理論は、たんなる政治的自由主義の要求を超えて、卓越的自由主義の方向に開かれているとみることができる。

ロールズの理論を卓越主義的に解釈するもう一つの理路は、自律という卓越的価値を社会的基本財の不可欠の要素とみなすことである。自律という価値には、すでに卓越主義の要素がある。古典的な自由主義においては、政府が人々の自律を支援するための介入は認められない。これに対してJ・S・ミルやJ・ラズなどは、自律のための政府介入を認める自由論を展開している。この立場は、自律を育むための教育、アルコール中毒患者への自律支援、自律的な出産計画の支援などの政府介入を認める。

ロールズのいう基本財は、「すべての合理的人間が望むと推定されるもの」であり、通常、「その人の合理的な人生設計に関係なく用いられる」ものでなければならないとされる。(7) この定義に照らすと、ロールズのいう基本財には自律を支援するサービスは含まれていないが、(8) しかし自律のためのサービスは、すでにロールズの基本財に含まれているると解釈することもできる。J・ウォルドロンが指摘するように、自律性の達成は、西洋近代社会の社会経済的・政治的環境においてとくに重要であるだけでなく、どの社会においても、あるいは誰にとっても、十分によい人生のための構成要素として不可欠であるとみなすことができる。あるいはこの主張を少し弱めて、現代の西洋諸国の社会経済的・政治的なスタイルに概ね沿った社会においては、自律は、きわめて強固な基本財の地位を有していると主張することができる。このように捉えると、自律支援のための政府介入を求める卓越的自由主義は、実質的にはすでに、ロールズの理論とその政策的含意に含まれている。ロールズの自由主義は、それがもし自律を基本財の一部とみなす場合には、卓越的な自由主義と両立する。

むろん原理的には、ロールズの理論を中立主義的に解釈して、自律のための介入を拒否することもできる。ところが実際の場面で中立的な自由主義の立場を貫こうとすると、義務教育を超える教育機関への公的支援は正当化されず、義務教育の内容を超える書籍を公共の図書館に配架することも正当化しえない。このような公共サービスは、人々が市民として有効な政治的意見を形成するために必要な基本財であると言われるかもしれないが、もしそうだとすれば、政治的意見を形成するための基本財は、すでに義務教育を超えた卓越的な知的訓練を前提としているのであり、卓越への機会を含んだ基本財の提供を前提としているとみるべきである。

2　自尊心の問題

このように、ロールズの理論は、実際には強い自尊心を獲得する機会を社会的基本財とみなす考え方と両立する。ところがロールズは、自尊心を正義の説明が関心をもつべき「主要な基本財」の一つであるとしながらも、曖昧な考察しか残さなかった。[9]ロールズは『正義論』で、自尊心を「self-worth（品格）」と「self-confidence（自信）」という二つの面から規定する。[10]その一方で、「self-respect（承認＝弱い自尊心）」と「self-esteem（強い自尊心）」を互換的に用いているという印象を与える。しかしself-respectは、人格に対する強い評価を含まない承認（recognition）であるのに対して、self-esteemは、人間の資質に対する強い評価（appraisal）を含んでいる。[11]後者の自尊心は、達成、野心、才能、献身（忠誠）、魅力、などに対する評価でもある。E・ブレイクは、ロールズのいうself-respectが、前者の承認タイプとして最もよく理解できるというが、[12]D・ミラーが論じるように、自尊心は可変量《スカラー》的な性質をもっており、承認タイプの自尊心と評価タイプの自尊心を明確に区別することは難しい。[13]

ベーシックな社会的承認には、すでに「強い自尊心」を獲得する機会が含まれている。例えば、私たちが政治的な市民として有効な意見を形成したり表明したりする機会は、社会的な基本財であるといえるが、この機会を十分に利用する人は、すでに評価的な自尊心を獲得する機会に恵まれる。また、公立図書館に義務教育を超える内容の本を配架すれば、それを利用して卓越した能力を育む人が生まれる。あるいは環境保全の観点から国立公園を整備すれば、その自然美を通じて強い自尊心を獲得する人が生まれる。このように、承認のための社会的基本財の提供と強い自尊心の形成は、政策上、切り離せない関係にある。

また強い自尊心は、次のような観点からも、ロールズの理論に組み入れられていると解釈できる。人々が強い自尊心を求める背景には、自尊心を深く傷つけられたとか、他者の優越に対して嫉妬心を抱くといった事情があるかもしれない。ロールズは、私たちが秩序だった社会の構想を考える際に、嫉妬や妬みの感情をもってはならないとし、もし基本財の配分と分配が平等であれば嫉妬や妬みは生じないと考えた。この考え方は、強い自尊心の毀損《きそん》を防ぐ社会を望ましいとみなす点で、すでに強い自尊心を基本財に組み込んでいると解釈することができる。

ここで問題は、すべての人が強い自尊心を獲得すべきかどうかではない。もし弱い意味での自尊心（承認タイプ）の社会的基盤を政府が提供すべきであるとすれば、それは理論的にも実践的にも、強い意味での自尊心（評価タイプ）を得る機会を提供せざるをえない、ということである。ただこの程度の強い自尊心であれば、政府が積極的に促進しているわけではないので、認めてもかまわないという立場もありうる。これは非促進的な卓越主義の立場である。

しかし私たちはロールズを超えて、さらに積極的な卓越的自由主義へ向かうことができる。ウォルドロンによれば、自由主義はこれまで、私たちの自尊心を引き上げることに関心を寄せてきた[14]。「尊厳」は、「すべての人間が高く平等な地位にあるという考え」を表現している。それは「地位の上方への平等化を伴っており、かつて貴族に与えられていたような尊厳、地位、尊敬への期待の重要なものを、すべての人間に与えようとする」ものである[15]。自由主義は、このような強い意味での自尊心の基礎を提供する思想である。それは名誉のある尊厳をすべての人間に拡大する企てである。自由主義をこのように理解するなら、私たちは承認タイプの自尊心を超えて、評価タイプの自尊心を提供する社会構想へ進むことができる。

むろん、ロールズの自尊心理解には、次のような問題がある。ロールズは、自尊心の感覚が、部分的には「自分の意図したことを完遂するための能力に対する自信」から成り立つと考えた[16]。しかしブレイクが指摘するように、私たちは、実現する見込みのない（あるいはその見込みがかなり不確実な）計画を立てて実行することがあり、そのような計画の実行がそれ自体として人間の自尊心を支えることがある[17]。例えば、挑戦者やギャンブラーは、ほとんど見込みのない目標を追求することによって強い自尊心を得る。また一般に、私たちは実現可能な（自分の意図した）目標を追求する場合でも、同時にその目標を超える実現不可能な目標を設定することがある。そしてその実現不可能な目標の設定は、実現可能な目的の追求において、決定的な意味をもちうる。クレーマーが指摘するように、「少なくとも通常の状況下では、成功の見込みがきわめて不透明なプロジェクトに着手しようとする気持ちは、成功の見込みがはるかに高い他の活動や目標を目指そうとする気持ちのなかに、決定的な意義をもって位置づけられる」[18]。実現不可能な目的は、実現可能な目的を遂行するうえで、重要な役割を果たしている。

実現する見込みのない目標は、別の意味においても自尊心の基盤にとって重要である[19]。例えば、自分のもつ取柄（merits）を正確に理解しようとすれば、落ち込んでしまう人がいるとしよう。Qさんがその一人だとしよう。Qさんは、自分の取柄を直視すると落ち込んでしまうので、ある幻想（例えば宇宙飛行士になるという理想）を抱いて、自分の取柄を過大評価しようとする。そしてその結果として絶望を免れている。しかし自分を過大評価すると、他人々との交流が損なわれるかもしれない。Qさんは、他者から、嘲笑、軽蔑、同情、退屈、嫌悪の対象として見られる可能性もある。もしQさんが自分自身の業績や能力や魅力を正確に評価しながら平静さを保つことができるなら、それが彼にとって最も望ましいはずである。けれどもそれができず、Qさんは自分の取柄を過大に評価して、その幻想から利益と不利益の両方を得ている。このようなQさんに対して、ロールズ的な人格承認論は、おそらく、「人は自分の取柄に対して幻想を抱かないほうが、よりよい自尊心を得られる」と忠告するだろう。これに対してクレーマー的な「強い自尊心」論は、Qさんのように自分を過大に評価することもまた、強い自尊心の形成に結びつくことを認める。ロールズ流の人格承認論は、現実世界における人格の承認を基底に据えるが、クレーマー流の強い自尊心論は、可能的世界における人格の評価を組み入れる。ロールズ流の人格承認論では、挑戦者やギャンブラーの自尊心を支援できないが、クレーマー流の強い自尊心論は、これを支援できる。実現する見込みのない目標を追求する人に対しても、政府はその自尊心の形成を支援せよ、というのが後者の要求である。

3　中立型と卓越型──二つの自由主義の関係

ここまで私たちは、ロールズの理論には卓越主義を認める余地があること、そしてまた、ロールズの自尊心理解には曖昧さと問題点があることを指摘した。ロールズは、政治的自由主義が、善の諸構想に対して中立的な影響を与えられないことを理解していた。中立性の要求は、正義をめぐる立憲上の根本問題に対してのみ適用可能であると考えていた。[20]ところがロールズ主義者のクォンは、ロールズの中立的自由主義を拡張して、正義の根本問題だけでなく応用問題に対しても、中立性の観点から正当化する理論を築いている。しかしクォンの中立的自由主義は、実際には卓越主義を否定することができない。中立性と卓越性の要求は、両立する場合も多い。以下のさまざまなケースを検討してみよう。

ケース1　ある地方自治体オラティアで、公共の広場でのスピーチ（弁論）を、ある一定の日時に、政治的な弁士だけでなく、理に適った包括的宗教（例えば福音主義）の話者に対しても許可したとしよう。これに対して、理に適っていない宗教の話者にはスピーチを認めないとすると、この地方自治体は善の諸構想に対して中立的な態度をとったのではなく、理に適った包括的宗教を優遇したことになる。ロールズ的な中立的自由主義者は、おそらくこれを認めるにちがいない。理に適った諸宗教が想定するさまざまな善に対して、中立性を保ちながら、話者たちにスピーチを認めることができると考えるだろう。しかしこの中立主義の立場は、すでに、理に適った宗教を信仰する話者が、スピーチを通じて人々に「強い自尊心」の基盤を与える機会を認めている。その意味で卓越主義と両立する中立主義を支持している。

ケース2　ある国プラカティアの人口は、キリスト教徒、ヒンズー教徒、イスラム教徒にほぼ均等に分かれている。

いま、かなりの数の熱心なイスラム教徒が、自分たちの宗教がプラカティアの既成信仰として公式に指定され優遇されなければ、暴力や他の形態の虐待行為に走る傾向があるとしよう。他方で、ヒンズー教やキリスト教の熱情的な信者は少なく、内乱の危険はないとする。このような状況で、プラカティアの政府は、警察業務や教育システムを改善し、人々が寛容と相互尊重の精神を身につける努力をしており、過激派の暴力に対処すべく最善を尽くしている。しかし最終的に、市民の調和を確保する最善の方法は、イスラム教を社会の確立した宗教として指定することであるという結論に達した。政府の関係者たちがイスラム教を正しいと信じているからではない。彼らがイスラム教を特別扱いするのは、あくまでも市民的な社会秩序の維持と、国の繁栄と安定のためである。このような状況で、プラカティアの人がイスラム教に特権的な地位を与える根拠は、中立的といえるだろうか[21]。

中立的な自由主義者は、たとえ社会の秩序が維持されなくとも、理に適った宗教であるイスラム教とヒンズー教とキリスト教のすべてに対して中立的な処遇を求めるかもしれない。これに対して卓越的な自由主義は、社会の秩序維持を優先し、イスラム教に特権的な地位を与えることを認める。例えばC・ラーモアは、自由主義の観点から、ある理に適った（しかしすべての人に受け入れられているわけではない）善の構想の「真理性」に基づいて政策を実施することを認めないが、安全な社会を作るという道具的な価値の観点から、ある理に適った善の構想（例えばイスラム教）を社会の公認教義にすることを認めている[22]。

ケース3　ある国コンヴィヴィアでは、法務官僚たちが、仏教を社会の確立された宗教として認定した。むろん、仏教を信仰する住民は少数派であり、役人自身も仏教徒ではなく、仏教に改宗する気もない（仏教の教義を空想的とみなし、信用していない）。しかし法務官僚たちは、コンヴィヴィアの住民に仏教の信条が広まれば、人々の公共心や社会の調和がもたらされると信じている。そこでより多くの人々に仏教を信仰してもらうために、仏教という信仰に特別な特権を与えた。コンヴィヴィアの仏教徒たちは、政府に対して自分たちが優遇されるよう働きかけをしていないにもかかわらず、法務官僚たちはそのような措置を取った。[23]

中立的な自由主義は、このような政策をおそらく認めない。しかし卓越的な自由主義は、たとえ多くの人が仏教を求めていないとしても、仏教を通じて「強い自尊心」の一部が育まれ、公共心と社会の調和がもたらされるのであれば、これを認めることができる。

ケース4　ある国プラリアは、宗教的に多様である。人々はさまざまな信仰をもっており、無宗教者や無神論者もいる。プラリアの政府は、宝くじの収益や教会の礼拝で自発的に集められた資金で、カトリックの礼拝に定期的に出席する若者や、聖職に就くことを選択した若者に、さまざまな賞を組織的に授与している。また、公共施設の芝生に大きな十字架を立てたり、教会に定期的に通うように促すための看板を立てたりしている。これらの施策のための資金は、非強制的な方法で集められている。国営の宝くじの購入者には、収益の一部がローマ・カトリックとキリスト教全般の普及に使われることが事前に告知されている。[24]

このような社会を、中立的な自由主義者は認めるだろうか。カトリックへの支援は、宝くじの収益などに基づいており、政府の強制的な課税に基づくのではない。その限りにおいて、政府は中立的である。しかし政府がカトリックを支援するなら、他の理に適った宗教に対しても、同様に支援すべきであるというのが中立的な自由主義の立場であろう。そしてそれが実現した場合には、中立的な自由主義は、卓越への機会を促進する卓越的自由主義と両立する。

ケース5　ある国シビリティアでは、毎年さまざまな場所で開催される大規模な祭りに、政府が資金を提供している。これらの祭りは、シビリティアのすべての居住者と市民に無償で開かれている。祭りは、シビリティアのメンバーに楽しい体験の機会を提供するが、それが主たる目的ではない。最も重要な目的は、メンバー間の親睦や共同体の連帯を育むことや、「市民的誇り（civic pride）」を育むことであり、そのような感情を抱くことが推奨される社会を築くことである。祭りは人々が「強い自尊心」を抱く機会を提供している。このような祭りを、政府が支援することは望ましいだろうか。

中立的な自由主義者であれば、政府は人々の「強い自尊心」の形成のために税金を用いるべきではなく、祭りは参加者から入場料を徴収して運営すべきである、と主張するかもしれない。これに対して卓越的な自由主義者は、政府がこのような祭りに対して資金を提供しうると考える。祭りに参加しなかった人も、祭りによって育まれる人々の自尊感情の高まりから、恩恵を受けることができるからである。参加しなかった人々も、参加する十分な権利があることを知り、市民としての誇りを抱くことができる。(25)

ケース6　ある国ジュブナリアでは、未成年者への避妊具の販売を禁止する法律が制定された。避妊具を合法的に販売することは、結果として、青少年の乱交を促進することになり、未成年者の望まない妊娠の発生率を高める傾向があるからである。望まない妊娠を防ぐという理由で、中立的な観点から避妊具の販売が禁止された。ところがジュブナリアでは、この法律を制定した議員たちは、聖書的な性の概念に従って避妊具の販売禁止に賛成したのであり、彼らは多くの若者を、理に適った包括的宗教（キリスト教）に導こうとしている。しかし、G・シャーの中立性テストによれば、特定の役人（避妊具販売禁止の存在と実施に責任を負う役人）がどのようにこの法律を捉えているかは、採択された禁止が中立であるかどうかという問題とは無関係である。(26) 彼の中立性基準に従えば、この法律は、宗教的な布教活動を公然と公言するための手段として導入されたとしても、中立的であるとみなしうる。(27) このように、ある法律の中立的な正当化は、これを卓越主義的に解釈することと両立する場合がある。

厳格な中立主義者は、避妊具を販売禁止にする二つの主要な理由のうち、どちらが優勢かを判断する。この二つの理由を受け入れている人々のうち、もし相当な割合の人々がこの問題を審議する際に宗教的信念を排除していたとすれば、望まない妊娠の回避という中立的な目的に照らして、あるいは他の中立的な目的に照らして、この禁止を支持する。しかし、もし人々の多くが、宗教的な信念を背景にして避妊具の販売禁止に賛成するなら、厳格に中立的な自由主義者は、これを支持しない。たとえ望まない妊娠が増えるとしても、それは中立的な自由主義の観点から仕方のないことであるとみなされよう。これに対して卓越的な自由主義者は、もし望まない妊娠が減るなら、宗教的な信念と両立する法律の制定を認めるだろう。すなわち、理に適った宗教によって、人々の強い自尊心が育まれることを認めるだろう。

以上、六つの仮想的なケースについて検討してきた。これらの検討から、中立的な自由主義は、必ずしも卓越的な自由主義を排除しないことが分かる。私たちは、統治力の低い（例えば犯罪の多い）中立的自由主義の体制と、統治力の高い卓越的自由主義の体制の、いずれかを選択するように迫られるかもしれない。その場合、卓越的な自由主義は、一つの現実的な選択肢でありうる。

4　啓発教化型と願望型

卓越的自由主義には、いくつかのタイプがある。自由主義の思想のなかで、最も影響力のある卓越的自由主義は、J・S・ミルやJ・ラズに代表される、自律を重んじるタイプである。クレーマーはこのタイプを「啓発教化型（edificatory）」と呼ぶ。啓発教化型の卓越的自由主義は、しかし十分に擁護しうる立場ではない。クレーマーはこれに代えて、「願望型（aspirational）」の卓越的自由主義を展開している。

啓発教化型の卓越的自由主義は、体系的にプログラム化できるような規律訓練の教育を通じて、人々が自律的に考え、計画性をもって行動するようになるべきだと発想する。人々を「主体化」することによって、人々に強い自尊心の基盤を提供すべきだと考える。これに対して願望型の卓越的自由主義は、人々を主体化するのではなく、ある志をもった人、あるいはある理想を追求したいという「願望」をもった人に対して、支援の手を差しのべるべきだと考える。その理想が実現すれば、他の人々もまたその恩恵を受け、その理想的価値を通じて「強い自尊心」を育むことができる。願望型はこのように、ある人が理想を目指す願望の程度、理想を実現する可能性、その理想が実現した場合の他者（未来の他者を含む）への影響といった観点から綜合的に判断して、政府が卓越的価値の実現を支援すべきであると考える。

「啓発教化型」と「願望型」の卓越的自由主義の違いは、例えば芸術政策の違いに現れる。啓発教化型は、人々の人格における芸術面での主体化、すなわち、高次の芸術に対する美的判断力の養成を支援するために、多くの人が高次の芸術（ハイカルチャー）に触れる機会を提供するだろう。クラシック音楽のコンサートや美術展覧会のチケット代に補助金を出して、少ない支出で鑑賞できるようにするだろう。これに対して願望型は、価値ある芸術作品を作りたいという志や願望をもった人たちの生活を支援して、卓越した作品が生まれることを期待するだろう。その一方で、芸術を鑑賞する人への支援の優先順位を下げるだろう。

啓発教化型と願望型の卓越的自由主義は、幻覚剤をめぐっても、意見が分かれるにちがいない。ここで幻覚剤は、使用しても他人に危害を及ぼさない財であると仮定しよう。中立的な自由主義者であれば、幻覚剤の使用は、危害原理に抵触しないがゆえに認められる。これに対して啓発教化型の論客であるP・デ・マーネフェは、これを卓越的な自由主義の観点から規制しうると考える。(28)デ・マーネフェによれば、理由の中立性の要求は、憲法制定レベルに限定されるものであり、立法レベルにおいてはこれを満たす必要がない。(29)幻覚剤を禁止することで、もし人々の自律的な判断力が養われるのであれば、それは啓発教化型の卓越主義からみて、望ましいと考える。

けれどもクレーマーは、このデ・マーネフェの議論を批判する。第一に、デ・マーネフェは「φする価値」と「φする自由の価値」を区別していない。幻覚剤は、それ自体として価値がないとしても、それを自由に用いることで、副次的にすぐれた価値がもたらされるかもしれない。第二に、ある人は、幻覚剤を用いることそれ自体に、善の構想を抱くかもしれない。幻覚剤は、自律した人格の形成を損なうとしても、別の仕方で善き生を育むかもしれない。クレーマーは、幻覚剤を認めることが「消極的自由（政府介入からの自由）」を実現するから望ましいと主張するのではなく、幻覚剤の使用によって「できる自由」が増え、卓越した価値がもたらされる可能性があるという理由でこれを正当化する。クレーマーにとって自由とは、何をすることが許されているか禁止されているかという義務論の問題ではなく、自律的な判断力を陶冶しうるかどうかという主体化の問題でもない。自由とは、実際に何をすることができるかの問題である。言い換えれば、何が起こりうるかの問題である[30]。それは新たな可能性の問題である。

デ・マーネフェのような啓発教化型の卓越的自由主義者にとって、自由とは自律した選択行為である。これに対してクレーマーのような願望型の卓越的自由主義者にとって、自由とは、その自由を誰かが利用した副次的な結果として、しかもその予期しない結果として、卓越した価値が社会にもたらされる可能性である。むろん、啓発教化型と願望型が両立する場合もある。例えばアルコール飲料の販売を禁止することによって、人々の自律した判断力が強化されるとしよう。さらにこの自律した判断力の強化が、その意図せざる結果として、自律とは関係のない卓越的価値をさまざまにもたらすとしよう。するとこのような政策は、クレーマー的な願望型の卓越的自由主義の観点からも正当化しうる。クレーマーは自律そのものに反対しているのではない。人々が自ら自由に理想を追求するならば、あるいは未知の可能性に挑戦するならば、私たちは多くのすぐれた価値を享受し、それによって「強い自尊心」を育むことができる点に注目する。

むろんクレーマーは、自律を中心に据える卓越主義には反対である[31]。自律を中心に据える卓越的自由主義の代表的な論客は、ラズである。ラズは、生活の特質《プロパティ》としての自律と、生活のある特質を実現するための能力としての自律を区別した[32]。クレーマーはこれらの自律をそれぞれ、「自己指導（self-direction）としての自律」と「能力（capacity）としての自律」と名づけている。自己指導としての自律とは、実際にあるすぐれた選択をして、自分の生活を統御できることである。これに対して能力としての自律とは、どの選択肢を選ぶかを制御できるが、必ずしも自己指導の観点からすぐれた選択肢を選ぶとはかぎらない。この二つの自律を区別したとき、ラズは、自己指導としての自律こそ大切であると考えた。例えば、私たちが自律的な選択によって、軽蔑すべき（できの悪い／無価値な misbegotten）ことをするなら、これは真の意味で自律しているとはいえない。もしそのような選択をしたら、私たちの自律の価値は損なわれるとラズは考える。

自己指導としての自律の観点からすれば、私たちはある選択肢を制約されても、十分に有意義な自律を達成できる。例えばある人にとって、アイスクリームを食べることは重要な選択肢であるが、どのアイスクリームを食べるかは重要ではないとしよう。するとアイスクリームの種類が制約されても、その人の自律は妨げられない。同様に、自己指導としての自律の観点からすれば、高コレステロールの食品やお酒の販売に制約が課せられても、それは自由を損なわない。ラズは次のように問いかける。「悪や反感を買うような選択肢を用意し、人々がそれを自由に回避できるようにすることは価値があるだろうか。例えば、心にもない怠惰な生活を拒否した人は、それを選ぶ機会のなかった人よりもよいのだろうか」[33]。ラズの答えは「ノー」であり、悪や反感や怠惰を生む選択肢は、これを制約したほうが望ましいという。

しかしクレーマーによれば、このように自己指導としての自律を優先して選択肢を制約することには問題がある。自己指導としての自律を育むために、アイスクリームの種類や高コレステロール食品やお酒などの選択肢を制約された人は、「自分自身の探求やライフスタイルについて適切な判断を下すことができると信頼される人としての地位を奪われてしまったことになるだろう」[34]。そのような人は、「能力としての自律」を奪われている。能力としての自律という理想に照らすなら、道徳的に不健全な選択肢も認めなければならない。それはたんに、不健全な選択肢を克服することに意義があるからではない。能力としての自律は、たんにその人を「判断する主体として信頼できるようにする」という観点から必要なのではない。不健全な選択肢を認めるべきなのは、人々がその選択を通じて、予期せずして卓越した価値を生み出す可能性があるからでもある。

ここでクレーマーの卓越的自由主義には、二つの要素があることが分かる。一つは、不健全な選択肢がある状態から、各人が自らの理想を選びとって目指すことに固有の意義があるとみなす「既知実現型」の卓越的自由主義である。もう一つは、不健全な選択肢を含めて選択肢が開かれた状態で、人々が未知の価値を生み出すことに固有の意義があるとみなす「未知挑戦型」の卓越的自由主義である。

5　既知実現型と未知挑戦型——文化政策をめぐって

みてきたように、卓越的な自由主義には、啓発教化型と願望型の二つがあり、さらに後者の願望型には、既知実現型と未知挑戦型の二つがある。つまり卓越的自由主義には、啓発教化型と既知実現型と未知挑戦型の三つのタイプがある。では、どのタイプの卓越的自由主義が望ましいのか。これら三つの卓越的自由主義は、文化政策、例えば大学や公共図書館や文化事業の運営をめぐって、異なる規範的含意をもつ。

ハイカルチャー（高次の文化財）は、それを生み出す人と享受する人に、強い自尊心の基盤を提供する。ドゥオーキンは、そのようなハイカルチャーを公共財の観点から政府が供給すべきかどうかについて検討した(35)。中立的な自由主義の立場からすれば、政府がハイカルチャーを提供する必要はない。ただしハイカルチャーへの支援が、大衆文化を豊かにする波及効果をもつ場合には、中立的な自由主義の立場でもこれを認める余地があるとした。そのような支援は人々の一般的な利益（娯楽の享受）に適うからである。しかしドゥオーキンは、政府の役人たちがそのような波及効果を効果的に生み出すかどうかは疑わしいと考えた。

これに対して「啓発教化型」の卓越的自由主義は、次のように考える。ハイカルチャーは、人々の効用の質（鑑賞力）を高め、自律した評価力を養うことに資する。それゆえ政府は、人々がハイカルチャーに触れる機会を高めるために、美術館や劇場の入場料に対して補助金を出すことができる。加えて政府は、人々の鑑賞力を高めるために、さまざまなセミナーに対して補助金を出すことができる。

他方で「既知実現型」と「未知挑戦型」の卓越的自由主義は、人々が受動的に芸術を享受することよりも、人々が積極的に、すぐれた芸術的価値を生み出すことを支援するだろう。ここで既知実現型と未知挑戦型は、理念モデルであり、実際にはその中間にさまざまなタイプがあると考えられる。政府がクラシック音楽の演奏家に対して賞を与える団体に補助金を出すケースについて考えてみると、クラシック音楽の演奏は、ある範囲内の曲の演奏をするという点では、すでに定められた価値を実現する行為であり、既知実現型の卓越的自由主義を実践するが、その演奏にはつねに未知への挑戦という要素があり、無限に開かれた可能性がある。このように、ある卓越的価値の実現には、既知の要素と未知の要素が混ざっている。しかしあえて区別すると、既知実現型の卓越的自由主義は、例えばモーツァルトの曲を演奏する演奏家の生活に補助金を出すという具合に、すでに知られた卓越的価値の実現を自発的に目指す人に対して、政府が支援すべきであると考える。これに対して未知挑戦型の卓越的自由主義は、最新の現代音楽曲を演奏する演奏家の生活や、新しい曲を作る作曲家の生活に補助金を出すという具合に、未知の価値を探求したり創造したりする人を支援する。いずれの立場も、価値を生み出す営みを支援する。価値を生み出す行為は、その行為者の「強い自尊心」を育むと期待できるからである。

長期的な視点でみると、未知挑戦型の卓越的自由主義は、その成果たる卓越的価値の波及を通じて、人々の一般的利益を高めることに資する。しかしその効果は不確実であり、政府の役人によって最適な政策を導くことは難しい。それでも未知挑戦型の卓越的自由主義は、これをリスクある投資とみなし、政府は社会的投資国家として、そのような長期の投資を導くべきだと考える。真に卓越した芸術が生まれ、その芸術が波及する確率は、ハインリッヒの法則で考えると、三〇〇分の一程度であるかもしれない。それでもそのリスクを引き受けることに国家の役割があると考える。

このようなリスクの引き受けは、他の卓越的自由主義においては回避されやすい。啓発教化型や既知実現型において、政府が支援する文化財や文化活動は、いわば消毒されたものになるだろう。人々の一般的利益に照らして好ましくないものは、排除されてしまう。これに対して未知挑戦型の卓越的自由主義は、リスク回避の傾向を避けるために、芸術政策の主導権を、政府から比較的独立した専門機関に委ねることを提案するだろう。リスク回避的な人たちの意思決定によって芸術政策が左右されると、国の文化政策は、無難なものへと撤退してしまうかもしれないからである。

6　自尊心の代理的性格

みてきたように、ロールズの理論は卓越的自由主義の観点から再解釈できる。またかりに中立的自由主義の立場をとるとしても、それは卓越的自由主義と両立する場合が多々ある。問題は、どのような卓越的自由主義が望ましいかである。本章では、啓発教化型、既知実現型、未知挑戦型という三つのタイプを検討した。最後に、ロールズに立ち返って考察したい。ロールズは、決して中立的な自由主義者ではなく、卓越的な自由主義の意義を十分に理解していた。ロールズは次のように述べている。

完全に公正な社会では、人は自分自身に特有の方法で自分の利益を追求し、自分がやってみてできなかったことも、できたかもしれないがしなかったことも、仲間がそれをすることを頼りにするものである。これは人間の社会性の特徴であり、私たちは一人では、私たちのありうる姿の一部でしかないのである。私たちは、自分が追求しなかった卓越、あるいはまったく欠けていた卓越を獲得するために、他人に期待を寄せなければならない。しかし共通の文化から得られる善は、私たちがたんなる断片ではなくなるという意味で、私たちのなしうることをはるかに超えている。(36)

ロールズはこのように、人間の卓越と社会的紐帯の関係を深く理解していた。この考え方を制度的に表現するためには、何らかの卓越的自由主義が要請される。むろん卓越的自由主義に問題がないわけではない。例えば私たちは、卓越した他者と比較して自分の存在を嘆いたり、他者の卓越によって自分の業績が日陰になったりすることを嘆いたりする。こうした負の影響に対して、卓越的自由主義が十分な補償をすることができるかという問題は残る。

また私たちは、他者の卓越を誇りにして、自らの自尊心を代替的に充足させることがある。[37] この自尊心の代理的性質は、ある卓越した統治者の指導性を無批判に称賛することで自らの自尊心を高めるという危険性をはらんでいる。自尊心を代理的に満たそうとする私たちの心性は、指導者民主主義や全体主義の体制をもたらすかもしれない。他人のすぐれた達成を誇りに思うことは、自分の自信のなさを埋め合わせているだけかもしれない。

クレーマーはこうした問題を深刻に受けとめているが、解決策を示しているわけではない。[38] 自尊心の代理的充足が、反自由主義的な政治体制をもたらさないためには、私たちはクレーマーの構想を超えて、卓越的自由主義の規範構想を示さなければならない。次の二つの指針が重要である。一つには、私たちが複数の拮抗する卓越的価値を自らの誇りにするように、制度的な配慮が必要になる。もう一つには、私たちは他者の卓越的価値をたんに自らの誇りにするのではなく、卓越した価値に対する批判的な鑑識眼をもつことが必要である。

クレーマーは自らの卓越的自由主義がもつ含意を、次のような「社会的保障（正当化）テーゼ（Societal Warrant Thesis）」で表現した。すなわち、ある社会において各人に高いレベルの自尊心を保障することは、その社会に卓越を与えるような傑出した達成の出現に部分的に依存しているのだと。[39] しかしこのテーゼは危険である。このテーゼは、指導者民主主義や全体主義の出現を防ぐことができない。これに対して私は、拙著『自由原理』で展開したアスリート・モデル[40]の観点から、卓越的自由主義の含意を次のように表現したい。すなわち、ある社会において各人に善き生（ウェルビイング）を保障することは、その社会における複数の拮抗するロール・モデルに部分的に依存している、と。

7　おわりに

以上、本章は自生化主義の規範理論的な側面をなす成長論的自由主義の観点から、卓越主義の新たな理論を展開した。(41) 卓越主義は、人格の陶冶を求める思想である。クレーマーは、卓越主義を「啓発教化型（自律型）」と「願望型」に分けたが、私は後者をさらに「既知実現型」と「未知挑戦型」に分け、未知挑戦型の卓越主義を示した。成長論的自由主義は、未知に挑戦しようという願望を抱く人たちを支援するだけでなく、そのような願望を社会的に醸成しようとする。その企ては、未知なるものを生成させるための社会的投資であり、それはきわめて効率の悪い投資であるかもしれない。それはむしろ、未来世代に対する贈与と言ったほうがいいかもしれない。成長論的自由主義は、従来の卓越主義とは異なる仕方で、卓越主義の意義を引き出す。それは未知の自由のために機会を与える思想である。

第四部　自生化主義の実践哲学

第四部は、自生化主義の実践哲学である。「公共性」と「立法」の二つのテーマを論じる。第十四章は、公共性の新たな哲学を展開する。つづく第十五章は、公共性の新たな制度構想をデザインする。第十六章は、立法過程における四つの対立を段階論として理論化する。つづく第十七章は、「可謬型」と「熟成型」を組み合わせた自生化主義の立法構想をデザインする。

第十四章　公共性の本質

公共性の概念に関心が寄せられる背景には、およそ二つの問題状況がある。まず、とりわけバブル経済崩壊以降、疲弊した官政的「公」の世界をいかに再編するか、という問題がある。行政機構は民を食う魔物《マモン》として、構造的な腐敗を生み出してきた。こうした事態から公の世界を救い出し、再び活性のある資源を取り戻すためには、いかなる公共性の再編を企てることができるのか。問われているのは、制度と精神の両面における公共性の活性化という問題である[1]。

関連してもう一つには、日本経済を舵取る公的機関が、失われた国家目標（「大きな物語」としての意味）をいかにして救い出すのかという問題がある。アメリカ経済にキャッチ・アップするという戦後日本社会の至上目標は、たんなる経済のターゲットにとどまらず、国家の存在理由《レゾン・デートル》と国民生活の終局的な意味を与えてきた。しかし経済の成熟とその後の停滞は、国民生活における幸福の観念を経済成長の呪縛から解き放ち、そもそも国民生活という概念を意味喪失の危機にさらしている。こうした状況においていま、公的機関はいかなる理念のもとに社会を統治すべきなのか。それが改めて問われている。

およそ以上のような二つの大局的問題に対峙して、私たちは新たに、どのような公共性のビジョンを提示することができるのか。現代の公共哲学においては、第一の問題に対して、官僚機構に代わる市民的公共活動の活性化を求め、第二の問題に対して、法の支配と倫理的国家の二つの精神を求めることが称揚されている。市民的公共活動の領域は、行政機構と市場経済の二領域を媒介する道徳的な次元として、また法の支配と倫理的国家の精神は、経済成長に代わる新たな統治目標として、それぞれ公共性の観点から取り戻される必要がある。約言すれば、法の支配と倫理的国家の精神に基づく市民的公共性の体制こそ、国民国家の新たな統治理念にふさわしいとされる。

しかし例えば、国家の恣意的な集合目標（テロス）に対して法の支配（ノモス）を対置したハイエクの自生的秩序論は、法の支配が経済社会の成長を自生的に導くことを展望していた。また、市民的公共性の理念を「第三の道」のなかに取り込んだA・ギデンズは、急進左派の主張に抗して、市場経済の意義を強調することを忘れなかった。両者にとって公共性の問題は、官僚機構に代わる市民活動や、経済戦略に代わる法の支配や倫理といった、体制理念の一大転換をもたらすことではない。むしろ関心は、社会発展のための政策理念を、公的世界の意味回復という問題のなかに、いかにして組み込むかという点に置かれる。現実に問われるのは、依然として政治経済の国家目標であり、またその目標に対する広範な合意形成である。法の支配に基づく市民的公共性という理念は、実際には、公的秩序たる官主導の経済誘導政策を再編する課題を負っている。

問題をこのように捉えてみると、現代の公共哲学は、その問題関心において原理的なジレンマを抱えている。というのも、市民的公共性や法の支配や倫理国家の領域拡大は、一方では、党派的-利己的な利害関心に根ざす政治経済の支配を排しつつ、他方では政治経済の発展を中心課題とする統治原理を示さねばならないからである。諸利害の拮抗する党派的政治と競争的市場経済の領域は、それ自体としては非公共的ないし亜公共的なものとして周辺へと追いやられつつも、しかし公共性の本題とならねばならない。

こうしたジレンマのもとに、現代の公共哲学は、口当たりのよい言葉を尽くして政治経済の統治原理を語るという、善意過剰の温情的修辞学に手を染めているようにもみえる。例えば、政治、経済、法、あるいは市民的公共性などの諸領域は、公平無私の観察者の観点から、透明なコミュニケーションを通じて、バランスよく配置されるべきだと主張されたりする。あるいは、競合する社会の諸構想は、そのメタ・レベルにおいて揚棄されなければならず、どんなに極端な思想も、穏やかな多元主義的世界観のもとでその含意を役立てねばならないとされる。

しかしこうした包摂によって導かれる哲学的知見はいずれも、社会の動因を静的なコスモロジーのもとに奪取するという、祭司的権力の危険性を抱えている。もっと根本的なところでは、公共性を論じる哲学そのものが、公共性に反して内向的退避に陥る危険性をあわせもつ。(2) 公共哲学一般におけるこうした危険は、まさに問いのうちに秘められている。

私たちが公共性について問うとき、そこには暗黙のうちに、よりよい公共性とは何かという問いが措定される。しかしこの問いに対して私たちは、最終的な解決を与えることができない。それでもあえて価値問題の最終的解決を与えようとする哲学的省察は、社会の諸構想をめぐる調整・調停役を引き受けることになる。いわく、社会および公共性に関する拮抗する諸構想は、ある調和のもとに配置されねばならない。さもなければ安定した政体を実現することはできないと。

しかしいったん議論の道筋がこのように敷かれてしまうと、もはや公共性を疑問視する者は社会的承認を得られず、調停・調整役を引き受ける者こそが最も公共的な精神の持ち主だとみなされることになりかねない。しかもこうした考察のもとでは、当初に掲げられた問題、すなわち「よりよい公共性とは何か」という哲学的な問いが忘却されてしまう。公共性の新たな理解について根源的な思考を働かせることよりも、そのような思考が実際には価値の多元的な闘争状態に陥る危険を察知して、これを回避する調停こそ、私たちが安心して身を寄せることのできる真の公共性であるという錯視にいたる。私が疑問に思うのは、こうした道徳的な含意へとすり替えられてしまう思考の呪縛である。

公共性の哲学にひそむ思考の呪縛を避けて、この概念について根源的な思考を開始するためには、およそ二つの方向性がある。一つは、公共性とは何かという問いにおいて、よりよい公共性とは何かを問わずに、この概念の本質を理解するという道筋である。いわば公共性のベースとなる地平について考察を深めるという方向性である。もう一つは、よりよい公共性とは何かという問いを、諸価値の調整や調停への関心から切り離して、根源的に引き受けるという道筋である。公共性の新たな構想を、正面から練り上げるという方向性である。本章では、この一見すると相反するようにみえる二つの問いを同時に引き受けることで、公共性の新たなビジョンを探りたい。既存の公共哲学が思考を停止する地点から、公共性の概念を捉え返す。

公共性をめぐる私の立論は、以下のように展開される。まず公共性の理念が、根源的なところでは「残基（residue）」として把握しうることを示す。そしてこの残基こそ社会の動因であり、また政策的・倫理的関心の対象にふさわしいと論じる。さらに、善き社会の構想として、残基としての公共性をたえず批判のプロセスに置くような制度設計を展望する。これまで「共和主義（republicanism）」と呼ばれる思想は、成長（成熟）した人々が統治する社会を「公共政体（res publica, republic）」と呼んできた。これに対して私は、未熟さを完全には克服しえない人々の統治原理として、リパブリックの構想を成長論的に再編する。公共性に関する成長論的な関心は、同時に、公共の社会体制に対する未熟者の改革的関心をかきたてるだろう。

1　公共性の修辞学

公共性という言葉の一般的な定義は、「広く社会一般に利害や正義を有する性質」（『広辞苑』）である。多くの公共哲学は、このような定義から出発して、よりすぐれた意味における公共性とは何かを問うてきた。例えば、J・ハーバーマスのいう討議過程やH・アーレントのいう活動領域は、その代表例である。しかし私は、まずこの一般的な定義の背後に遡行したい。そもそも、広く社会一般に利害や正義を有する性質とは何か。概念の背後に回って、公共性の概念が構築される際の作用を解明してみたい。

公共性の概念は、なによりもまず、その性質を社会一般という観念に訴える。しかし社会一般の範囲や対象を明確にしようとすると、その実在性はたちまち疑わしいものとなる。そもそも社会という観念がさまざまな観念の複合表象であり、また一般とは具体性の捨象によって成り立つからである。社会一般という観念は、こうした二重の意味での曖昧さを免れない。

加えて「社会一般に……有する」という表現は、およそ次のような三つの修辞学的効果をもっている。第一に、そこには暴力的なものや不公平なものを隠蔽して、一般的かつ公平な地平をでっち上げるという効果がある。本来、一部の利害や正義でしかないものを、不当な仕方で社会一般に普遍化する効果である。第二に、そこには、曖昧な表象を利用して、その妥当範囲を膨張させる効果がある。本来、個別の場面で語られる利害や正義を、社会一般という抽象的な認識を媒介として、その妥当性の範囲を拡張する効果である。第三に、その観念を反省的に認識しようとすると、その妥当性を自己言及的に強化するという効果がある。曖昧なものを言語的に分節化する営みは、その対象の意味を確固たる文脈のなかに位置づけることによって、それをいっそう有意義で価値あるものにする効果をもっている。

かくして法や行政機構や都市は、それが「公共性をもつ」と呼ばれる場合には、権力作用の隠蔽、妥当範囲の膨張、妥当性の強化という三つの効果によって、よりすぐれた公共的価値をもつものとして把握される。公共性とは、事実を事実として認識するための概念というよりも、むしろ、事実を価値あるものとしてつかみとるための概念である。公共性の概念は、事実を隠蔽・膨張・強化する効果を通じて、はじめて価値討議のための議論のなかに流通することができる。

しかしこうした三つの修辞的効果には、論理的にみてでっち上げとみなしうる要素が入りこむ。そこに政治的な不正を読みとる者は、公共性概念のいかなる用法にも、懐疑の視線を向けるにちがいない。事実認識の徹底したリアリズムの立場からすれば、公共性の概念は、事実から価値を導こうとする効果において不正であり、それゆえ解体して理解されねばならない。これまで公共性の概念が、社会科学の認識ツールとして用いられてこなかったことには一定の理由がある。公共性とは、政治的資源を動員するための煽動的な概念であり、科学的認識の手段としては馴染みにくい。

では、公共性の概念に含まれる隠蔽・膨張・強化といった効果を排して、徹底した理性的認識に基づく合理的な社会体制を構想することはできるだろうか。公共性概念を解体した後に成立するであろう、論理的に健全な制度とは何か。読者はそれが、公共性に嫌悪を抱くリバタリアニズムの体制構想であると思われるかもしれない。しかし自己所有権の原理に訴えるリバタリアニズムでさえ、それが法の支配を要求する場面では必然的に、権力の隠蔽、妥当範囲の膨張、妥当性の強化といったレトリックに依拠せざるをえない。こうした修辞学をあらゆる点で避けようとすると、いかなる政治政体も構想することができない。リアリズムの思考は、価値論的には、剥き出しの権力闘争を称揚するアナキズムにいたるかもしれない。

公共性概念にみられる修辞法を用いずに、すぐれた政治政体を語ることはおよそ不可能であるようにみえる。ならば公共性の概念にまつわる隠蔽・膨張・強化の効果について、別様に思考することはできないか。私が提起したい代替的思考は、V・パレートの「残基（residui, residue）」概念に基づく公共性の新たな理解である。(3)

社会のメカニズムをリアリズムの観点から探究した社会学の祖パレートは、公共性の概念にみられる隠蔽・膨張・強化といった作用こそ、社会にとって本質的なリアリティであると考えた。パレートの視点に立てば、隠蔽・膨張・強化などの諸効果は、公共性の問題にかぎらず、そもそも実態としての社会全般にみられる。およそ社会とは、人々の本能、感情、先入見、信条、性向、想像力、あるいは非論理的な説明原理といったものからなる総体であり、社会全体の客観的目的と主観的目的が一致するような論理的行為は例外的である。人々は自らの経験を超越して生きようとするが、結局のところ、さまざまな似非科学理論に依拠してはじめて、社会の安定した営みを手に入れる。こうした人々の非論理的な実践を理性的に解明しようというのが、パレートの社会学である。

このパレートの発想に従えば、社会秩序を形成する要因ないしその動因は、論理的-理性的な認識とは別の、残基に求められる。残基とは、理性的認識によって統御しうる主観的欲望や主観的利害とは別の、人間の本能の表現であり、それは人々の主観的なパースペクティヴを超えて、主体の活動を駆りたてる動因である。私たちは一般に、自身の行為の動因を、自らの欲望や利害に帰属して理解する。しかしパレートによれば、そのような理解は原因のすり替えにすぎず、より基底的には、人間の行為は本能の表現たる残基にその動因を帰すべきであり、そしてそのような動因が、現実の社会を編成するという。

例えば、「結合の本能」や「集合体の持続」といった残基は、文明の強力な要因であるという。この他にもパレートは、さまざまな観点から残基を分析している。それらがどの程度まで理論的に成功しているかについては、異論もあるにちがいない。しかし以下において私は、パレート社会学の鍵概念たる残基を、公共性の基礎概念として理解した場合に得られる認識利得を示したい。

2 「残基」としての公共性

一般的な二分法に従えば、私的でないものは公的なものであり、公的でないものは私的なものである。いま、この二分法を受け入れるとして、先に述べた「個人の主観的な欲望-利害の理性的な視座-統御」を近代主体の私的領域であるとみなすと、人間の行為を駆りたてる要因たる残基は、近代主体にとっての公的領域である。パレートはこの残基を、人類文明の強力な要因であるとみなした。その理解を公共性の観点から敷衍して一般化すると、私たちは次のような人間学的命題を得ることができる。すなわち、

人間とは、私的-主観的な制御と視座に基づいて自らを動かすのではなく、残基によって突き動かされる存在である。公共性たる残基は、それが主題化（脚光化）される以前に生きられる実在であり、それは私的利害のパースペクティヴを超えて、すでに自生的に生成してきたものである。

これが残基としての公共性の基本的な理解である。人間は、私的‐主観的な制御と視座に基づいて自らを動かす際に、残基としての公共性を必要とする。[4] そしてすぐれた残基を得た場合に、善き社会を形成することができる。公共性の概念をこのように捉えたとき、私たちは、先に述べた公共性概念の難点、すなわち、隠蔽・膨張・強化といった効果の欺瞞性を避けることができる。残基としての公共性は、「よりすぐれた公共性」の修辞的効果を排して、さまざまな公共性概念のベースとなる定義を提供する。

もっとも、残基としての公共性は、何を私的‐主観的なものとして捉えるかによって、その範囲を変化させる。この概念の境界を確定することはできないが、残基としての公共性が提起する問題は、私的‐主観的な制御と視座に過度の負担をかけずに、社会の動因を確保することである。[5] それはまた、何がすぐれた公共性であるかを確定する前に、何であれその動因を調達することである。後に述べるように、この理解は、複数の公共性理念を成長論的に再編するための理論を提供することができる。

読者のなかには、公と私の二分法を受け入れず、アーレントに倣って私的領域／社会的領域／公共的領域の三分法を採り、この枠組みにおいて、残基は社会的領域の属性であると主張する人もいるかもしれない。しかし、もし私たちがアーレントの公共性概念に依拠せず、公共性一般の定義を求めるなら、それは社会の観念と類似の外延をもつことになる。公共性の基礎となる概念を探るかぎり、社会的領域と公共的領域の区別は大きな意義をもたない。[6] また読者のなかには、残基はやはり私的領域に属すると思う人もいるかもしれない。しかしここがパレート社会学の重要な認識であるが、およそ個人が主観的に統御できない行動でも、すでに社会性をもっている。パラドキシカルではあるが、それはまだ光のあたらない公共領域に属するものとして、理解することができる。

さて、以上のように残基を公共性のベース概念として理解するとき、私たちはここから、いくつかの認識利得を導くことができる。

第一に、これまで公共性の概念は、一般に、静なる光の空間（舞台）としてイメージされ、迷信、憐憫、恐怖、禁欲、勤勉といった闇ないし内面の事象については、これらを含まないとされてきた。しかし残基としての公共性は、闇や内面の問題を、公共性の領域に含めて理解する。私的-主観的な視座を超えて人間を動かす動因はすべて、潜在的には公共性の主題となりうる。例えばテロ対策（恐怖からの自由）や勤労者優遇税制などは、静なる光とは無縁の公共性として理解することができる。(7)

第二に、残基としての公共性は、活動的な動因に突き動かされた営みを公共的なものとして称揚し、反対に、残基を参照しない道徳的・行政的な営みを公共的なものとはみなさないという、公共性の新たな理解を提起する。現実には、残基に依拠しない人間活動などありえない。しかし理論のうえで残基を参照しない公共性の理解は多く存在する。例えば、公共性の担い手を、社会状態を不偏に観察し、そこから最適な社会状態を導出する主体として想定する議論がそれである。A・スミスから現代の厚生経済学にいたるまで、公平無私の観察者や不偏不党の市民といった主体の想定は、公共精神の一つの理想型とされてきた。また、I・カント以降の公共哲学は、自己（ないし共同体）の欲望やエゴから最も遠いところで自らの理性を世のため人のために使うという意味での公共性を称揚してきた。

しかし残基としての公共性の観点から言えば、こうした人間像の想定は、その活動の動因として、一定のステイタス取得に基づく名誉感情を調達しなければ、すぐれた洞察と遂行力を発揮させることはできない。公平無私や不偏不党やエゴの克服といった理想は、かぎりなく不可能でありながら、しかし人間の営みを導く教導理念でもある。この教導理念に向けて人間の精神的エネルギーを注ぎ込むためには、その担い手は、自身の卓越した即事的事務能力に加えて、倫理的-政治的にも抜きんでた信条的コミットメントを保持しなければならない。しかしそのようなコミットメントをどのように調達しうるのかと言えば、それはたんにプラトン的な知者に任せるとか、やる気のある人に任せるというのではなく、人々を平等に遇する社会の形成と引き換えに、ある専門家集団に特別の名誉感情を付与するという、地位の不平等な分配を通じて遂行される必要がある。名誉感情は、それが第二の本性たる習性へと転換する前に、残基の刺激を必要としている。

一般論として、財の平等な配分のためには、その配分者に名誉感情を与えるという社会的地位の不平等な編成が必要であり、反対に、名誉感情の平等な配分のためには財の不平等な配分を許容せざるをえない。ある社会が公平無私やその他の理念に対する継続的な情熱を確保するためには、名誉感情の配分に関する戦略的な配分の視点が重要となろう(8)。またその場合、残基としての公共性は、公共性の理想たる平等の問題に対して、動因面での実行可能性という観点から批判的な視点を提供する。およそあらゆる場面で平等を求める思想は、人間が残基によって突き動かされるという動因を考慮しない結果として、その理想に反して腐敗の魔の手を呼び寄せる。公平無私や不偏不党やエゴの克服といった理想は、必ずしも残基としての公共性を活性化させることができない。考慮すべきは、理性的に正しいとされる制度が、はたして人々の残基を動員しうるかという問題である。

第三に、残基としての公共性は、公平無私や不偏不党やエゴの克服といった理想を役割として求められない人々に対して、どのような公共精神を獲得すべきか、という問題に応じることができる。残基としての公共性の観点からすれば、私的利害よりも集合目標を優先させることが「公共精神」なのではない。むしろ「活私成公」と呼びうるような、私的利害と集合目標の相乗的な生成こそ——言い換えれば、残基の全般的な活性化こそ——その目標にふさわしい。

また残基としての公共性は、公平無私の理性的討議によって得られる合意を公共性の第一の特徴とするのではない。理性的討議によって得られる合意の理念は、なるほど社会の基本的枠組みを決定するための正当な基準を提供するとしても、討議という手続きにおける順応行為の問題を克服することができない。いまかりに、情報的与件を同じくする社会の構成員が二〇〇人いるとして、このうちの一〇〇人が討議を通じて合意に達するとすれば、他の一〇〇人は、その決定に順応することが合理的であると判断するかもしれない。しかしもし人が他者の理性に信頼を置いて、自らの理性を公共的に用いなければ、それは順応という残基不活性の状態に置かれる。このような順応性は、合意によって調達されたルールが批判可能性に開かれているというだけでは克服できない。残基としての公共性の観点からすれば、討議による合意形成の過程は、そもそも必然的に、人々の政治的資源をできるだけ有効に利用するという理想を満たせない。

かくして代表民主制においては、批判的討議過程に参加できなかった大多数の人々は、一方では、もし自分が理性的な討議過程に参加すれば、自らの理性的な判断力によって、結論に合意できる（あるいは合意するほかない）と感じつつも、他方では、しかしそのような過程に参加しなかった自分の政治的存在意義は、別のところにある（それは理性的というよりも存在的・野性的な意義である）と感じるにちがいない。つまり代表民主制は、民衆の政治的資源を単一の討議過程に集約することができない。順応行為を克服して残基を活性化するためには、討議の結果にフリーライドすることが不可能なレベル（数十名程度のコミュニティ）に政治的意思決定過程を分割するか、あるいは、十分な理性を行使せずとも、合意に反対するパフォーマンスの政治に、一定の意義と役割を見出すことができなければならない。公共性の領域は、人々の討議力の活性化を導くための分割統治や、討議領域に回収されない表現の政治を活性化する方向に再編する必要がある。

同様に、残基としての公共性という観点からすれば、社会的企業家やエゴイストの社会的活躍を称揚する制度は、公共政策の目標にふさわしいとみなしうる。社会的企業家にせよ（A・ランド的な）エゴイストにせよ、彼らは私的-主観的な視座を超えた「動因」によって活動するのであって、すでに公共性にとって貴重な資源を有しているとみるべきである。これに対してアトミズム的個人は、それが豊かな社会的関係性を失っている以前に、自己を突き動かす動因を失っている点に問題があるとみなされよう。

第四に、残基としての公共性は、所得配分をめぐる国家の役割について、新たな理解を提供する。古典的自由主義の祖とされるA・スミスにおいて、公共性とは、必要物の供給を意味していた。これに対して現代の福祉国家は、必要物の概念を、生命の維持だけでなく、健康で文化的な生活にまで広げて解釈し、「拡張された必要物」の概念に基づく財の再分配に公共性があると考える。必要物の拡張的理解という点では、ハイエクやフリードマンに代表される新自由主義の立場もまた、現代福祉国家思想の範囲内にある。これに対して、残基としての公共性という考え方からすれば、公共性とは、たんなる「拡張された必要物（財）」の性質ではなく、必要物（財）の概念を、人々を突き動かす動因という観点から解釈したものとなる。言い換えれば、公共性ないし公共財を、国家によってたんに供給されるべきものとみなすのではなく、むしろ人々を活性化するべきものとみなすことになる。その場合、国家は、福祉の分配機構としてではなく、残基の醸成機構としての役割を担う。国家は、人々がたえず自らの私的-主観的視座を超えていく方向に、公共性の理念を掲げることができる。例えば国家は、ＮＰＯやＮＧＯの率先した諸活動を、公共性の名のもとに支援することができよう。

以上、残基としての公共性という考え方から、四つの含意を引き出した。（1）公共性における光と闇の再編、（2）所得配分と名誉配分の相克、（3）討議過程と表現過程の相克、および、（4）残基の醸成機構、である。これまで公共性の問題は、静止した光の空間において語られてきた。そこにおいては、特殊な愛着や忠誠心を超えた「理性の公共使用」こそ、理想的な振る舞いであるとされてきた。同時に、公共空間においては、欲動は飼い慣らされるべきであるとみなされてきた。しかし、人間の私的-公的な利害を調整するための合理的な制度を設計-構築しようとすると、人々はその制度のもとで、自らを突き動かす動因をしだいに失っていく。ウェーバーの比喩を用いれば、理性の統治機構からそれを支える信条が抜け出て、社会はやがて「鉄の檻」と化す。いかなる合理的な制度であれ、残基を活性化する政治術がなければ、形骸化のリスクをもつ。形骸化を防ぐためには、人間に対する次のような洞察が不可欠である。すなわち、人間は、突き動かされて行動する場合に、すぐれた公共性を開花させることができる。それゆえ私たちは、その突き動かされ方について規範的な指針をもたねばならない。

3　公共性の再編

では、残基としての公共性が提起する新たな規範的指針とは、いかなるものか。前節では残基としての公共性について、一般的な命題を立てた。すなわち、人間は、私的-主観的な制御と視座に基づいて自らを動かすのではなく、残基によって突き動かされる存在である。また公共性たる残基は、それが主題化(脚光化)される以前に生きられる実在であり、それは私的利害のパースペクティヴを超えて、すでに自生的に生成してきた、と。以上の命題と前節での考察を踏まえて言えば、私たちは成長論的自由主義の観点から、次のような規範命題を導くことができる。

人間は、突き動かされて行動する場合に、公共性を開花させることができる。すぐれた公共性を開花させるためには、残基の動因が与えられるべきであり、また、生成した残基の諸様態は、相互に成長するような制度的過程に置かれるべきである。

これが、公共性の成長論的再編という理念のもとに、私が提起したい規範命題である。では私たちは、残基の動因をいかにして得ることができるのか。また残基は、いかにして成長論的な布置のもとに編成しうるのか。これらの問題に対する応答には、残基の多様性と成長の多様性に応じて、無限の広がりがある。残基一般、成長一般について、ここで論じることはできない。以下では既存の公共性論議に即して、問いを絞りたい。

既存の公共性概念を、その対象と関係性において分類してみると、次のような見取り図が得られる。まず、公共的と呼ばれる対象の価値属性として、正義、善、卓越、利害、情報、感受性などが挙げられる。また公共性の理想とみなしうる人と人との関係性として、諸対象の共有、無視(免視)[9]、評価・承認、成長、触発などが挙げられる。[10]いま、対象の分類と関係性の分類を組み合わせると、私たちは公共性の理念について、二五の類型が得られる。これらのモデルは、いかなる制度のもとで成長論的な再編を遂げうるのか。ここでは思考の経済に従い、前節で述べた残基の四つの含意に即して、いくつかの提案を試みたい。

前節で論じた四つの含意とは、(1) 公共性における光と闇の再編、(2) 所得配分と名誉配分の相克、(3) 討議過程と表現過程の相克、(4) 残基の醸成機構、であった。

第一の含意である光と闇の再編について、これを成長論的な視点から捉えると、教育一般の問題に帰着するように思われる。例えばアーレントは、教育という営みのなかに、生命の発展に対する配慮(ケア)と、公共的な世界への新参者の迎え入れという、二つの機能があると考えた。教育の実践においては、光(世界の公共性)と闇(ケアの私秘性)の世界が混在している。アーレントは、古代ギリシア世界を一つの理想として、闇をはらむ教育の領域に公的規範(人種差別の否定)を持ち込むことを控えたが[11]、現代の公教育はもはや(人種)分離主義の立場をとることはできない。残基としての公共性という観点からすれば、光と闇が混在する教育の領域は、すぐれて公共的な問題を提起する。加えて教育の実践は、民主主義のすぐれたモデルとなりうる。私見によれば、真の民主主義社会とは、民衆のエネルギーの爆発的増大であり[12]、これを言い換えれば、残基の全般的活性化である。民主主義の理想は、教育による残基の活性化が全般化した社会として理解することができる。

他方で、教育を通じて残基の活性化を求めるという公共性の理想は、私たちが依然として、まったき光の空間においては成熟した振る舞いをすることができない、あるいはその可能性はかぎられている、という認識に基づいている。光の制約された世界とは、まったき光の空間からなる「レス・プブリカ(res publica: 公共政体ないし共和政体)」の理想と次の点で異なる。

まずレス・プブリカとは、光の空間における成熟した政治活動としての公共政体を意味する。語源をたどると、「プブリカ」の意味は、プベス(pubes)という語に関係している。プベスとは、形容詞としては、「身体的に発達した、成長した」とか、「(植物や果物などについて)樹液や果汁にあふれている」という意味をもち、名詞としては、

「成長した人、成人」「成人の集団、動員可能な人力」「思春期の年齢や状態」「陰部、秘密の部分、陰毛」などの意味をもつ。このプベスという言葉と語源的に結びついたレス・プブリカは、ローマ時代においては、軍隊に動員可能なすべての成人と少年男子からなる政治体制を意味した。レス・プブリカにおける人々の共通の関心事とは、戦争に勝つための生気と力にあふれた社会を構築することであった。[13] つまりレス・プブリカとは、すでに成長した人々の生気あふれる公共空間を理想とする社会体制の理想を意味していた。

これに対して、教育の営みをモデルとする光と闇の残基活性化社会――残基社会――においては、闇、すなわち、いまだ成熟にいたらない子どもや、戦争において戦力とならない高齢者や女性の潜勢的可能性(デュナミス)にも、等しく関心が寄せられる。あるいはまた、すでに成人した人々がもつ未熟性にも、大きな関心が寄せられよう。残基社会とは、まずもって人々の潜勢的可能性を配慮(ケア)する社会であり、未熟者の統治を可能にする政体を理想としている。それは成熟した者の統治政体たるレス・プブリカとは対照的に、未熟者の能力を活用し陶冶するような、成長志向の政治を構想する。残基社会は、未熟者たちの統治こそ、現実的な目標たりうると考える。共和主義ではなく成長主義の理念こそ、残基としての公共性にふさわしい。

では、成長志向の政体は、具体的にどのような制度設計を企てることができるのか。さまざまに構想しうるなかで、先述した第二の含意たる「所得配分と名誉配分の相克」に即して考えてみると、分配を行う者に対して、公平無私や不偏不党やエゴの克服といった高度な倫理的負担をかけないためには、次のような施策を提案することができる。すなわち、一方では公正性をめぐる複数の制度を競合させてこれを成長させると同時に、他方では名誉感情に関するオプションを与えるようなシステムを構築する、というものである。

例えば、分配の公平性をめぐっては、税制オプションに基づくリバタリアニズムと平等主義の併用制度[14]を構想することができる。また名誉感情をめぐっては、官僚の天下りによる産官癒着を避けるために、定年年齢を四〇歳と八〇歳の二つのオプションに分割し、五〇代から七〇代にかけての幹部に対して、天下りを困難にするような制度を構想することもできる。官僚は、その仕事内容において高度の名誉感情を要請されつつも、それに見合う制度が構築されていないがゆえに、天下りによって国家に寄生する民へとなり下がる。しかしそのような寄生を避けて官僚カリスマの精神的残基を回復するためには、名誉感情を生涯保持するか、早期に捨てるかの選択制によって、適切なシステムを構築する必要がある。

この他にも、成長志向の具体的政策案はさまざまに構想することができる。ここで強調したいのは次の点である。すなわち、成長志向の制度案は、諸価値を拮抗状態に置くことによって、諸々の残基を動員しうる。公共性の領域を成長論的に再編することによって、自由主義やコミュニタリアニズムや卓越主義や愛国主義といった諸思想は、それぞれに固有の意義を失わずに、拮抗状態に置かれる。とりわけ所得配分と名誉感情の配分をめぐる制度構想は、諸思想のもつ公共的意義を成長論的に再編することがふさわしい。所得分配の制度は、それ自体としては「正義」としても「共同体的紐帯」としても意味づけられるという思想的両義性をもつ。私たちはその意味をいずれかのイデオロギーに回収したり包摂したりするのではなく、それらの意味を成長論的に拮抗させるようなオプション制度を構想することができる。

同様にして、名誉感情の配分についても、その意義は「市民的精神（継承された官職カリスマ）」としても「愛国心」としても了解しうるという思想的両義性をもつが、それらの意味をいずれのイデオロギーにも回収-包摂することなく、制度的再編を企てることができる。かくして公共性の成長論的再編は、諸思想を公正に遇するという意味において、超越的な自由主義にコミットメントすることになる。ただしその再編は、正義と善をともに批判的に成長させるという意味では、そのメタ・レベルにおいて、成長論にコミットする。

同様に、先に論じた第三の含意たる「討議過程と表現過程の相克」についても、相互成長的な再編を企てることができる。公共性をめぐる討議過程と表現過程の相克とは、一方における討議過程と他方における表現過程の政治が、乖離する関係に置かれるという事態である。討議過程と表現過程とは、それぞれハーバーマスとアーレントによって与えられた公共性の代表的モデルである。この二つのモデルを相互に成長させる残基社会を構築することは、いかにして可能だろうか。

まず大まかに言って、ハーバーマス的な討議過程は、トクヴィル的な熟議民主主義の編成（討議過程の分割統治と積み上げ）によって、すぐれた残基、すなわち民主主義的討議のエネルギーを調達できる。またアーレント的な表現過程は、ネグリ／ハート的なマルチチュードの形成（政治的表現過程のグローバルでゲリラ的な展開）によって、その残基たる表現力の政治性を動員することができる。[15] これら二つの構想によって、討議過程と表現過程の相互醸成を企てることができる。もっとも、トクヴィル的討議過程とネグリ／ハート的な表現過程は、たやすく融合することはない。一方は国民国家の求心力を要請し、他方は国民国家に対する遠心力を要請するからである。この二つの理念を相互に醸成するためには、何らかの構想力が必要である。

ハーバーマスは、合理的な社会の機構を提案する構想力の営みを、「イデオロギーとしての技術」という観点から批判的に捉え、人と人との直接的かつ透明で豊かなコミュニケーションの理想から排除した。[16] またアーレントは構想力というものを、設計図となるイデアを作成する「仕事」とみなし、これを公共世界における「活動」の任務とは捉えなかった。[17] しかし私たちは、社会制度の多様な成長のために、社会政策に関する構想力を喚起する方向へ、討議過程と表現過程の相互醸成的な関係を見出すべきではないか。私たちは、現代の社会において、いかなる構想力のもとに、民衆の討議過程と表現過程を相互に醸成することができるのか。先に挙げた第四の含意である「残基の醸成機構の再編」は、まさにこの問題にかかわる。

討議過程と表現過程の再編という問題を考えるうえで、マルクス主義の政治経済学から出発したS・ボールズとH・ギンタスの立場変容は、示唆的であると同時に象徴的である。[18] ボールズ／ギンタスは、七〇年代においては正統派マルクス主義を継承する観点から財配分の問題に取り組んだ。しかし彼らは八〇年代以降、しだいにその思想的スタンスを変容させて、新自由主義（正確にはフリードマン）の提案とされる学校選択制度案（ヴァウチャー・システム）

を支持するにいたる。彼らの思想的立場は、たんに真摯なマルクス主義から軽薄な新自由主義に移ったというのではない。むしろ彼らは、ここでいう残基社会の再編という問題に取り組む過程で、人々の潜在的能力を活性化させるためには学校選択制度を積極的に活用すべきであるという理解にいたったと考えられる。

ボールズ／ギンタスによれば、学校選択制度には次のような四つの公共性がある。第一に、それは説明責任（accountability）による公開性という意味での公共性を活性化することができる。第二に、規制された競争を導入すれば、教育実践を活性化するインセンティヴを与えることができる。第三に、学校ごとに異なる個性や多様性を認めることができる。最後に、選択を通じて学校教育を民主的に統制できる。以上の四つの公共性は、いずれも民衆の残基を活性化し、また社会全体としては討議過程と表現過程を相互に醸成することで、「残基の醸成機構の再編」という問題に対する一つの応答となりうる。学校選択制度は、市場による公的世界の侵食を意味するのではなく、これをうまく運営すれば、残基を活性化させるための機構たりうる。学校選択制度は、たんなる分割統治の理想ではなく、社会全体の成長統治と呼びうるような、民衆の残基に訴える統治モデルを提供できる。このモデルを他の領域に応用していくことは、残基社会の再編にとって一つの発見法になるだろう。

4　成長論の四つの伝統

以上において私は、(1) 公共性における光と闇の再編、(2) 所得配分と名誉配分の相克、(3) 討議過程と表現過程の相克、(4) 残基の醸成機構、という四つの問題について、公共性の成長論的再編を試みてきた。教育活動の全般化した社会、共和主義に代わる成長主義（公共政体に代わる残基社会）、所得配分と名誉配分のオプション制度、自由主義やコミュニタリアニズムに代わる成長志向の社会、残基を活性化する学校選択制度案——以上の四つの提案が、ここで私が成長論的再編と呼ぶ暫定的なビジョンである。最後に私は、思想史においては成長主義の四つの系譜があることを論じて、本章を閉じたい。

成長という理念を掲げると、多くの人々は別に成長したいと思っていない、という批判が返ってくるかもしれない。[19]これに対する私の応答は、「人は一般に、自らは成長したがらず、むしろ人々を切磋琢磨させることによって多くの利益を得ようとするエゴイストなのだから、思想家もまた自らの成長を棚上げにして、社会の成長を考える」、というものである。このエゴイズム的発想は、反成長志向の人間像よりもいっそう現実的であるように思われる。以下に論じる成長論の四つの系譜は、それゆえ、エゴイストの企てとして受けとめてもかまわない。けだしエゴイストは、残基に突き動かされる公共的存在だからである。

まず成長論は、大まかに分けて、失われた動因を革命的に取り戻す「回復型 (retrieval type)」と、限界的な能力を積極的に利用する「境界型 (marginal type)」の二つの系譜をもつ。前者の「回復型」は、さらに、「闘争化プロジェクト」と、「ロマン主義プロジェクト」に区別できる。「闘争化プロジェクト」は、とりわけエリートや対抗エリートたちの公共精神として、相互敵対的な協業による政治的「生」の表現を称揚する。例えば、ウェーバーの政治哲学的見解、アーレントのいう「活動」としての公共的領域、フーコー主義者（例えばW・コノリー）たちの差異の政治理論などがある。これに対して「ロマン主義プロジェクト」は、教養上の全人的復興論を政治の領域に持ち込む過程において、とりわけ民衆の政治実践に照準しつつ、全能性と共同体（国家を含む）の創生との包摂的-融合的な関係を探るものである。例えば、マルクス主義に代表される社会主義思想、J・ヘルダーを支持するI・バーリンやC・テイラーの多元主義的政治理論、あるいは、ネグリ／ハートのマルチチュード論などがある。

以上の系譜に対して、成長論のもう一つの系譜たる「境界型」は、これを「批判理論プロジェクト」と「自生的プロジェクト」に区分できる。「批判理論プロジェクト」は、可謬主義哲学に基づく政治体制の理性的検討を称揚し、理性の限りなき成長を展望する。例えば、J・S・ミルの代議制統治論、行政監査を軸とするハーバーマスの市民社会論、あるいはポパーの批判的合理主義に基づくマニフェスト討議型の政治実践などがある。これに対して「自生的プロジェクト」は、社会をマージナルな地点から観察し、社会のうちに自生的に発生する秩序化の要因を掬い取ろうとする企てである。例えば、パレートの残基‐派生論、ハイエクの自生的秩序論、あるいは、N・ルーマンの社会システム論などがある。この最後の系譜は、境界人《マージナル・マン》の抱く社会秩序のコスモロジーの系譜とみなすこともできる。

さて以上の四つの系譜は、別の観点から見れば、「存在の政治」と「潜勢的可能性《ポテンシャリティ》の政治」という二つの類型に区別することもできる。「闘争化プロジェクト」と「批判理論プロジェクト」は存在の政治であり、それらは演劇的な空間において人々を承認するような、政治の舞台を要請している。他方で、「ロマン主義プロジェクト」と「自生的プロジェクト」は、「潜勢的可能性の政治」であり、これらは、各人の理性によっては十分に把握することのできない潜勢的可能性を刺激する政治を必要としている。

以上の四つの系譜にみられる思想伝統を再編することは、成長論的自由主義の思想的課題となる。これらの成長論の系譜にはすべて、成長の基底性と呼びうるような通低音がある。成長の基底性は、成長の特殊構想に対するメタ理念（成長の成長）であり、諸々の善き生の構想が、相互に張り合いながら進化を遂げることである。成長論は、それ自体としては、何が成長であるかを特定しない。成長についての考え方そのものが成長するという、メタ理念に対してコミットする。成長論の観点からすれば、「すぐれた公共性」とは、多元的な緊張を孕んだ成長であり、残基としての公共性は、そのような成長を育むことができる。

5　おわりに

以上、自生化主義の公共哲学を論じてきた。公共性とは、残基（残りもの）である。残基は、人間を背後で突き動かす動因である。残基は人間を突き動かして、すぐれた公共性を開花させることができる。そのような残基を、互いに成長させるような苗床は、成長論的な自由主義の制度理念を与える。残基としての公共性は、一見すると是認しがたい発想にみえるかもしれない。しかしそれは、諸々の公共哲学を再編する統一理念として機能する。次章ではこの公共哲学がもつ制度論的含意を明らかにしたい。

第十五章　公共空間のデザイン

一九六〇年代から八〇年代後半にかけて、冷戦期の西側諸国においては、ソビエト連邦を本拠とする社会主義のイデオロギーに対抗して、自由主義の思想負荷性を帯びた抽象彫刻を公共広場に設置することが一つの公共政策とされてきた。例えばヘンリー・ムアの巨大彫刻は、レーニン像やスターリン像に代替する機能を果たすものとして、各地の公共施設前に立像された。これに対して日本では、戦後を通じて公共彫刻の事業が地方自治体に任されており、国家レベルではそのような事業を立ち上げることがなかった。(1)その結果として日本人は、公共空間に対する感受性や理解を育む機会に乏しく、かりに国家が公共空間を創出する場合にも、自由の理念が締め出されてきたように思われる。

自由と公共空間の認識に関する西側諸国と日本のこの違いは、自由主義と公共性の関係を考えるうえで、興味深い問題を提起する。日本人の通念においては、そもそも「私的自由」と「公共性」は相反する理念であるとみなされる。しかし欧米諸国における私的自由の理念は、もっと社会的・公共的なものである。私的創造性を象徴する彫像は、公共空間の中心において表現される。私的自由は、彫像を一つの媒介項にしつつ、公共的なコミュニケーションとの相互作用のなかでその位置価を与えられる。欧米社会においては、自由の利用が各私的なアトミズムの領域に埋没することがないように、社会政策的な観点から「自由の社会化」のための布石が施されている。私的自由の社会的表現はまさに、諸政府の公共政策のなかで構成されてきた。

ではその政策指針の背後に、いかなる思想理念を読みとることができるだろうか。また一般に、私的自由と公共性の二つの理念は、いかなる理路において、互いに豊かな関係を取り結ぶことができるだろうか。本章では、公共抽象彫刻（とりわけヘンリー・ムアと岡本太郎の芸術論）の検討を通じて、自由主義に必要な公共性とは何か、またいかなる公共性の構築が自生化主義のプロジェクトたりうるのか、という問題を検討したい。

1　公共性と自由の問題

1-1　公共性を要請する自由主義

通俗的な理解によれば、自由主義とは政府の最小化を唱える立場であり、公共性の問題については無頓着な思想であるとみなされる。例えば自由主義の理念は、非民主的な政府のもとでも可能であり、公共性に関するいかなる理想を満たさなくても、その理念は実現されうると考えられている。そしてそのような立場の代表として、政治と経済における消極的自由を最大限に要求するリバタリアニズム（自由尊重主義）を挙げることができる。

しかし自由主義にもさまざまな立場がある。リバタリアニズムは必ずしも自由主義の理想ではない。自由と公共性は両立可能であり、また両者の関係は相互醸成的ですらある。以下では「自由」と「公共性」の豊かな関係を探るために、まず、D・ボウツによる自由主義の分類図式(2)から議論をはじめたい。

リバタリアニズムの主唱者として知られるボウツは、自由を「個人的（人格的）自由」と「経済的自由」の二つに分けて、この二つの組み合わせから、リバタリアニズム／自由主義／保守主義／権威主義の四つの立場を類型化している。ボウツの類型に従えば、リバタリアニズムとは、個人的（人格的）自由と経済的自由の両方を最大限に重視する立場であり、これに対して自由主義とは、個人的自由を尊重しつつ経済的自由を軽視する立場である。また保守主義とは、個人的自由を軽視しつつ経済的自由を尊重する立場であり、権威主義とは、個人的自由と経済的自由の両方を軽視する立場であるとされる。そしてボウツはこの分類に基づいて、リバタリアニズムこそ自由を最大限に重んじる徹底した自由思想であると主張する。

しかしボウツの分類においては、古典的自由主義や新自由主義といった自由主義の立場をうまく捉えることができない。というのも彼の分類は、自由を消極的自由として捉えており、積極的自由の意義を捉えていないからである。またこの分類は、自由を肯定したり否定したりする場合の正当化理由に関する分類に適しており、正当性の問題を有効性の問題に転換することが可能なレベルの問題を捉えていない。例えば、A・スミスのような古典的自由主義の立場は、国富増大へのプロジェクトという観点から、ある場合には消極的自由を主張し、別の場合には積極的自由を主張するが、このような帰結主義の立場は、消極的自由を擁護する根本的な正当化理由をもたない点で、ボウツの図式においてはうまく分類されない。古典的自由主義は、それが思想体系として一貫した立場をとりうるにもかかわらず、先の四類型においては、優柔不断で曖昧な立場に属するものとみなされてしまう。

そこで私が提案したい別の分類は、自由というものを積極的自由として捉え、これを個人的（人格的）自由と経済的自由の二つの領域に適用することである。積極的自由についても、ボウツの分類と相似の四類型を作ることができる。すなわち、積極的自由を二つの領域において最大限に実現しようとする立場として「成長論的自由主義」があり、その対極には、いずれの領域においても積極的自由に制約を課す立場（これを暫定的に「消極主義」と呼んでみよう）がある。そして、いずれか一方において積極的自由を実現しようとする立場として、一つには、文化多元的成長を奨励して経済的成長を奨励しない立場（文化左派）があり、またもう一つには、経済的成長を奨励して文化多元的成長を奨励しない立場（経済右派）がある。以上の四類型のなかで、積極的自由を最大限に重んじる成長論的自由主義は、リバタリアニズムとは別の意味で、自由思想の究極的形態を表現している。

ここで、積極的自由の概念には注意が必要である。従来の用語法における積極的自由は、ある特定の価値実現への自由を意味する。I・バーリン以降の自由主義者たちは、積極的自由の概念をこの意味で理解し、この概念が歴史のなかで、社会主義や全体主義の集合的目標を正当化する理念へ転化したことを批判的に認識してきた。すなわち積極的自由の理念は、ある一定の集団が共有すべき実質的な価値(ないし美徳)を掲げる以上、この自由を肯定する立場は、全体主義をまねくリスクを合わせもつとみなされてきた。

しかし私は、ここで積極的自由の意味を「自由への自由」として理解したい。すなわち、未確定で多元的な価値実現への自由や、潜勢的可能性の開花という意味で、積極的自由の概念を捉え返す。しばしば積極的自由は、「〜への自由(freedom to)」と表現されるが、ここで「〜へ」という場合の目指すべき対象は、特定の価値に固定される必要はない。「〜へ」という項目に「未規定の自由(デュナミスの多様な開花)」を当てはめてみると、積極的自由の概念は、自由の再帰的な規定によって特徴づけることができる。積極的自由の概念は、バーリンが用いた意味とは別の、未知なる潜勢的可能性の多元的な実現という意味で用いることができる。

このように、積極的自由の概念を新たに捉え直すと、この理念を究極的に推し進める体制は、集産主義とは別のタイプの社会を帰結する。それは成長論的自由主義の社会をもたらすことができる。未知の自由を掲げる積極的自由の立場は、個人的(人格的)自由と経済的自由の二つの領域において、人々の潜勢的可能性をさまざまに実現しようと企てる。この考え方は、公共性の領域においても、積極的自由の促進にふさわしい諸条件を求める。一般に、消極的自由を尊重する自由主義(リバタリアニズム)は、権利としての自由に関心を寄せる一方で、各人に与えられた私的自由がどのように利用されるのかについては価値判断を控える傾向にある。これに対して成長論的自由主義は、公共性の提供がいかにして人々の積極的自由に寄与するか、という問題に関心を寄せる。

1-2 「自由への自由」を育む公共性

では積極的自由の理念を掲げる成長論的自由主義は、いかなる公共性を要請するのか。自由主義と公共性をめぐる問題状況を明らかにするために、以下では歴史的に問題となるいくつかの論点を挙げて考察を進めたい。

自由主義のイデオロギーはこれまで、公共性を省みないブルジョア的精神と同一視されてきた。(3) 批判者たちによれば、自由主義とは、新興ブルジョア階級のイデオロギーにすぎず、それは都市化とともに生み出されたマテリアリスティックな対外指向型の消費欲望であるという。またその思考は、都市の公共性について考える視点がなく、無秩序に開発された都市空間に漂流するといわれる。こうした批判的言説に対して自由主義の側は、その批判を甘んじて受け入れる一方で、反対に、政府が開発した人工的な都市のほうが、いっそう荒廃した精神文化を生み出すと反論してきた。設計主義の思想こそ、F・カフカが描くような行政的手続きの闇を生み出す。カフカ的な行政的匿名性の空間と比べるならば、ブルジョア資本主義はむしろ、豊かなコミュニケーション文化を育んできたといえるかもしれない。例えば、ハーバーマスが指摘するところのコーヒー・ハウスやサロンや会食クラブなどの文芸文化は、ブルジョア資本主義のなかで育まれた理想的な公共文化である(4)。

もっとも歴史的にみて、その後のブルジョア資本主義は国家的帝国主義の段階に向かい、その象徴的な表現として、国立の美術館や博物館を設立していった。国立の美術館や博物館は、自国の歴史と芸術の偉大さを示すとともに、征服した植民地の戦利品を陳列することによって、国家の威信を高めることに仕えた。そこにおいては、世界支配を目指す国家の文化的誇示が、公共的な目的の一つとされた。こうした覇権的・権威的な公共性の理念は、確かに否定的に評価されてしかるべきである。

しかしその後の歴史のなかで、ブルジョア資本主義の文化は、ポップ・アートやビートルズの音楽のような、人々の共通経験に根ざした大衆文化を生み出していく。かつてJ・デューイは、民主主義の観点から帝国主義的な公共芸術のあり方を否定して、日常経験のなかにある共通の性質を芸術が理想化することこそ、重要な美的経験であるとした。ところがその理念は、民主主義の文化よりも、大衆資本主義文化のなかで発展することになった(5)。現代の資本主義文化は、大衆的な共通経験の文化的表現という段階を超えて、次なる段階へと向かっている。日常生活の多様化と分断化が進む現代社会において求められる公共芸術は、もはや日常生活の共通経験の表現ではない。現在、私たちが問うべきは、日常意識の分断化が進む高度資本主義社会において、自由と公共性の豊饒な関係はいかにして可能か、という問題である。[6] 現代におけるブルジョア資本主義の文化的成熟は、結局のところショッピングモールのような消費のレジャー空間を公共的な場所の代替物として生み出したにすぎないのではないか。このような批判に対して、私たちはいかなる応答をなしうるだろうか。

この問題に応じるために、私は、空間の中心に抽象彫刻を据えた公共広場を、一つのモデルとして考察したい。公共彫刻広場は、見方によっては、J・ベンサムのパノプティコンとは正反対の制度装置として解釈することができる。というのも公共彫刻広場は、空間の中心に監視塔を置かず、人々が「無としての中心」を共有するような社会を象徴しており、またフーコー的な規律訓練社会とは対照的に、自由生成＝成長論的自由の理念を表現するからである。次節ではこの考え方を発展させて、自生化主義の公共空間を探究する。

2 公共性の二つのモデル

自生化主義と公共性の豊かな関係について考えるとき、およそ二つのモデルを構想することができる。一つは、J・ジェイコブズによって提起されたものであり、私はこれを「旧市街地雑踏モデル」と呼びたい。もう一つは、私が以下に提案する「公共彫刻広場モデル」である。以下ではこの二つのモデルを素描しよう。

2-1 旧市街地雑踏モデル

公共性の「旧市街地雑踏モデル」とは、ジェイコブズが著書『アメリカ大都市の死と再生』[7]において描いたような、ニューヨーク・マンハッタンの旧市街地（ダウンタウン）をモデルとする一つの理想的な公共空間である。ジェイコブズによれば、一九六〇年代に開発されたニューヨーク郊外の居住区ブロンクスは、建築王R・モーゼスによる中央集権的かつ大規模な計画によって、かえって人間関係の荒廃とスラム化を招いてしまった。モーゼスの独裁的な設計主義思想が人間を「画一的な単調さ」のなかに閉じ込め、精神の豊かさを奪いとってしまった。大規模に開発されたニュータウンは、人々の日常生活を無機的で不毛なものにしてしまう。これに対してジェイコブズが理想とする都市の空間は、歴史のなかで自生的に生成してきた旧市街地の雑踏である。旧市街地においては、人々の意図がぶつかり合い、諸機能が入り混じる。そこでは、多様性と発見の機会、異質なものに耳を傾ける機会、喧騒と民衆のエネルギーなどの諸特徴が渾然一体となって、一つの公共空間を生み出している。ジェイコブズによれば、こうした諸機能の多重性こそ、都市空間の豊饒さを表現するという。旧市街地がもつ機能の多重性は、人々の潜勢的可能性（としての自由）を積極的に活用するための空間構成として、成長論的自由主義の観点からも評価することができる。

もっとも旧市街地といえども、実際にはすぐれた諸機能を満たさない場合がある。また新市街地においても、空間がうまく構成されるならば、旧市街地がもつ諸機能の多重性を実現しうる。私たちが関心を寄せるべきは、旧市街地そのものではなく、モデルとしての旧市街地の豊饒さである。

旧市街地の理想的な特徴として、ジェイコブズは次の四つを挙げる。（1）地区内のできるだけ多くの場所が、二つ以上の機能を果たすこと、（2）ブロックの長さが短く、街路を頻繁に曲がる機会があること、（3）さまざまな年代に建てられた建物が混在していること、（4）人口が十分に密であること、以上である。これら四つの要素を満たす空間は、人々の潜勢的な可能性をかきたてる点で、すぐれた公共性をもっている。そこにおいては人間の未知なる潜勢的可能性が刺激され、そして開花していくことが制度的に支援されている。旧市街地雑踏モデルは、積極的自由と公共性という二つの理念を取り結ぶ。それは同時に、成長論的自由主義の観点からみた理想の公共性でもある。

このモデルはさらに、インターネット上の空間に応用することもできる。C・サンスティーンは、ジェイコブズの都市論をインターネット空間に応用して、ネット上においても、人々が多種多様な情報に触発される機会を設けることが望ましいと主張する。(8) 具体的には、政府がさまざまなホームページに公共広告を掲示して、その広告をクリックすれば、公論形成のためのインタラクティヴなホームページへアクセスできるようにすべきだという。いわばネット上に、さまざまな意見に触れるための街路（ストリート）を作り出そうというのである。こうした実験的な試みは、旧市街地雑踏モデルを現代に生かすための、一つの興味深い提案である。しかし私は以下において、自由と公共性の豊かな関係を取り結ぶためのもう一つのモデル、すなわち、公共彫刻広場モデルを提案したい。

2-2 公共彫刻広場モデル

公共広場に抽象彫刻が設置される場合、その彫刻の存在が、人々の自由な活動を喚起することがある。例えば、ヘンリー・ムアの巨大な抽象彫刻が据えられた広場は、積極的自由と公共性の豊かな関係を象徴する。抽象彫刻の作品が町の中心に置かれると、それは具体的な支配者が君臨した状況を否定するとともに、シンメトリーを重んじる設計主義的な権威（官僚制機構）が支配する状況をも否定する。人々は、抽象彫刻が置かれた空間において、自由主義にふさわしいさまざまな理念を発見することができる。抽象なるものの優位、生成と創造へのエネルギッシュな意志、新しいもの（近未来的なもの）への予感（意味に先行する予感）、美の理性的昇華（生存の美学を理性と結びつけること）の賞賛、洗練された知性への欲求を刺激する装置、エロス的リビドーの創造的昇華、法の支配（人格的に支配されていないこと）などである。また抽象彫刻の存在は、即事的な仕事をこなすオフィス・ワーカーたちの未来志向とも結びつく。それは近未来的に構成された空間において、未来に投企する精神を表現してもいる。

以上のような諸特徴をもった空間を、私は公共彫刻広場モデルと呼びたい。このモデルの性質については次節で詳しく検討するが、さしあたってこのモデルを前節で論じた旧市街地雑踏モデルと比較すると、次のような特徴を挙げることができる。第一に、それは特定の社会的諸機能を果たすのではなく、むしろ機能に還元されない創発的な精神の発現にかかわる。第二に、その彫刻はさまざまな角度から眺められ、あるいは触れられることによって、認識に生成の要素を与える。第三に、それは近未来的ではあるが普遍的な存在を表現しており、古くなることから生じる減価や増価をもたらさない。最後に、その彫刻は、さまざまな人々によって集中的に観察され、中心が無であることについての認識を与える。こうした諸特徴——創発の精神・生成・近未来的普遍・集中観察・無——をもつ点において、公共彫刻広場モデルは、旧市街地雑踏モデルと区別される。

旧市街地雑踏モデルと公共彫刻広場モデルは、いずれも自由主義と公共性の理念を結びつける。これに対して、コミュニタリアニズム（共同体主義）と公共性を結びつけるモデルを考えることもできる。例えば、「市民会館集会モデル」や「歴史的建造物巡礼モデル」である。市民会館集会モデルとは、町の中心に集会所を建設し、地域社会の結びつきを促す。このモデルにおいては、公共性と共同性が空間において一致すると同時に、市民の美徳と討議的理性の両方が実現される。A・エッツィオーニやB・バーバーのようなコミュニタリアンは、このようなモデルを理想とするにちがいない。これに対して歴史的建造物巡礼モデルとは、都市の空間を観光ルートという観点から捉えた公共性のイメージ構成であり、外来者に対する居住者の説明様式、居住者の反省的な自己像、歴史的意味の発掘と体系化による想像的共同性の積極的な再構築（観光ルートの充実化）、社会貢献のさまざまな範例の共有、物語的共同性の多様で重なり合った表現などの特徴から、その地域の共同性と公共性を再構成しようとする。A・マッキンタイアのようなコミュニタリアンは、このモデルに賛成するはずである。部外者に対して理解可能なように、共同体の精神を物語的に伝えようとするだろう。(9)

3　自由主義と抽象彫刻

3-1　アヴァンギャルド芸術からの出発

公共彫刻広場モデルの特徴を詳しく検討してみよう。このモデルにおいては、積極的自由と公共性の豊かな関係が探究される。歴史的にみると、その前身は、アヴァンギャルド（前衛）芸術に見出せる。アヴァンギャルドと自由主義的公共性の関係は、ムア本人が、アヴァンギャルド芸術から出発して戦後の公共彫刻にいたる歩みとも重なる。同いった点について、簡単な考察を加えたい。以下に、アヴァンギャルド芸術が自由主義の理念と親和的な方向へ継承されていった点について、簡単な考察を加えたい。

二〇世紀前半のアヴァンギャルド芸術は、一九世紀の急進的芸術家たちが確立した「批判的リアリズム」をさらに先鋭化して、新たな様式を確立した。批判的リアリズムの芸術は、資本主義体制のもとで抑圧された民衆の実態をリアルに描いたのに対して、アヴァンギャルド芸術は、資本家階級に対する批判を抽象的な表現を用いて遂行した。だがその企ては、下層階級や民衆の支持を得ることができず、一九三〇年代になると、民衆は自らの活動の社会表現として具象芸術を求めるようになる。そしてそのような民衆の要求に応じたのは、全体主義や社会主義の具象芸術であった。これに対してアヴァンギャルド芸術は、エスタブリッシュメント(支配階級)に対する批判、あるいは、対抗エリート的な急進派の自己表現として台頭した。それはまた、進歩主義的な自由の理念を表現してもいた。

戦後になると、社会主義諸国においてはリアリズム芸術が栄え、これに対して資本主義諸国では抽象芸術が発展していく。(10) 資本主義諸国が抽象芸術を受け入れたのは、一つには表現の自由を保障していたからであり、またもう一つには、アヴァンギャルド芸術におけるテーマが、自由主義社会の創造的な生産性や自生的発展(意図や管理能力や設計的理性に拘束されないエネルギーと緊張感)を一歩先んじて捉えていたからである。総じて一九三〇年代の急進左派は、戦後になると自由主義へと思想的転回を遂げていく。それは急進左派の芸術がもつ三つの特徴、すなわち「部族社会の回帰願望(ハイエク)」、「抽象への感情移入(W・ヴォリンガー)」、および「元型としての母型社会(C・G・ユング)」という三つの特徴から、第一の「部族社会への回帰願望」を飼い慣らして、これを自然の普遍性へ昇華する過程で生じた、と解釈することができる。ムアと岡本の芸術活動は、その典型である。両者に共通するのは、アヴァンギャルドのもつ原始的なエネルギーを飼い慣らしつつ、その豊饒さを近代社会のなかで最大限に発現するというテーマである。

もっともムアと岡本が彫刻家として活躍したのは、戦後の冷戦期においてであり、その後のポスト冷戦期においては、抽象芸術におけるさらなる変化がみられる。単純化して言えば、冷戦期の芸術がテリトリー（領土）の支配に関心を寄せるのに対して、ポスト冷戦期の芸術は、縦横無尽に配列可能となる位相空間に関心を寄せている。後者はとりわけインターネットの普及とともに、コミュニケーションの横断性が、それ自体として表現対象となった時代の産物である。(11) 冷戦期とポスト冷戦期の芸術には大きな断絶がある。しかし資本主義社会の文化と公共性の問題について考えるとき、アヴァンギャルド芸術の系譜は、一定の普遍的な特徴を備えているように思われる。それはすなわち、公共彫刻広場モデルにおける自由と公共性の友好な関係である。以下ではムアと岡本の芸術思想に焦点を当てて、この関係を探究したい。

3-2　ヘンリー・ムア——隠された言語

ムアの彫刻は、公共彫刻広場モデルのパラダイム例である。ムア本人が書き記した草稿やインタビュー、あるいは、批評家たちの言説を頼りに再構成すると、ムアにおける公共彫刻広場モデルの特徴は、次の三点にまとめることができる。

(1)有機的・内生的な成長のエネルギー

しばしばムアに対する批評においては、成長しつつある彫刻というテーマが取り上げられる。それは「彫刻作品が内部から加えられる圧力によって生み出される」とする見方であり、あたかも作品がその素材の内部から生み出され、そして作品の内部で何かが動いているような感覚を私たちに与えてくれる。実際、ムアは、彫刻はこれを見る者に対して、「自分の見ているものがその内部に、外に向かって突き上げてくる独自の有機的なエネルギーを抱えているように感じさせるべきだ」と考えていた。(12)

またムアは、芸術家の内的能力（inner capacity）によって創り出された形態は、自然な現れ（appearance）を超える、とも述べている。ここで「現れを超えるもの」とは、「力、強度、生命、内側からの活力」であり、「多面的であらゆる目的に適うような生命力」である。[13] ムアの彫刻は、現れを超えた生命の力動を表現する点に特徴がある。かつてH・アーレントは、古代ギリシアの社会において、人々が人格をもった者として現れる場所を真の公共空間として描いた。これに対してムアの公共彫刻は、見る者たちが人格者として現れるのではなく、その現れの背後に回りこんで、見る者たちを生成の動態に巻き込むような表現である。

さらに、ムアの彫刻における生成の理念は、とりわけ一九五〇年代から六〇年代にかけて社会的に問題化された「疎外の克服」とも共鳴している。ムアは抽象彫刻の制作において、現実を感情的に理解しつつ、その素材のなかから理念を解放するというモチーフを抱いていた。これは人間的本質の把握と解放という疎外論のテーマ、すなわち、近代社会における機械化と功利主義の潮流に抗して、精神の回復を目指すというテーマと重なる。もっともムアの芸術は、疎外の克服を志向するとしても、体制としての社会主義を志向するのではない。ムアの彫刻は、むしろマルクスがいうところのエネルギッシュな原理を志向しており、[14] それはシュールレアリズムにおける自由解放の理念とも重なる。[15] ムアはしばしば、自身の作品のなかに野蛮さ（brutality）の要素を加えているが、それはオートメーション化（非人間化）が進む現代社会に抗して、生存と希望の理念を肯定し、人間の生命がもつ潜勢的可能性に希望を託していた。[16] 例えばムアが旧石器時代の多産性について語るとき、その思想的含意は、機械的合理化によって閉塞していく近代社会において、近代に抗する有機的で多産的な生成の原理を対置させることにあったと考えられる。

(2) 反設計主義・反文脈主義　ムアの公共彫刻には、設計主義と文脈主義に対する批判の要素がある。設計主義批判というのは、ムアが作品の制作において、建築的に展開される設計主義の思考を否定し、自生的な創造の過程を重んじた点である。例えば、自らの作品「三つの部分のオブジェ」の制作過程について、次のように述べている。

……それは人間ではないが、動物や植物でもない。いや、私はそれがどうやって生じたかわからない。わたしは作品がどうしてはじまったかわからない。わたしは午前中にわずかな石膏か少しの粘土でとりかかって、そして形態が生まれるだけなのだ。それにある程度関心がもてて、それをつづけるか、そうでないかのどちらかである。もしそれに関心があるなら、わたしは正確にそれが何を意味するのか、知る必要も、知ろうとすることもなく続ける。わたしは、正確にそれが何を意味するかを知らねばならないという拘束から自由である以上に自由であることすら望む。それだからわたしは、いつも「説明」の必要などまったくなしに、形態をとらえ、発展させ、さらに前進させられるのである。(17)

このようにムアは、作品の制作において、設計的な理性の働きを持ち込まず、自生的な生成の過程を重んじた。自生的な過程を通じて生み出された彫刻作品が公共空間の中心に置かれる場合、それは設計主義的に構成された都市空間にあって、設計的であることを否定する点に、すぐれた象徴的意義をもつ。ムアによれば、もし都市計画者や建築家や彫刻家や画家のあいだで、新しい都市を作る際に統一性を調達できるならば、その統一性は、人々の生活から自生的に生成したのではなく、むしろ上から意識的に課され、その結果として都市は、人工的で生命のないものとなってしまう。(18) 言い換えれば、作為的に構成された都市の調和は、不毛さをもたらす。これに対して作為を免れる生成としての彫刻は、多産性を表現することができるとムアは考える。

この多産性の原理は、ムアの彫刻作品において、「隠された造形言語」の存在と結びついている。彼の彫刻作品は、人間知性を伴う活動の結果ではあるが、しかし同時に意図せざる産物でもある。それは明快な言語によってデザインされてはいないが、かといってまったくの無意識から生まれているのでもない。それはいわば、抽象的な形態が繰り広げる多様なイディオムを展開したものである。実際、ムアは「抽象芸術は人々に抽象的な言語を教える」と述べている。(19) その含意は、抽象芸術には各人の個人的次元に訴えるような「増殖する暗黙の造形言語」があって、それが人々のあいだに作品鑑賞を通じて自生的に生成し、そして秩序の感覚を生み出していくということではないか。隠された造形の言語は、作為を通じてではなく、また現れを通じてではなく、私的な生成の感覚を通じて経験される。それは同時に、社会の自生化過程に対するシンボリックな信念を育むことにもなる。実にムアの公共彫刻においては、隠された造形の言語が多産性の原理となって、私的自由と公共性の豊かな関係を可能にしている。

（3）普遍的かつ私的な表現の公共性　ムアの公共彫刻において際立つもう一つの特徴として、「文脈を離れて考える」という反文脈主義を挙げることができる。ムアは、次のように述べている。

私は（公共彫刻の）サイズといった一般的な問題以外は、建築家といっしょに仕事をしない。私はその場所に行って何かを考えるといったことをするのが好きではない。ある場所に私の彫像を置くことを依頼された場合には、私はこれまで自分がなしてきたことや、今しようとしていることのなかから、ふさわしいものを選ぶようにしている。けれども私は、その場所に座って、その場所のために何か特別なものを作ろうとはしない[20]。成功している彫刻作品とは、どんな場所でもうまくいくものでなければならない。私が作品に従事するとき、あまりにも非日常的な環境でないかぎり、それが屋内と屋外のどちらに適しているかという問題に関心を寄せない。すぐれた人は、ある集団においてのみ善いということはありえない。彼は、どこでも一貫して振る舞うことができなければならない[21]。

このようにムアは、彫刻の制作において、その作品が置かれる場所性をあえて考慮せず、普遍的な観点から彫刻と向き合うことを理想とした。屋外に置かれる彫刻については、ムアは、それが木や家や人々や周囲の環境よりも、「空（sky）」と関係していなければならないと述べる。「空」のみが無限と現実を対比させることを許すのであり、彫刻の内的なスケールを感じさせるのは、その存在が周囲の文脈から離れている場合であるという。

文脈を離れて、存在の内的スケールと向き合うという態度は、その規範的含意として、ある特定の文脈にふさわしい振る舞いをするよりも、むしろ文脈に囚われない振る舞いをする美徳を称揚する。ムアの作品は、公共空間という文脈の中心部において、その文脈を離れた生成の論理が存在していることを、人々の認識に呼び覚ます。ムアの公共彫刻は、文脈主義に対する批判として、言い換えれば、文脈からの逸脱や断絶を通して生成する普遍の肯定として理解することができる。そしてこの特徴は、逸脱と普遍の和解というテーマと密接に結びついている。巨大な公共彫刻を多く作るようになる後期のムアは、よりいっそう個人的な作品を作るようになったと指摘されるが[22]、ムアは意識的に、普遍的なものが同時に個人的な感情を表現するように、制作を進めていたようである。しかしいったい、公共的で普遍的なものと個人的で逸脱的なものとは、公共彫刻作品において、いかに和解することができるのか。

一般に、公共彫刻の設置は、公的な委員会の承認を経て実現するため、多くの芸術家たちは、作品を作る際に自分の個人的信念を捨てて、委員会の意向に合わせる傾向にある。彫刻家たちは公共性のために、あるいは、公共セクターからの経済的な支援を受けるために、個人的信念を犠牲にしなければならない。ところがムアは、公共彫刻においても、自らの個人的なスタイルを捨てずに制作に取り組むことを信条としていた[23]。ムアの個性は、公共性の理念に馴染みやすかったが、その理由はおそらく、ムアがエクセントリックな造形の隠された言語（イディオム）を発見していたからであろう。ムアの彫刻には隠された造形の言語があって、その言語は人々の想像力を刺激し、各人に私的なエクセントリシティ（風変り）の発展を促すようなところがある。それは同時に、原点からの生成という普遍的なメッセージを伝えてもいる。つまり、ムアの彫刻には、人々が私的にエクセントリックであることを許しながら、生成の普遍的な本性に触れることを可能にするような、言語的な性質を認めることができる。そしてこの言語的性質が、公共性の理念と私的自由の理念を結びつける。ムアの造形は、造形の言語であり、それは人々のあいだで共有された暗黙知の構造である。それは普段は隠されているが、公共彫刻においてシンボリックに表現される。

以上、ムアの芸術が示唆する公共性の理念を三つ指摘した。すなわち、有機的・内生的な成長のエネルギー、反設計主義・反文脈主義、および、普遍的かつ私的な表現の公共性である。公共彫刻広場モデルにおける抽象彫刻は、その形態において隠された造形の言語をもつ。そしてその言語は、それを見る人々に対して、自由の積極的な利用（生成）を促すと同時に、言語秩序とその生成について、普遍性と逸脱性の二つが、矛盾することなく存立するという認識を与えてくれる。自由と公共性が両立するのは、この隠された言語を私たちがシンボリックに共有する場合である。

3-3　岡本太郎――爆発する自由感

次に、ムアと同時代に活躍した岡本太郎の芸術について、同様の検討を試みたい。岡本もまた、自由と公共性の豊かな関係を築くことに成功した芸術家である。例えば、一九七〇年の大阪万国博覧会に展示された作品「太陽の塔」は、日本の近代化の成果を世界に示すという公的な役割を担いながらも、同時に、きわめてエクセントリックな私的芸術性をあわせもつ立像として、自由と公共性の豊かな関係を表現している。岡本はすぐれた文筆家としても知られるが、彼の文章からは、公共彫刻広場モデルにふさわしいさまざまな思考を読みとることができる。以下に彼の思考を再構成しつつ、自由と公共性の問題を検討したい。

（1）無から生じる生成のエネルギー

岡本の作品は、無から生じるエネルギーを放っている。そのエネルギーは、先のムアの作品がもつ特徴と類似しているが、ムアが有機的・内生的な成長のエネルギーとして捉えるものを、岡本は無から生じる生成のエネルギーとして捉えている。岡本は次のように述べる。

> まことに芸術はいつでもゆきづまっている。ゆきづまっているからこそ、ひらける。そして逆に、ひらけたと思うときにまたゆきづまっているのです。そういう危機に芸術の表情がある。／人生だって同じです。まともに生きることを考えたら、いつでもお先まっくら。いつでもなにかにぶつかり、絶望し、そしてそれをのりこえる。

そういう意志のあるものだけに、人生が価値をもってくるのです。……人生も芸術も、つねに無と対決しているのです。だからこそおそろしい。(24)
すぐれた芸術家は、はげしい意志と決意をもって、既成の常識を否定し、時代を新しく創造していきます。それは、芸術家がいままでの自分自身をも切りすて、のり越えて、おそろしい未知の世界に、おのれを賭けていった成果なのです。そういう作品を鑑賞するばあいは、こちらも作者と同じように、とどまっていないで駆け出さなければなりません。……／創作者とほとんど同じ緊張感、覚悟をもって、逆にこちらも、向こうをのり越えていくという気持でぶつからないかぎり、ほんとうの芸術は理解できないのです。つまり、見るほうでも、創造する心組みでぶつかっていくのです。(25)

ここに示されているのは、過去の芸術的遺産をいったん忘却した状態から、新たな時代を切り拓く挑戦のエネルギーである。ムアが芸術の王道に身を置いて生成のエネルギーを語るとすれば、岡本の場合は、たえず崖淵に身を置いて、類似の理念を語っている。両者のスタンスの違いは、芸術文化の中心と周辺という、文化のトポロジカルな差異から生まれているとみることもできる。いずれにせよ、両者が表現する生成のエネルギーが公共空間に表現されるとき、そこには積極的自由と公共性の豊かな関係を認めることができる。

(2) 抽象表現の普遍的形式性　抽象的な芸術表現は、異邦人たちの普遍言語であるがゆえに、自由主義の公共性を豊かに表現できる。異邦の芸術家たちは、共同体の文脈から離れて、個的存在として他者と向き合い、どの文化圏にも属さない抽象表現を共通言語として用いる。岡本がパリに滞在していた頃、あるとき抽象画を書きはじめると、パリにいながら自分を偽る必要がないことに気づいたという。しばしばパリに住む異邦の芸術家は、外国人の視点という文化的落差を利用して作品を制作する。しかし岡本によると、抽象画においては、外国人はフランス人と対等に、共通の課題をもって参加することができる。その意味で抽象画は、世界的な表現形式であるという[26]。

このように、抽象画において見出された普遍的なコミュニケーションの言語は、ムアが見出した隠された造形の言語と似ている。いずれにおいても、抽象的で暗黙の言語が、私的な表現を公共的なものへと結びつける媒介の役割を果たしている。

(3) 合理と非合理の対極主義

ムアとは異なり、岡本は自らを合理主義と非合理主義の緊張関係のなかに置き、しかもこれら二つの理念を折衷するのではなく、むしろ両者を激しく拮抗させ、引き離し、その矛盾を引き受けることによって、自らの精神を高めようとした。岡本は、一方では、実証的な近代科学の発展を芸術的に表現しつつ、他方では、その反動としての非合理的な主体的情熱をあわせもつことによって、科学的精神と情熱との拮抗による飛躍を目指した[27]。

このような対極主義の考え方は、社会の近代化と非合理的な精神性の両方を推進する理念として、成長論的自由主義の理念にも適う[28]。すでに述べたように、成長論的自由主義とは、個人的（人格的）自由と経済的自由の二つの領域において、未確定で多元的な価値実現への自由や潜勢的可能性の全面的開花を企てる理念である。岡本の対極主義は、この理念を芸術の領域において示している。

(4) ありのままの自分になること

岡本の芸術論において特筆すべきモチーフとして、自由の理念を挙げることができる。岡本のいう自由とは、自己の真理へ向かう自由であり、それは、偽善的な生き方や世俗的恥じらいの感覚を捨てて、ありのままの自分を表現することをもって真の芸術の基準とする考え方である。日常生活においては、ありのままの自分は埋もれている。またそのような自分は、消極的自由が制度的に保障された場合にも、依然として埋もれたままである。岡本によれば、ありのままの自分になるというのは、人間の魂をゆさぶり動かすような精神を手に入れることであり、そのような精神をもって、爆発する自由を感じることである。ありのままの自分とは、子どもの頃の童心を回復することではない。むしろ反対に、芸術家が心身の全エネルギーをもって社会と対決し、戦いをへて苦しみ傷ついてこそ、はじめて獲得されるという。岡本は、そのような抵抗を媒介として精神の高みを獲得することが、芸術の理想とする自由であると考えた。岡本は次のように述べている。

自由だろうと決心したうえは、たとえ現在、自由に描けなくたって、それでもかまわない、というほどの自由感で、やってみなければなりません。……／「自由」ということにこだわると、ただちにまた自由でなくなってしまう。これはたいへん人間的な矛盾ですが。／人間というものは、とかく自分の持っていないものに制約されて、自分のあるがままのものをおろそかにし、卑下することによって不自由になるものです。

いつでも、他人にたいするおもわくに重点をおいて生活しているうちに、いつのまにか精神の皮が堅くなって、おのれ自身の自由感というものも忘れてしまい、他人の自由にたいしても無感覚になってしまうのです。おたがいどうしがポーズと型だけでつきあっているので、魂と魂がふれあうことは、もちろんありません。……／芸術の力によって、この不明朗さを、内から切りくずしていかなければなりません。芸術は、いわば自由の実験室です。

自分の自由な感情をはっきりと外にあらわすことによって、あなたの精神は、またいちだんと高められます。つまり芸術を持つことは、自由を身につけることであって、その自由によって、自分自身をせまい枠の中から広く高く押しすすめていくことなのです。(29)

このように、岡本にとって芸術とは、自由において開示される魂の高みを獲得することであり、またその魂が他者の魂とぶつかり合いながら、人間にとって本源的なコミュニケーションが実現されることである。そこにおいて求められるのは、芸術作品を理解することや承認することではなく、むしろ、各人が自分の皮を捨てて自由になるという、積極的自由の企てである。

以上が岡本の芸術観と自由主義の関係である。無から生じる生成のエネルギー、抽象表現の普遍的形式性、合理と非合理の対極主義、および、ありのままの自分になること、という諸理念において、私たちは岡本の芸術に成長論的自由主義の企てを読みとることができる。世間体を気にせず、闘争を通じてありのままの自分自身になれ、という岡本のメッセージは、個人的（人格的）自由を社会のなかで積極的に実現せよ、という要請である。こうした理念を体現する彫像が公共広場に据えられる場合には、自由と公共性の豊かな関係が育まれうる。次節では、以上に検討してきたムアと岡本の芸術観を敷衍して、公共彫刻広場モデルの意義をまとめたい。

4　自由と公共性を媒介する美的次元

公共彫刻広場モデルは、公共空間の中心において、積極的自由の理念を象徴的に表現する。それは、自由な人間関係を育むための社会的条件として構想される。生成と創造へ向けてのエネルギッシュな意志、未来に投企する精神、新しいもの（近未来的なもの）への予感（意味に先行する予感）、法の支配（人格的に支配されていないこと）などの自由観を、公共的な価値として掲げる。

もっとも、抽象的な公共彫刻の規範的意味は、解釈に開かれている。その意味や価値は、必ずしも自由主義的とはいえない。しかし前節において私は、自由主義と公共性を結びつける理想のモデルを構成するという関心から、ムアと岡本の芸術観に即して、次のような特徴を抽出してきた。有機的・内生的な成長のエネルギー（あるいは無から生じる生成のエネルギー）、反設計主義・反文脈主義、普遍的かつ私的な表現の公共性、隠された造形の言語、抽象表現の普遍的形式性、合理と非合理の対極主義、および、ありのままの自分になることである。これらの諸特徴を公共彫刻作品のうちに見出すならば、また、作品がこれらの諸特徴を人々の生活のなかに呼び覚ますことができるならば、そこには自由と公共性の豊かな関係が結ばれる。そしてこのような理念を喚起する公共彫刻広場モデルは、旧市街地雑踏モデルと並んで、成長論的自由主義の理念を表現する。

もっとも私は、これら二つのモデルをそのまま実現すべきだと主張したいのではない。モデルの実現には、さまざまな困難が伴う。私が主張したいのは、これらのモデルを社会政策のためのアイディアの源泉として捉え、社会のさまざまな領域において活かすべきだ、ということである。すでに触れたように、サンスティーンは、旧市街地雑踏モデルを、ネット上の公共広告に応用した。同様に、公共彫刻広場モデルをネット上の公共性構築に応用することもできよう。例えば、ある種の造形の言語を自生的・随意的に生成させるようなソフトを開発し、任意に作られたネット上の造形作品が、いくつかのホームページ上で、あるいはメールでのやりとりを通じて、空間的・時間的にさまざまな変容を遂げていくような造形言語のコミュニケーションを考えることができる。

他にも、中心に図書館や中庭がある学校施設の建設、指揮者のいないビッグバンド演奏、ネット上の書き込みの集積を造形パタンの生成イメージへと置き換える試み、造形言語を衣装や音声でパタン化する試み、差異の受動的な消費から造形言語を用いた参加的な消費への転換、組織内の各部署の造形トーテム的なグループ化、少数民族言語（作品）の創造的な利用による標準語（近代の画一文化）からの逸脱、全能感を高揚するためのゲリラ的な集会ネットワークの形成、等々。私たちは、さまざまな制度的アイディアを公共彫刻広場モデルから引き出すことができる。その実践理念の一つは、議論や会話の空間において、各人が自らの美的モチーフを語る能力を発達させるという企図である。ジンメルは次のように述べている。

……美的モチーフのふところの深いところは、社会主義と正反対の社会的理想に対しても、少なくとも同じ力をもって味方するという点だ。今日、実際に感じられる美は、いまだほとんどすべてが個人主義的性格を持っている。……一般的なもの、すなわち全員に当てはまるものにたいする個人のこの自己対置と自己隔離のなかには、……ほとんどの場合、ロマン主義的な美が宿っている。ひとりひとりの人間は、一つの大きな全体の手足であるのみならず、自らがまた一つの全体をなしている。そのような全体であれば、もはや社会主義的利害のシンメトリックな組織のなかに自分を組み込むことはない——これこそが美的な魅力を備えた形象というものだ。たとえ最高度に完成した社会的メカニズムであっても、メカニズムである以上は自由を制限する。しかしこの自由こそが、どんなに哲学的に解釈しようとも、やはり美の条件であることに変わりはない。(30)

ジンメルはここで、近世以降の個人主義的で美的モチーフに貫かれた世界観を示す人物として、レンブラントとニーチェを参照しているが、強調すべきは、近世以降のロマン主義芸術が、みんなが美しいと思う作品を生み出しながらも、鑑賞者たちはその美しい作品をもっぱら自己にのみ対置させて、美と向き合う自己を社会から切り離してきた、という点である。ロマン主義芸術の可能性は、その美的作用によって人々を全体に包摂するのではなく、各人が多元的で個性的に生成しつつも、その生成が、全体からの逸脱と普遍なるものの和解（両立）を実現する点にある。そしてこの理念を最もよく表現するのは、ムアの公共彫刻であり、岡本太郎の芸術作品ではないか。彼らはポスト・ロマン主義の時代の芸術家であるとはいえ、ロマン主義の自由主義的な要素を継承している。

なおここで自由主義とは、社会主義的な美意識とは対極にある美意識がもたらす社会観である。社会主義のイデオロギーにおいては、美のシンメトリーによって利害対立が抑制され、(31)美の表象による思考の省力化や、最小限の努力による最大限の効果が企てられた。これに対して公共彫刻広場モデルにおける自由主義の美意識は、シンメトリーを避け、多様な生成と造形言語の思考を喚起し、いっさいの功利主義的・設計主義的な理念を否定する。公共彫刻広場モデルは、多元的な多産性の原理をもつ点で、成長論的自由主義の理念に適っている。

別の観点から言えば、公共彫刻広場モデルは、「美的事柄は各人の好みであり、私的領域に属する」という従来の自由主義的価値観に代えて、私的なものが私的であるがゆえに社会的な豊饒性に結びつくという、公私の豊かな関係を表現している。公共彫刻広場モデルは、自由を積極的な概念として捉え、私的自由の利用を社会的な空間に引き上げる。公共彫刻広場の中心には、場所性を帯びない空間としての非場所が存在する。この非場所を通じて、人々は、自らの内面に生成の契機を感じつつ、自由で公共的なコミュニケーションを育んでいく。そこにおいては、社会的なものは合意可能な事柄で、私的なものは合意にさらされず個別的であるという通念は成立しない。公共彫刻広場モデルは、私的なものや逸脱的なもののなかに普遍性を発見し、その発見を促すことによって、社会における意味や階層や文脈の固着化を回避することができる。そこでは合意不可能な事柄が、たえずコミュニケーションの過程に現れ、問題化され、生成変化を被る。

公共彫刻広場モデルがその規範的な含意において自由主義的であるのは、社会のなかに「非場所」を提供するからである。非場所とは、非在としての問題であり、それはアリストテレス的な意味で肯定される存在の幸福（真善美）の対極にある。公共の場においては、存在ではなく、問題が肯定される。それは各人のアイデンティティの形成にロマン主義的な作用を与える。しばしばロマン主義の芸術は、全体主義や共同体主義の観点から評価される。しかし私は、ロマン主義の遺産を受け継いだ二〇世紀の公共抽象彫刻において、自由主義と公共芸術の豊かな関係が可能になったと考える。公共彫刻広場モデルは、社会の中心が「非場所・無・非在・問題」であるという認識を、ロマン主義的な美意識において表現する。この認識は同時に、自由と公共性の豊かな関係を私たちに与えているように思われる。

5 おわりに

以上、自生化主義の公共空間を論じてきた。自生化主義は、残基が人々を突き動かす点に注目し、その残基が公共性の基礎理念を提供すると考える。そしてそのような残基の理念から、本章は、公共彫刻広場モデルを導出し、これを社会実践の哲学として展開した。美的なものは、たんに個人の好みの問題なのではない。美的なものは、私的なものと公的なものを結び、社会を自生的な仕方で生成させる契機となる。自生化主義は、その理路を提供することができる。公共彫刻広場モデルでは、施設や街の中心に、抽象彫刻のある広場をつくる。私たちはこのモデルが実現しようとしている公共性の理念を、さまざま場面で、さまざまな形で活かすことができる。本章はその方向性を示したのみであり、具体的な制度案は今後の課題としたい。

第十六章　立法の理論　闘争の諸段階

ここまで自生化主義の実践哲学として、公共性の問題を論じてきた。本章と次章は、政治的な公共性の中核にある立法過程を論じる。私たちの社会は、政治的には、民主的な立法過程を通じて正統化される。ではその立法過程は、どんな理念に基づいて編成されるべきなのか。この問題に、自生化主義の観点から応じたい。本章は、立法をめぐる価値の闘争を四つの段階に分けて、立法過程論の課題を明らかにする。つづく次章では、すぐれた立法過程が「可謬型」と「熟成型」の組み合わせによって構成されうると論じる。以上の議論によって、自生化主義の立法学を新たに打ち立てたい。

1　立法過程論の根本問題

日本国憲法を含めて、近代立憲主義に基づく各国の憲法は、立法過程（とりわけ国会の運営方法）のあるべき姿について、憲法の条文において明確に規定しているわけではない。立法過程をいかにデザインするかという問題は、憲法の理念や構想を私たちがいかに解釈するかという規範論的な問いに開かれている。立法は、それを営む行為者において構成的に解釈された目的、すなわち、よりよい社会実践への企てとその意味連関を含んでいる。それを十分に解明するためには、「よき憲法ないし立憲体制とは何か」という規範的な問題に応じる必要がある。この問題に一定の視角を得なければ、いかなる制度改革論議も、それが拠って立つところの価値基盤を理解できないだろう。

ところがこれまで、立法の過程は、こうした規範的問題をめぐる討議を十分に経ないで運営されてきた。その結果として、しばしば時の政治権力に左右されるという、解釈の非自律性を生み出してもいる。よき憲法、よき立憲体制の理念に照らして、立法の過程をいかに編成すべきなのか。そのような価値討議が有意義に行われないところでは、さしあたって立法過程を積極的に運用しないことが、憲法の理念に適うとみなされよう。憲法改正を含む立法過程に大きな意味を与えず、思考不活性に基づく慎重さの美徳を第一に据えたほうが、憲法に裏打ちされた社会を保守することに資するからである。

これに対して、憲法の文言とその解釈を改めて問題化し、立法過程を活性・動態化する場合には、立法過程を諸々の価値理念によって導かねばならない。その際にはあわせて、立法の目的も厳しく問われよう。従来、憲法および基本権の解釈をめぐっては、それが「国家からの自由」を実現するのか、それとも「国家による自由」を実現するのか、という見解が対立してきた。また、憲法および基本権は、国家からの防御権を規定するのか、それとも国家による保護義務を規定するのか、という見解も対立してきた。このような見解の根本的な対立がある場合に、はたして私たちは、その都度の立法過程によって、憲法および基本権の意味内容を決定してよいのかどうか。その都度の立法過程に、憲法や基本権の価値解釈を委ねるならば、憲法は、立法過程に従属することになる。根本的な問題として、立法過程を導く根本規範は、憲法に先行する規範といえるのかどうか。そのような問題を含めて、立法をめぐる価値規範は、根源的に問われている。

かりに立法を導く根本規範が、憲法を導く規範に先行すると仮定してみよう。ところが現状において、立法を導くための根本規範は、憲法の規範ほど、強固な基礎をもっているわけではない。立法過程を導くための価値理念は、多様かつ複雑であり、何らかの一貫した哲学に基づいているとは言いがたい。立法のための根本規範は、つねに揺らいでいる。実際問題として、不安定な価値基盤しか見出すことのできない立法過程に、憲法の価値規範をめぐる選択を委ねることには危険が伴う。

むろん立法を導く根本規範は、一つの哲学に基礎づけられる必要はない。その正当性は、憲法の価値規範をめぐる争いと同様に、有意義な争われ方をしている場合に、健全に調達されるだろう。プラグマティックにみれば、立法を導く根本規範は、価値多元的な状況においても調達される。しかしそれがいかなる価値多元性を必要とするのかについては、検討を要する。価値多元性は、それ自体としては、立法を導く根本規範を提供しない。立法を導くためのさまざまな価値理念が存在するなかで、それらの価値を根本規範に結びつけるための、一定の理念が必要である。ここでは独自の観点、すなわち自生化主義（ないし成長論的自由主義）の観点から、立法の理念を検討する。

自生化主義の観点からすれば、憲法および立法過程の価値理念によって導かれるところの法システムは、社会システムの全体を、何らかの仕方で成長・進化させるための企図をもたねばならない。部分システムとしての法システムは、社会システム全体の進化とともに獲得されたものであり、実践的には、社会システムのさらなる進化を企てる企図をもちうる。ただしその企図のために、法システムは、包括的な目的（例えば憲法や立法過程の価値理念）を、明確に規定することを避けなければならない。明確で包括的な目的は、その目的を実現するための諸手段を体系的・合理的に編成することができるとしても、そのような目的と手段の関係を超えたところに、進化を企図するものではない。いま、憲法および立法過程の価値（諸）理念が、何らかの進化理念によって導かれるとすれば、その進化のために構成される立法過程は、例えば、諸々の価値理念を対立させて、ある種の緊張関係を生み出すことである。そのような緊張関係のなかで、法システムの内部に、さまざまな目的が定立される場合、社会システムの全体は、進化の企てを体現することができる。

理論的には、社会システムの全体と部分システムとしての法システムが、どのような関係にあるのか、また進化とはいかなる企てなのかについて、さらに立ち入った考察が必要である。ここでは十分な応答をなしえないが、さしあたって次のように捉えたい。すなわち、部分システムとは、社会システムの全体に対して、作為的に働きかけるための具体的な手段となる拠点(政策的に操作可能な視点)であり、その場合、法システムとは、憲法および立法規範によって導かれる行為規範の体系である。また進化とは、目的プログラムと条件プログラムのいずれによっても満たすことのできないような、発展のための多様なプログラムであり、そこには作為的に企てられる成長の企図から、無作為的に生じる突然変異までの幅がある。このような理解に立つ場合、社会システム全体の進化は、政策的に操作可能な部分システムの編成によって、作為的に企てられる場合がある。その際のあるべき制御の指針は、一方では目的プログラムの考え方と対立し、他方では条件プログラムの考え方と対立する。

ここで目的プログラムの立場とは、この社会には例えば人々の共通利益を促進するという包括的な目的《テロス》があり、諸々の部分システムは、この終局的な目的を実現するために、諸々の政策課題や実践倫理を設定しなければならないとみなす立場である。これに対して条件プログラムの立場とは、この社会にはいかなる包括的目的も存在しないとみなし、個々の部分システムにおいては、諸個人がそれぞれの目的を追求できるように、制度的な条件を提供すべきであると考える立場である。これら二つの立場は、しかし、いずれも社会システムの進化を配慮していない。

もし社会システムの全体に包括的な目的があると想定するなら、憲法の価値理念や立法過程の課題は、その目的を最もうまく解釈し達成するための規範理論と制度構想を提示することである。その場合、提示された個々の規範理論ないし制度構想は、いずれも仮説とみなされ、それらの仮説は批判的吟味にさらされて、いっそう洗練されたものへと代替されなければならない。けれども問題をこのように捉えてみると、社会システムの全体が進化する可能性は削れてしまう。というのも人々の活動は、あらかじめ設定された目的の実現に向けられるので、社会システムの全体は、特定の目的プログラムを超えた(あるいは逸れた)方向に発展する余地がなくなるからである。進化とは、システムにおいて新たな目的が生まれ、新たな手段が生まれる余地を残した企てでなければならない。

これに対して、社会システムをもっぱら諸目的の追求のための条件という観点から捉えるなら、私たちは望ましい条件をめぐって、貧困な考え方に陥る可能性がある。どのような条件が望ましいのかについて、諸個人の諸目的の実現を両立させるための相互調整について考慮するだけでは、システムは全体として、多様な発展（進化）を育むことがないかもしれない。

社会システムの進化について考える場合、目的プログラムや条件プログラムの考え方をそのまま採用はできない。私たちは、人々の行為の意図せざる結果から、新たな社会の進化が生まれる余地を探ることができる。そのような余地を開くために、部分システムとしての法システムは、いかなる編成を必要とするだろうか。自生化主義は、社会システムの全体が進化するための制度構想を、部分システムの次元で作為的にデザインしようとする。自生化主義は、目的プログラムと条件プログラムの組み合わせから、最適な進化を企てるのではない。目的プログラムと条件プログラムを最適に組み合わせるための合理的な尺度や基準は存在しない。自生化主義は、目的プログラムと条件プログラムのある特定の組み合わせによって進化を企てるが、具体的にどのような組み合わせが望ましいのかについては、進化の理解に応じて多様でありうる。

進化は例えば、人々が目的定立の代わりにルールや慣習を発達させ、それらに服従する心性をもつことに依存しているかもしれない。あるいは進化は、人々が目的を定立する以上に目的を留保したり、手段を自己目的化したりすることに依存しているかもしれない。自生化主義は、憲法および立法過程を導く根本規範が、社会進化のためのプログラムを導くように構成されるべきだと発想する。システムの全体が崩壊しないように、しかもシステムの全体が進化するように、法システムをプログラム化すべきであると考える。この立場は、法を定立する立法の過程が、手探り的な性格をもつことを理解する。

自生化主義は、法システムを、社会システムの進化に寄与する装置として位置づけ、また、進化の解釈に応じて多様な法システムが可能であると考える。ある立法者は、法システムにおいて重要なことは、あくまでも原則となる法律を根に据えて、これを例外条項によって抜け道を作らないようにすることだと考えるかもしれない。あるいは別の立法者は、社会システムの全体を進化させるためには、さまざまな例外を接木された法体系が、原則についての競合する諸解釈を生み、原則的な例外と原則的ではない例外を分岐させ、さらにそれらの解釈が、法の支配の理念に照らして闘わされ、しだいに原則そのものを変容させていくような過程を展望するかもしれない。

進化といっても、その解釈に応じて、さまざまな立法の構想が可能となる。ここでは進化の概念を、立法の根本規範を調達するための豊かな価値多元性にふさわしい理念であると想定しているが、自生化主義はその豊かさを、諸価値の緊張関係の創出という観点から捉える。

2 法の支配と第二の認識論

社会システム全体の進化は、それを企てる者の意図する方向に向かうとはかぎらない。なにが善き立法であるのか、その価値理念と制度構想をめぐる解釈の実践は、立法にかかわる個々の解釈者たちの意図を超えた方向に、社会システムを導くかもしれない。個々の解釈者の意図せざる結果として、立法過程や立憲体制の変容が生じることもある。その場合、個々の解釈者たちは、その意図せざる結果をあらかじめ予測して、意図せざる結果の意味をメタレベルで解釈し、自らの解釈実践を、その都度変更させていくかもしれない。例えば解釈者は、自らの信念を「立法の目的」として定立するだけでなく、解釈の営みの相互作用から生まれる意図せざる結果を予測して、そこから何らかの規範的な教訓を引き出すかもしれない。自身の規範的立場に変更の余地を与えるために、このような反省的な検討が一定の役割を果たすこともある。

この意図(企図)と意図せざる結果の反省的な認識は、個々の解釈者ないし規範理論家が拠って立つ価値観点を、もう一度メタレベルで反省的に捉え返して、諸々の価値観点から複合的に運営される立法過程全体の動態を、客観的に認識しようとする。ではこのメタレベルの認識を含めて、法の目的、あるいは立法の目的は、どのように定立され、また争われるべきなのか。もし目的を、あらゆる意図せざる結果を回収する(再帰的に反省する)かたちで定位するならば、それはシステムそのものが予期しない方向に進化するための余地を塞いでしまうか、あるいはその目的は、手段を合理的に編成するだけの明瞭さをもたない抽象的なものにとどまるだろう。これに対して、目的をもっと下位のレベルに定立し、私たちが立法行為の意図せざる結果を予測するという認識的態度を保持するならば、たとえその帰結を予測できなくても、システムには、解釈的に構成された目的（善／価値）のみならず、その目的（善／価値）の上位に、目的を正当に変更する理念が審級することを、想定に入れなければならない。

法は、ある一定の目的を実現するための企てであるとしても、その企ては、意図せざる結果として、あるいは付随的な結果として、システム全体の進化をもたらすかもしれない。その結果は原理的に予測できないとしても、それを予測しようとする認識的態度は、反省的な解釈の次元で、例えば法の支配とは何かを手探りすることになる。

法の支配とは、憲法理念や立法理念において明確に構成された価値ではなく、それを超えたところにある捉えがたいものである。それは、よき憲法ないし立憲体制の目的（善／価値）を、システムの内部において合理的かつ反省的に定立するための審級（基準）を提供する。自生化主義の観点からすれば、法の支配の審級は、社会システム全体の進化に照らして、法システムの目的、あるいは法の価値理念を、多元的な緊張関係において編成できなければならない。だがそれは手探り的な性格をもっている。

例えば法の支配は、立法過程における三権分立を要求する。しかし三権分立がいかにあるべきかについて、原理的な理論があるわけではない。そこには手探り的な性格がある。その場合、自生化主義は、法の支配が、社会システムの進化に余地を与えるように、法と立法の目的を導くべきであると発想する。この含意は、R・ドゥオーキンのいう純一性（integrity）としての法という理解[(1)]を退け、むしろそのような法の目的（理念）を、法システムの下位に位置づける。法は、純一性を最高次の目的として定位する必要はない。最高次の目的を設定せず、それよりも下位のレベルにいくつかの目的を位置づけ、それらの目的を拮抗関係に置く場合に、法システムは進化への企てを編成することができる。

自生化主義はこのように、法や立法の目的を包括的な仕方で定立しない。自生化主義はむしろ、どんな権利がどの程度、どのように目的化されるのかについて、一定の制約と指針を提供する。それによってシステムが包括的な目的をもたないように、システムが意図せざる進化を遂げることができるように、法の営みを編成する。以下に検討するように、法の目的は、政治的権力の正当性を包括的な仕方で定立することではない。法と政治のあいだには、一定の緊張関係があることを、自生化主義は理解する。

では、法の支配の手探り的性格を考慮に入れた法システムは、どのように構想しうるのか。従来、立法の構想は、立法の賢慮（legis-prudence）によって導かれてきた。では立法の賢慮はいかにして進化を考慮に入れることができるのか。以下では、リバタリアニズム（自由尊重主義）と平等主義の思想的対立を手がかりに、考察を進めたい。

3　リバタリアニズムと平等主義

いま社会の構成員たちが、善き社会の制度構想として、リバタリアニズムと平等主義の二つの思想をめぐって争っているとしよう。この場合、リバタリアニズムと平等主義は、たんに善き社会の内実（正義の構想）をめぐって対立しているのではない。いずれの思想も、その実現にふさわしい立法過程の構想をめぐっても対立している。

例えばリバタリアニズムは、たんに自由放任の社会がよいと主張するのではなく、その制度構想を実現するために、次のような立法の理念を提起するかもしれない。すなわち、私たちが民主主義の立法手続きを尊重する場合、その手続きによって実現可能な「実質的平等」の理想は、企業や地域などの中間集団において認めるにとどめ、国家全体としては、憲法に定められた私有財産権の保護規定を改変すべきではない、と主張できる。リバタリアニズムはこのように、立法レベルで平等主義の要求を抑えることができる。

これに対して平等主義は、民主的な立法手続きを利用すれば、平等主義の社会を実現できると主張するにちがいない。平等主義者は、憲法における私有財産権の保護よりも、民主的な立法過程を優先して、後者を高次の価値規範とみなす。所得や資産を実質的に平等にするために、中央政府が強制的に再分配する権力を認める。むろん平等主義者は、民主的な立法手続きのもとで、多数派がリバタリアニズムを支持するならば、そのときはリバタリアニズムの正義構想が正当性をもつことを認めざるをえない。

このように、リバタリアニズムは基本権の優位と分権化という立法の構想を、平等主義は、民主的な手続きという立法の構想を、それぞれ味方につけることになる。では実際問題として、どちらの立法構想のほうがすぐれているだろうか。

この問題は、原理的には解くことができない。いずれの立法構想も、特定の思想的傾向を免れないだけでなく、どちらの構想が望ましいのかについての基準が存在しない。そこで、いずれの立法構想も公正に遇するような、メタレベルの立法構想を考えることはできるだろうか。

善き社会をめぐる闘争の第一段階では、私たちはリバタリアニズムか平等主義かという、特定の善き制度(正義構想)を争うと想定した。すると第二段階において、「基本権の優位と分権化」か、それとも「民主主義の手続き」かという、立法過程の構想をめぐる争いが生じる。この立法過程をめぐる争いに決着がつかない場合、私たちは第三段階で、個々の立法構想を調停するための、立法過程のメタ構想を争うことになるだろう。この第三段階では、特定のイデオロギー的立場を離れて、立法構想をめぐる調停的な正義を構想することが目指される。例えば、「基本権の優位と分権化」と「民主主義の手続き」を最適に組み合わせるための制度構想や、あるいは、「基本権の優位と分権化」と「民主的手続き」をいずれも緊張関係のなかで活性化するために、二大政党制のもとで両者を交互に採用するような制度が提起されるかもしれない。この第三段階における正義の問題は、立法の構想(価値規範)が複数ある場合に、それらの構想をどのように遇するかである。混合・連携・交替などの関係をうまく築くことで、特定の善き制度(正義構想)に左右されない正義のメタ構想を示すことはできるだろうか。

ところが第三段階におけるメタ正義の構想は、必ずしも調停されない。例えばリバタリアニズムと平等主義が、それぞれ「基本権の優位と分権化」と「民主的手続き」という二つの立法構想を争う場合、これら二つの構想を調停することに自らの利害を見出すような、一定の社会層（官吏層）が現れるかもしれない。官吏層は、いずれの正義構想に社会全体が振れても自身の利害を損なわないように、さまざまな利害を調整するかもしれない。官吏層は、特定の正義構想にコミットメントを抱かず、第三段階において公正な正義構想を提示することに自らの利害を見出すかもしれない。するとそのような社会は、安定した支配体制のなかで、諸々の価値理念を妥協的に調停するのみで、それらの理念を緊張関係に置くような進化の作用を失うかもしれない。そのような場合、調停の仕方がいかに最適であるとしても、別の正義（支配-被支配の調停）の観点からみれば望ましいとは言えない。社会システムの全体は、調停的な正義によって恩恵を受ける人々によって支配され、社会の利益を享受していない被支配層によって、批判されるかもしれない。

ではこの支配と被支配の対立を、いかに解決することができるだろうか。一つの方法は、合法的な支配を、進化に開かれた仕方で再編することである。例えば、階層間移動の流動化、支配層内部における拮抗的関係の構築、指導者のくじ引きやリクルートなど、さまざまな方法が考えられる。ではこのような再編は、いかにして正当化しうるのか。第三段階で生じる対立を調停するために、第四段階の正義構想が求められる。

4　支配をめぐる立法過程——法を偽装した法

善き社会の正義構想をめぐる第四段階の問題は、調停派の支配層と非調停派の被支配層の対立である。例えば、エリート主義と根源的民主主義の対立や、官吏的市民層とマルチチュードの対立である。ある種のエリート主義者は、国家の強制力を法によって基礎づける。加えて、法の正当化根拠を発見するためのアリーナを設定し、支配に対する根源的な疑義さえも、有意義な仕方で立法過程に取り込もうとする。そのような手続きの正当化によって、政治的支配の安定的な正統性を調達し、いかなる特定の正義構想によっても、革命的に転覆されないような社会システムを作ろうとする。そのようなエリート層は、特定のメタ正義構想にコミットするのではなく、法システムと支配の安定性を維持することから恩恵を得る。

これに対して被支配層は、社会システムに対する不正義の念を積もらせる。その不正義の念は、法的な正義の要求として普遍化されるわけではない。かりに普遍化されたとしても、それによって十分に解決されるわけではない。例えば、不景気を理由に解雇された労働者は、自身の苦境を不当であると表明し、雇用形態の見直しや、失業手当の長期化、あるいはベーシック・インカムといったさまざまな普遍的正義構想を掲げることができる。しかしそのような正義の要求は、自身の不正義の感覚に比して十分ではなく、また自身の苦境を個別に救済もしない。個々の苦境を事情に応じて救済するためには、普遍化可能な正義に訴えるよりも、政治的な善（救済財）に訴えるほうが実効的かつ魅力的である。不正義の感覚を解消するためには、前節で述べたような第一段階から第三段階までの正義の構想を練り上げるよりも、政治的な恩赦による施しに訴えるほうが魅力的な場合もある。

そこで問題は、政治的に募る不正義の感覚を解決する際の、法と法以外のものの対立である。支配層たるエリートは、不正義の問題を法的に解決しようとするのに対して、被支配層たる民衆（庶民・マルチチュード）は、これを法以外の手段、例えば善の政治的実現によって解決しようとするかもしれない。被支配層は、ポピュリズムによって民衆の指導者を打ち立てたり、根源的民主主義が要請する社会運動に参加したりして、政治に圧力をかけるかもしれない。ポピュリズムも根源的民主主義も、合法的な支配を転覆する力として現れるかもしれない。

実際市民感覚や素人感覚によって法を提案することがもてはやされ、法制実務の影響力が低下してきたといわれる。(2)法制審議会の凋落、あるいは、内閣法制局を用いない議員立法の増加によって、立法過程においても、被支配層の勢力が台頭してきた。支配に憤懣を抱く被支配層にとって、国家とは法によって正当化された暴力装置であり、これに対する不正義の感覚は、いかなる正義の構想によっても解決できないかもしれない。そのような認識をもった被支配層が立法に参加する場合、法の政治的闘争化、あるいは法の救済財化（特定の善の直接的な実現）が生じよう。そのような政治的要求を含めて、私たちはどのような立法過程をデザインすることが望ましいだろうか。

第四段階では、メタ正義構想の調停不可能性から、立法過程の政治闘争化・救済財化が進むかもしれない。そこにおいて産出される法は、特定の善の理念や行政指令といった、法を偽装した法であるかもしれない。実際、日本の立法機関たる国会において、法を偽装した法律、具体的には各種の基本法における道徳理念のようなもの（善）が制定されたり、あるいは個別の事情に応じた救済などが施されたりしている。また国会は、国の予算を決める機関でもあるが、予算にかかわる事柄のどこまでが立法過程なのか、法と法以外の立法の線引きという問題もある。予算は法律の一部なのか、それとも別の規範なのか。これらの法律がどこまで法なのかをめぐって、境界設定の問題が生じる。実際の法は、道徳・行政・権力の領野にまたがって定立されている。

立法過程が法を偽装した法を産出する場合、何が立法過程の価値規範を導くべきであるかについて、私たちは改めて問わねばならない。偽装されていない真の法とは何かという、法の理想と現実の境界設定に対する議論が必要である。立法過程で産出される法のすべてが、根本的に正当化できるわけではない。他方で、法の正当化根拠が厳しく問われる場合にも、立法のシステムは運営可能でなければならない。私たちは、正当化の問題が未解決のまま、法システムが健全に機能するのかどうかについて検討しなければならない。そのような認識を踏まえたうえで、より望ましい立法過程を構想しなければならない。

ここで法とは何かという問いは、立法過程における法の識別問題である。現実の立法過程は、厳密な定義によって与えられる法の範囲を超えた過程であり、共通善の定立や行政権力の発動のための政治的領域を含んでいる。立法の過程は、真正の法を産出するのみならず、道徳（善）や行政権力をも産出する。すると、立法過程をどこまで法の問題に限定し、そして回収するべきなのか。この問題に応じる立場として、①国会では厳密な意味での法の問題以外は議論しないという限定化の立場、②法以外の問題も国会で議論する手続きを経れば、立法案として正当化できるとみなす種別化の立場（例えば、民主主義の手続き的正当性の立場）、③法の境界設定はつねに揺らいでいるので、道徳や行政権力にかかわる事柄も、法の形態をとることができれば立法化されてかまわないとみなす多元主義の立場、などが考えられよう。これらの立場のいずれが望ましい規範を提供するだろうか。

法の徹底した限定化の立場（国家的強制力の正当化不可能性）と、法の徹底した帝国化の立場（法による強制力の正当化の拡張）のあいだには、大きな対立がある。あるいは、法をできるだけ正義の問題に純化して捉える自由主義と、立法過程に道徳理念の設定を持ち込むコミュニタリアニズムのあいだにも対立がある。さらに、立法に行政権力の問題を持ち込まないリバタリアニズムと、立法に行政権力の正当化を求める社会主義のあいだにも対立がある。立法過程のあり方をめぐっては、さまざまなイデオロギーが対立関係に置かれる。こうした状況において、いかなる立法システムを築くべきなのか。諸価値の緊張関係を築きつつ、よりよい政策構想を産出する立法システムは、いかにして可能か。私たちは構想力を働かせなければならない。

5 おわりに

以上をまとめると、次のようになる。

（1）「法の支配」は法システムが包括的な目的プログラムをもつことを拒否する。自生化主義は、社会システム全体の進化という観点から、法の支配の手探り性を考慮に入れた立法のシステムを考える。

（2）リバタリアニズムや平等主義といった正義の構想は、互いに他の正義構想を公正に遇するための、立法過程の構想をもって現れる。そこで、立法過程をめぐる諸構想を公正に遇するための、メタ正義構想が提起され、また争われなければならない。

（3）しかし、メタ正義構想に基づいて統治システムを構築しようとすると、今度は対立を調停することに利害をもった人たち（官吏層）が現れ、かれらは被支配層との対立関係に置かれる。被支配層は、普遍化可能な法的正義に訴えるよりも、政治的な善（救済財）に訴えることに利益を見出すかもしれない。立法過程に政治的善が持ち込まれる場合には、法的正当化の限界に耐えうるような立法システムを構想しなければならない。

自生化主義は、立法の目的が、法システムの全体を包摂的に規定するのではなく、諸々の立法目的が、法システムの内部において、法の支配という基準（理念）に導かれて定立されるような社会を展望する。そして法の支配の基準を手探りするための、賢慮を導こうとする。その賢慮とは、法システムを導く諸価値・諸目的を、互いに緊張関係において、進化を企てることにある。諸価値の緊張関係は、最終的には第四段階において調停されねばならない。この段階においては、調停によって利益を得る官吏層の権力を、有意義な仕方で制約しなければならない。専門的な立法過程よりも、政治的に応答責任と実行責任をもつ政治家に支配権を委ね、法的正当化を超えて立法過程が営まれることに、一定の規範的意義を認めねばならない。そのようにして、支配‐被支配の関係を動態化する場合に問題となるのは、社会システムの進化であり、またその停滞や退化である。自生化主義は、社会システム全体を進化させるための立法制度を提案する。

自生化主義は、立法の過程が、法をめぐるものであれ道徳や行政権力をめぐるものであれ、根源的な正当化の問題を十全には解決できないことを理解する。よき立法とは、個々の立法の正当化の問題を、よりよい立法の発見法へと置き換えるものでなければならない。自生化主義は、諸価値の多元的な闘争状態が、正当化の問題を根源的に解決しないまま、社会システム全体の進化を企てる場合にすぐれた構想であると考える。次章では、その場合の立法過程を構想したい。

第十七章　立法過程のデザイン

立法過程、あるいは議会の機能を類型化した先行理論として、N・W・ポルスビーによる「変換議会／アリーナ議会」の二類型や、F・E・ロークによる「実効性（政策決定の迅速性）／応答性（国民の合意形成）」の二類型、あるいは、A・レイプハルトの「多数派（支配）型／合意（形成）型」の二類型などが知られている。だがこうした類型論は、いずれも議会の機能を「合意形成」や「政策の闘技空間（アリーナ）」、あるいは「政策の実現力」の観点から捉える一方で、議会がもつべき他の機能を捉え損ねているように思われる(1)。

議会の機能としての「合意形成」は、それが背後にある深刻な利害対立を隠ぺいしているのだとすれば、必ずしも望ましくない。私たちはある政策への合意を超えて、別のもっとすぐれた政策を探求する余地がつねにある。議会の機能としての「政策の闘技空間（アリーナ）」は、なるほど民主的議論の公共的正当化に資するとしても、私たちはたんなる議論の闘技を超えて、よりすぐれた政策を立案する余地がある。「政策の実現力」にしても、どんな政策を実現すべきかについては、よりよい可能性がつねに残る。つまり「合意形成」や「政策の闘技空間」や「政策の実現力」といった理念は、完全に充足すべき機能というよりも、その不完全さのなかで、「よりよい立法を提案する余地」を残し、新しい可能性に開かれていることが望ましい。

こうした「民主的諸機能の不完全性を埋める余地」に注目するならば、立法あるいは議会が果たすべき機能は、法案創出のための方法や制度条件、すなわち立法過程の観点から考察されなければならない。現在、そのための思想資源は「熟議民主主義（deliberative democracy）」に求められることが多い。ところが熟議の過程もまた不完全である。議論が一定期間の後に完熟するというのは仮構であり、実際には議論が熟さないまま、議会を運営せざるをえない。熟議の不完全性を補うものは何か。あるいは熟議に代替しうる過程はいかなるものか。本章ではこの問題に応じたい。

熟議を疑うための有効な視点には、およそ二つある。一つには、議論によって政策を選択する際の前提として、依然として大胆な政策案が提起されていない可能性がある。あるいは熟慮ある判断は、独創的な提案に照らしてつねに覆される可能性がある。私たちはその余地に注目して政策立案の批判的成長に応じる必要がある。ここではそのような姿勢を「可謬型」の民主主義と呼びたい。(2) 熟議を疑うためのもう一つの視点は、成熟した判断を下すための時間が十分ではない可能性である。熟慮ある判断は、議論のみに基づいているわけではなく、可能な諸政策がいわば時間とともに醸成されていく過程を必要としている。ここでは熟議を補いかつ代替する理念を「熟成型」の民主主義と呼びたい。「可謬型」と「熟成型」は、熟議を疑い、これをある面で補完しつつ、別の面で代替するモデルである。以下ではこれら二つのモデルを提示し、立法過程の果たすべき機能に新たな光を与えたい。またこれらのモデルの組み合わせが、自生化主義のすぐれた立法モデルを提供することを示したい。

1　理念と構想

1–1　立法理念と立法構想

可謬型　システム進化のために、大胆な仮説の提示とその批判の過程を強化せよ。

熟成型　醸成過程を通じて、立法や政策を担う人たちの判断の質を成熟させよ。

批判的合理主義（批判によって知識を成長させるというポパー流の立場）を立法過程に応用する場合、具体的には例えば、小選挙区制と二大政党制のもとで、諸政党が包括的な政策体系を争い、政権交代による政治責任の帰責を通じて、誤った（反証された）政策体系を破棄するようなシステムがふさわしいと考えられる。しかし、二大政党制のシステムは、諸政党が批判と敗北を恐れて無難な政策構想を掲げる場合には、うまく機能しない。また有権者たちが選挙で、たんに政府の政策の誤りを批判して与党の政治家たちに責任をとらせるだけでは、知識の「批判」機能は満たされるとしても「成長」の機能は満たされない。このような問題に応じるために、「可謬型」は、大胆な仮説を提示するためのインセンティヴを制度化すべく、すぐれた立法過程の基準を、立法案の量的増大と、立法過程における厳しい批判的淘汰の実践に求める。

従来、すぐれた立法とは、賢慮によって法案の成立過程を導くことにあるとみなされてきた。あるいは科学的合理主義の観点から、科学的な立法判断の基準が提起されもした。しかし可謬型は、法を立案する場面では賢慮と科学の基準を求めず、むしろ批判的合理主義とともに、大胆さの美徳を称揚して、法案の多元的な増殖をそれ自体として重んじる。これに対して、可謬型の立法過程において賢慮と科学が求められるのは、提出された法案を不採用にする場面である。

可謬型の立法過程は、二大政党制のもとで、大胆な仮説を提示するインセンティヴを制度化する。選挙において批判にさらされるべきは、個々の政策の真偽ではなく、与党が掲げて実行した政策体系全体の真偽である。むろんその場合、望ましい（反証されていない）政策も破棄されてしまう可能性がある。また、二大政党制のもとで大胆な政策提言（仮説）を提起できるのは、少数派の野党である可能性が高く、二つの政党はいずれも慎重な政策提言を行うかもしれない。あるいは二大政党制のもとでも、多くの法案は両党合意のもとで可決されるかもしれない。政治の対立構図が成立せず、連立政権によって政治を運営する場合には、連立下の合議はたんなる政治的妥協に終わるかもしれない。大胆さと実行性のあいだには、往々にしてトレード・オフがある。

そこで立法過程の成長論的な構成のためには、可謬型のモデルに加えて、「熟成型」のモデルを導入する必要がある。大胆な政策構想体系が提起されず、提起されても批判的淘汰の圧力にさらされにくい場合、私たちは選挙ならびに国会運営において、いかにしてシステムの進化を企てることができるのか。可謬型の限界を補うために熟成型の民主主義を導入することができる。

熟成型は、討論を重ねることで熟慮を練り上げていくような熟議民主主義の理想とは異なり、むしろ人々が討議の場を離れて、生活のなかで考えを寝かせるうちに、判断が熟成していく過程を重んじる。熟成型は、大胆に提案された法案が、一度廃案になることを厭《いと》わない。むしろ、廃案となった状態を醸成過程の出発点とみなす。廃案となった法案が国民のあいだで広く認知され、慣れ親しまれ、参照されるようになれば、その法案はしだいに、熟慮あるオルタナティヴとして醸成されていく。熟成型は、蔵入りとなった法案が一定の期間を経て、形を変えて再検討されるプロセスを重んじる。熟成型は、インテンシヴな批判の機能を議会が担うことができない場合に、いわば議会の外で立法を成長させる機能を果たす。熟成型がたんなる熟議と異なるのは、熟議がもっぱら人間の判断力に照準するのに対して、熟成型は、蔵入り法案のような法の潜勢的可能性を含めた法体系が自生的に成長するとみなし、その成長を介助することができると考える点にある。

むろん熟成型は、可謬型の二大政党制がうまく機能する場合にも必要である。二大政党制のもとでは一般に、少数派の意見を政策に反映させることが難しい。少数派の権利は、司法を通じて確保されればよいという考え方もあるが、先住民族の権利などは、立法（国会）を通じて規範形成されなければ、憲法解釈上の実践知を広く民衆のあいだに提供することがない。少数派の意見を熟慮ある仕方で国制に盛り込むためには、「熟成型」のモデルが必要である。

熟成型は、法の自生的な成熟のために、法案の「潜勢的可能性」を豊かにする企てである。これに対して可謬型は、価値の闘争と成長のために、多様な法案を豊かに拮抗させる企てである。熟成型と可謬型は、機能において密接に結びついている。熟成型は、廃案となったさまざまな法案のなかに潜在的な諸可能性を認め、また可謬型は、立案された可能なる法のあいだに、諸価値の闘争的な多元性を認める。可能と多元という二つの理念を実現するための立法制度構想が、熟成型と可謬型の組み合わせに託されている。

1―2　立法の正当性

可謬型　官吏層および支配層が二つに分かれ、それらの勢力が互いに緊張と闘争の関係のなかで、責任をもって政策運営に携わることによって立法の正当性を確保せよ。

熟成型　国会およびその水面下において、蔵入り法案を何度も審議することによって、立法の正当性を確保せよ。

可謬型は、討議の手続きが満たすべき要件によって支配権力を合理的に制御するよりも、立法の過程を進化論的な観点から合理的に導こうとする。すなわち、法案が多く提出され、採用後の法律が厳しい評価にさらされることによって、立法の正当性を調達しようとする。こうした立法過程は、たんに知識の成長という観点からみて合理的であるだけでなく、それが政治的支配を流動化させて政権の交代を導く場合には、権力の制御という観点からみても効果的である。可謬型は、知識の可謬性のみならず、権力の可謬性を前提として立法制度をデザインする。とりわけ二大政党制のもとで官吏層と支配層がそれぞれ二分され、二つの勢力が拮抗する場合に、立法の正当性が調達されたとみなす。

その場合の二大政党制の意義とは、第一に、官僚支配に代わる政党政治の実現であり、第二に、政権交代による支配の流動化である。官僚が主体となって立法するのではなく、政党が主体となって立法する。また、野党が代替的な法案を提起し、与党と野党が切磋琢磨する環境のなかで政治を運営する。可謬型は、このようなシステムのなかに知の成長を認め、立法の正当性を見出す。

近年の日本では、官僚の権限よりも内閣の権限を強化するために、内閣府が設置され（二〇〇一年）、そこに合議制の諸機関が附属された。これは可謬型モデルの観点から歓迎すべき改革である。内閣の交代とともに、知の批判的淘汰と成長を企てることができるからである。むろん可謬型においては、立法過程における野党の役割も重要である。野党は、対抗法案を提出する義務を負わねばならない。野党の法案は、成立する見込みがないとしても、政府与党の法案に対する「対案」が何であるかを明確に示せなければならない。野党は自身の政策構想をアピールするとともに、法案をめぐる議論を生産的な方向に向けなければならない。そのような任務のために、国会は第一野党に対して、「影の内閣府」を構成する権限を与えることも検討すべきである。

また立法過程において、法案を提出するインセンティヴを高めるためには、法案の「提出要件」と「審議要件およびその優先順位」を区別して、実質的な審議要件を満たさなくても、法案を提出できるようにすべきである。政党ないし国会議員が、多くの法案を提出し、それらが審議されないまま蔵入りとなって蓄えられる。そして各党は、そのなかから取捨選択して、新たな政策体系構想を練り上げていく。さらに各党は政策集団を結成して(3)、具体的な政策プログラムを組んでいく。このようなプロセスを通じて、私たちは立法の構想力を育むことができる。

従来、法案の成立を阻止するための野党の戦術は、他の重要ではない法案の趣旨説明を求めて、当該法案の審議を遅らせること(俗にいう「つるし」)であった。このような戦術に対応するために、内閣は、重要ではない法案については、審議要件を満たさないかたちで提出してもよいのではないか。審議要件を満たさない法案を内閣が多く提出する分には、審議スケジュールの停滞という問題を避けることができる。

可謬型のシステムにおいて、法案を提出するインセンティヴを高める際の問題点は、議員は再選を目的とした短期的利害の法案化に集中するかもしれない、という点である。これを防ぐためには、短期的利害の法案化は、政権を取った与党が構成する内閣によって、事前に「政策構想」のなかに組み込まれていなければならない。これに対して内閣と区別される与党の議員は、任期期間中には実現できないような法案を含めて多くの法案を提出し、諸価値の闘争状態において公共的な議論を形成することに、政治家としての任務を負わなければならない。

他方、熟成型において野党が果たすべき役割は、当面の政治状況をにらんだ対抗法案の提出ではなく、さまざまな蔵入り法案を、長期的な観点から与党議員とともに熟成させることであり、言い換えれば、法案を練り上げることである。その場合、与野党の議員は、各省庁の官僚や名声を博した人々、あるいは実質的な批判的監視の活動を行っている市民（ＮＧＯ）との連携によって、法案を練り上げることがふさわしいように思われる。

熟成型は、討議を「断続的」に継承するというプロセスが、立法の正当性を与えると考える。熟成型のモデルは、理想的で公開的なコミュニケーションのもとでの合意を、立法の仮想的正当化根拠としない。むしろ熟成型のモデルは、審議が活性化された後に、いったん中断され、しかる後に再発見・再解釈されるプロセスによって、判断力が成熟するとみなす。断続的な立法の過程は、法を自生的（正確には自生化的）に成長させるための契機となる。法が批判的にではなく自生的に成長するためには、潜在的に可能な法案が多く蓄積され、それらが一定の時間に耐えつつも、さまざまに再解釈される熟成過程を経なければならない。時間の経過は、ある特定の文脈において提案される法案の意義を相対化し、文脈の変化に耐えうる普遍的な意義を考慮することに資する。また時間の経過は、人々が一時点で発揮しうる熟慮の限界を超えて、理性の働きを人類の叡智と結びつけることに資する。加えて時間の経過は、一時点での民衆の判断を超えて、世代間の民主的な協力関係を形成する。

そのような熟成過程の条件として、まず議論の活性化が必要である。例えば国会では「党議拘束」の程度を、個々の立法事例に応じて変化させ、議員が自由に議論できるような空間を、戦略的に形成していかなければならない。具体的には、可謬型の衆議院においては党議拘束を厳しく設定し、熟成型の参議院においては、これを緩めることがふさわしい。参議院における党議拘束は、まだ熟成していない法案については緩め、熟成した法案については厳しく設定することができる。国会での審議のみならず、議員がメディアを通じて発言する場合や、議員候補者が選挙において民衆に語りかける場合にも、党議拘束のレベルを設ける必要がある。このように党議拘束のルールを戦略的に設定すれば、政党は、まず法案を議員たちの議論に委ね、それをいったん廃案にした後に再発見する過程を経て、法案をめぐる議論を熟成させることができる。

ただし、法案の審議を実質的にすべて議会に委ねるならば、内閣提出法案は成立しない可能性が高い。そこで従来、与党の国会対策委員会は、内閣提出法案を実現するために、国会の議事運営を指揮してきた。これに対して、国会での討議を重んじる民主主義者は、国対政治の一部を、フランスやドイツのように、国会の実質的審議に委ねるべきだと主張してきた。はたして優先すべきは、討議なのか、政策実現力なのか。この問題に対する熟成型の視点は、討議を国会の本会議に集中させるのではなく、それ以前の水面下の段階を含めて、熟慮が生み出される制度全体をデザインすることにある。「熟成型」は、国会の水面下で利害を調整する「コンセンサス型」と、国会での実質的な討議を経て法案を練り上げる「変革型」のいずれの特徴も有している。本会議を実質的な討議の場とするとしても、本会議の時間は制約されている。そのため熟成型モデルは、各委員会において党派にこだわらない討議を要請する。

他方で熟成型は、立法される法案が、法の支配に照らして、合理的に定立されているかどうかを手探りするという、法案の限定化（境界設定）にも、力を発揮しなければならない。従来の国会においては、「慎重審議」を求めて、法案を会期切れに持ち込むという野党の戦術が、効力を発揮してきた。このような戦術がもつ意図せざる利点は、法の支配という基準を手探りによって求めながら、法案の成立と法の目的の定立を導くことにあったと考えられる。野党の国会戦略は、審議の実質化と法案の限定化という二つの側面から、法の支配を手探りするという性質を帯びていた。しかし、審議の引き延ばし戦術や、会期の延長戦術は、それがいかなる場合に、法の支配の観点から望ましいといえるのか。そのような実践的判断力を、私たちは熟成型において検討しなければならない。熟成型の理想は、法案を熟成させるために、廃案になった法案を形を変えて再審議することである。野党の戦術が「法案の熟成」に資するとすれば、それは廃案に持ち込んだ法案を、野党が継続して審議する態度を保つ場合である。

なお議員立法を推奨する場合、議員は特定の利益団体から支援を受けて、その業界の資格法などを作成し、国会に提出するかもしれない。そのような特定団体利益反映型の立法を避けるためには、どんな手段があるだろうか。熟議民主主義、あるいは国会討議の実質化を求める立場は、提出された利益反映型の法案を、討議によって練り上げる過程を重んじる。これに対して可謬型と熟成型のモデルは、いずれもそのような国会討議の実質化に解決を委ねる立場ではない。可謬型の立法過程は、利益反映型の法案を、さしあたって廃案に持ち込むインセンティヴを制度的に取り入れる。またこれを受けて熟成型は、廃案になった法案を何度も議論する過程を通じて、熟成させなければならない。熟成型は、利益反映型の法案がそのまま成立するような過程を防がなければならない。このような二つの立法システムのもとで利益団体は、政策を構想する頭脳集団を通じて、自らの利害を表明する回路をもつようになるだろう。またそのような頭脳諸集団が政策をめぐって拮抗する場合に、利害反映型の政治は有効に避けられる。

諸々の利益団体はこれまで、ある一定規模の連合体を形成して、その連合体の内部で実質的な討議を積み重ねることによって、民主的な統治を担ってきた。諸団体の連合体が、終極的には二つの連合体へと編成されるとき、それは二大政党制におけるそれぞれの政党の支持基盤を形成する。しかし二大連合体の対立は、そもそも利益団体を構成することのできない人々の利害を無視する傾向にあるため、各政党は、政策構想体系を練る際に、利益団体とは別のルートで利害を討議したり、政策を構想したりする責任を負わねばならない。

他方で可謬型と熟成型のモデルは、法案の内容について、学識経験者や利害関係者の意見を聞く「審議会」の役割を、それぞれ次のように位置づける。まず可謬型は、内閣が審議会の意見に拘束されず、自らの責任において政策を遂行するために、審議会の意見を尊重しなくてよいとみなす。可謬型は、審議会による熟慮ある審議が、かえって知の成長を阻むと考える。これに対して熟成型は、審議会での意見が多様であることを答申に記載して、考慮されなかった少数派の意見がたくさんあることを、法案の再審議に備えて強調することができる。蔵入りになった意見はいずれ再発見され、深慮ある判断がそこから醸成されることが期待されるからである。

可謬型においては、国会提出後に廃案となった法案の量と質、および、議員の個人的な信条の表明とともに提出された法案（イデオロギー対立を孕んだ法案）の量と質によって、法案の多元性が表現される。可謬型において法案は、法体系の一貫性や原理性にとらわれることなく、大胆に提起されることが推奨される。そのような余地がなければ、知の成長を望むことはできないからである。

これに対して熟成型においては、提出されなかった法案（内閣提出法案の場合は俗に「C案」と呼ばれるもの、議員立法の場合には提出資格を満たさなかったもの）の量と質によって、法案の潜在的可能性が表現される。潜在的に立法可能な法案が、多く蓄積され、その蓄積を踏まえて討議がなされる場合に、法は熟成したと言うことができる。こうして可謬型も熟成型も、法案の提出において、採用されない法案が多く作成されることを推奨しており、そのためのコスト（予算）を必要としている。ある意味で、立法の非効率性そのものが、法の正統性に貢献するのである。

1-3　発見法による正統性の調達

可謬型　大胆な立法構想を多く提起せよ。
熟成型　蔵入り法案の潜勢的可能性を解釈せよ。

一般に法の正統性は、手続的合法性の確保や、政治的権威の顕現、あるいは伝統的支配の受け入れなどによって、ある程度まで満たすことができる。ミクロの次元でみると、法の正統性は、正当化のための根拠をいったん発見法へと転換し、その発見法をもう一度正当化論へ参入させることによって調達される。この操作はとりわけ、成長論的な観点から注意深く捉える意義がある。というのも、法の成長論的なシステム構成にとって、法の正統性は、立法過程における発見法の豊かさをもって、調達されるとみなされるからである。言い換えれば、成長論的なシステムは、システムの究極的な正当化根拠をもたず、むしろその根拠への問いを、有意義な仕方でシステムの成長へ向ける場合に、正統性が調達されたとみなす。

そのような成長論的システムは、たえず「よりよい政策構想や法案」を大胆に提起する実践を必要としている。すなわち、野党がよりよい政策構想を提示する場合、あるいは現政権がその失政にもかかわらず、よりよい政策構想を提示する場合に、法の正統性が確保されたとみなす。

加えて成長論的システムは、提起された法案を厳しく吟味しつつ、すぐれた立法を事後的に発見しなければならない。豊かな構想力と事後的評価の過程は、これまで立法過程論の周辺的な問題として扱われてきた。しかし正当化のための根拠を発見法へ転換する場合、これらは立法過程論の中心に据えられなければならない。

可謬型は、立法過程に対する国民の批判的監視によって、法の正統性が十分に確保されるとは考えない。可謬型は、批判による知識の成長という観点から、よりよい政策構想体系の提起と棄却をもって、政治は真理に一歩近づいたとみなす。その場合の正統性は、新たな構想力を練り上げる過程と、悪しき政権を退場させる手続きが確保される場合に、シンボリックに表現される。そのために、与党によって提出された法案は、野党によって対抗的に用意された法案との比較で、厳しく検討されなければならない。実行に移された法律や政策が、たんに失敗だったと批判されるのではなく、オルタナティヴとなる法律や政策が、どの程度まで事態を改善したのかという問題とセットで評価する場合に、反証の手続きは法の正統性を調達するとみなされよう。政治責任の帰属が成長論的機制をもたなければ、批判はたんに敵の政策を潰すだけとなる。

不毛な批判を避けるために、例えば、予算とその執行に必要な諸政策をめぐる立法過程においては、野党は、代案となる予算編成とそれに付随する政策を、あらかじめ提起できなければならない。そのためには野党は、すぐれた政策集団をもたねばならない。可謬型は、野党が十分に代替しうる予算編成を構想してはじめて、立法責任の帰責が有意義になされると考える。

これに対して熟成型は、国会で審議された内容が、その後、文書や映像として公開され、それを人々が断続的に吟味している状態に、発見法の正統化への転化を認める。熟成型は、国会における討議によって、法案を熟成させるための発見法が満たされるとは考えない。熟成は、廃案になる法案を含めて、人々が討議を断続的に継続して、判断力を養うことに根拠をもつ。熟成型は、人々の判断力（賢慮）が、共通の厚い文脈に根づいて安定することよりも、人々の判断が時間をおいて、別の文脈で再解釈される過程を通じて、価値の保存と醸成を獲得すると考える。熟成型は、時間軸と文脈の変容に耐えうる法案の質によって、法の熟成度を測る。例えば数年前、あるいは数一〇年前に廃案になった法案を、誰かが再発見して新たな解釈を施し、それが人々のあいだで議論される過程に、法の正統化根拠を認めることができる。

可謬型は、実施された政策体系構想の帰結（効果）をめぐって、中期的な観点から検証と反証を行い、よき法案と悪しき法案を評価するという、科学的・実証的なプロセスを必要としている。悪しき法案は、それ自体として破棄されるべきとはかぎらないが、もっとよいオルタナティヴが提起された場合には、代替されなければならない。これに対して熟成型を通じて採択された法案は、中期的な科学的検証によって取捨選択することが難しい。他に熟成した法案がなければ、現行の法律を科学的にもっとすぐれた法案に代替することは不可能である。熟成型においては、むしろ判断の熟成のための手続きを、いかに洗練させるかという問題に照らして、法案の取捨選択を行う。

なお可謬型も熟成型も、最初に大胆な法案が構想されることを出発点としている。大胆な法案の提出を促すためには、特区の募集や、政策アイディア・コンテストの実施、ウェブサイトを利用した意見の募集、蔵入り法案・未審議法案のウェブでの開示（およびインデックス化）、などを制度化することができる。あるいは可謬型も熟成型も、立法の構想力を活性化するために、議員立法や党員立法を奨励することができる。例えばアメリカ議会の下院議員のように、任期二年の議員が再選を目指すという動機から議員立法を行うところでは、立法の発見法が制度的にうまく調達される。

1-4　ふさわしい立法分野（トポス）

可謬型　細部にわたる政策のデザインを争え。

熟成型　一般的なルールを争え。時限立法の継続的な評価を行え。

可謬型と熟成型にふさわしいトポスは、それぞれ衆議院と参議院である。可謬型の立法は、政権を与えられた政党が、その期間内に実現を目指す政策に関するものが望ましい。その場合の法案は、内閣提出法案として、内閣と政党が一体になってその実現に当たるような法案が適している。具体的には、予算関連法案、行政施策に関する法案、行政組織の運営方法に関する法案などである。例えば、消費者保護や公害規制・環境政策などの保護的規制政策では、省庁間の利害対立を調整するのではなく、政治的リーダーが確固たる価値理念をもって、族議員の要求を抑えて立法を導くような行動が求められる。そのような闘争的関係の構築とリーダーシップの発揮によって、責任ある立法と政策運営を導くことができる。

これに対して熟成型の立法は、特定の政党が政権を担うかどうかに大きく依存せず、長期的な観点から国政を導く視点、あるいは分権的な観点から地域の政治を導く視点に立って導くことが望ましい。具体的には、憲法、安全保障、外交、人権、文教問題などの体制理念をめぐる政策、経済の低成長や財政悪化に伴う配分や補助金の見直し、地域振興に関する法律、災害対策に関する法律、道徳や文化全般にかかわる法律、国会の運営をめぐる法律、国家公務員を規律するための法律、各種の基本法などである。

法案には、長期的な展望をもって立法されるべき種類のものがある。とりわけ憲法を改正するための手続きは、熟成型に委ねるべきである。憲法は、たんなる仮説として扱われるべきではなく、むしろハード・コアをもった研究プログラムとみなしうる。憲法は、すでに現行憲法がそうであるように、多数者支配原理によって修正されるべきではなく、法の支配の手探り的性格を踏まえて、超党派的な視点から討議の熟成を経て改正されなければならない。

各政党は、支持基盤を確保するために、消費税の増税といった、国民に負担を強いる制度を公約にしない傾向にある。こうした傾向のもとで責任型の政治を行うと、熟慮ある判断は、かえって阻まれてしまう。そこで可謬型とは別に熟成型の立法ルートを用意し、そこにおいて各党が公約にしたがらない重要な制度的問題を、超党派的に論じる必要がある。各党が政策体系構想を争うのではなく、国民が、自身の未熟な利害表明の弊害を認めるがゆえに、熟議を参議院に委託するという信認のあり方が求められる。先の消費税増税のための立法は、熟成型で行われることが望ましい。あるいは、文化財保護法や地震防災対策特別措置法、国民の祝日に関する法律などのように、超党派的な議員立法に導かれたほうが、国民的な支持を調達しやすい法案についても、熟成型に委託すべきである。

この他、熟成型においては、時限立法の継続評価を行うことが求められる。法律には「見直し条項」と呼ばれる条文が付され、「〇年後に見直すこととする」と明記されることがある。この条項に従うなら、それを発案した与党は、政権の途中でこれまでの信の体系を緩め、法律の見直しをめぐる実質的な討議を図らなければならない。しかし与党は、政権期間中に信の体系を曲げるわけにはいかず、法案の見直しを実質的討議に委ねることが難しい。また継続評価の時点で、対立する別の政党が与党となってその時限立法を評価する場合には、客観的な評価を期待できないかもしれない。その時点での与党が、時限立法に対するオルタナティヴな法案を準備しているのでなければ、時限立法の継続評価は、熟成型の参議院を通じて、超党派的に行われることが望ましい。この場合、見直し法案の実質的討議は、参議院に任せ、与党の政権期間中に変更すべき点と、政権終了後に再検討すべき点を決める必要がある。

では、可謬型によって営まれる衆議院と、熟成型によって営まれる参議院の望ましい関係は、どのようなものか。法案の審議をめぐって、衆議院と参議院のいずれを先議院とするか、また実質的な決議をどちらに付与するかという問題は、これまで内閣と国会対策委員会に委ねられてきた。しかし各政党は、各自の政策体系構想において、どの問題をどのように審議するのかについて、あらかじめ見解を示すことができる。例えばある政党は、消費税問題を短期的な政争の具にするのではなく、熟成型の参議院に委ねるという立場を表明することもできよう。

なお、こうしたトポスの区別を反映すべく、国会の議席配置を工夫する余地がある。熟成型のモデル（参議院）では、議員の議席配置を党派別にせず、地域を基準にするならば、議員は、ローカルな空間から熟議を練り上げてきた代表者であることが、国民に理解されやすい。また議員は、地域ごとに、年齢の高い人から前に座るようにすれば、議員の資質として、賢慮・熟慮に基づく判断が大切であることを、国民にイメージさせやすい。

1-5 立憲構想の限界

可謬型 二大政党制以外のシステムは実効的か。
熟成型 熟議のゲリラ的性格はどこまで正統か。

従来、衆議院と参議院という二院制を採用することの長所は、政治の暴走を抑制して審議の慎重さを確保し、また、多元的な意思形成による民主的な政治を実質化することにあるとされてきた。二院制は、しかし実際にはコストが高いだけで、「審議の慎重さ」や「民主政治の実質化」を実現しないかもしれない(4)。参議院の機能が形骸化してしまう場合には、一院制のもとで、法案の性質によって審議の方法を振り分け、可謬型と熟成型の立法過程を組み合せることもできる。しかしその場合の審議の振り分け方については、制度デザイン上の別の問題が生じる。

二院制においても、国民の利害が多様化してイデオロギー闘争が二極化しない場合には、はたして政権交代の圧力を、成長論的な価値闘争のために用いることができるのか、という問題が生じる(5)。可謬型の二大政党制がうまく機能しない場合に、考えられる立法の理想は、連立政権のもとで熟議民主主義を行うことである。ところが連立政権においては、熟議の高度化に伴う弊害が生まれる。連立政権のもとで政治の争点と利害が複雑にからみあい、イデオロギー対立よりも利害の折衷が求められるところでは、熟議判断はきわめて高度なもの（複雑で明快さに欠けたもの）になる。あるいは政治の争点があまりにも冷静かつ専門的な場合、熟議の判断は、高度な知識をもった専門人の判断に委ねられることになる。そのような状況では、国民は、討議の過程に参加するインセンティヴを失う可能性が高い。分かりやすい争点や大胆な改革構想がないところでは、国民のあいだで広く議論を興《おこ》すことができない。

すると国民は、政治の判断を一部の人々に任せ、自身はその判断に身を委ねるか、もしくは討議とは別の表現的な手段で政治に参加するかもしれない。街頭デモなどにみられる表現の政治は、エリート統治に対する反動的な情念として、あるいは権力に対するアイロニーとして、熟議判断の正当性に揺さぶりをかけることができる。

熟議が高度化すると、同時に表現の政治も活性化する。熟議は、それが利害調整の冷静さを要求する場合には、かえって議論を活性化せず、大胆な構想力が不要となり、私たちの判断の幅を鍛えなくなる。この問題に対する熟成型の応答は、必ずしも熟議を積み重ねる必要はない、というものである。議論の分断や拡散があっても、蔵入りとなった法案を断続的に審議できる場合に、法案は醸成されうる。法案の醸成は、討議の時間的・空間的な広範囲性を第一の正当化根拠にするが、それだけでは、議論のゲリラ的な増大にすぎず、法の正統性を調達できないかもしれない。議論の時間的・空間的な拡大は、より実質的には、先述したように、蔵入り法案（法の潜勢的可能性）の量的増大、文脈の変化に耐えうる普遍的性格へと再解釈する活動の厚み、法案の意義を人類の叡智と結びつけて判断する程度、あるいは法案実現に向けての世代間の民主的協力関係の程度といった基準によって、法の正統性を調達しうる。

2　民主主義の位置づけ

2-1　民主主義の意味

可謬型　悪政を批判的に監視しつつ、支配層を流動化せよ。

熟成型　歴史を参照しながら実質的な討議を断続せよ。

戦後日本の議会政治はこれまで、国会の本会議の前に開かれる理事会において、根回しによる与野党の合意を取り付け、国会の場では満場一致を取り付けることを理想としてきた。このようなコンセンサス型政治に対して、国会対策委員会による根回しをやめて、審議にできるだけ多くの時間を費やすべきだという熟議民主主義の理念が提起されている。あるいはまた、公権力の暴走に対する批判的監視機能を強化するための、さまざまな制度改革が提起されている。

けれども可謬型や熟成型の観点からすれば、民主主義の理想は、満場一致にあるのでもなければ、討議の実質化にあるのでもない。可謬型は、支配-被支配の関係を流動化することに民主主義の理想を見出す。というのも、支配層の流動化においてこそ、政治における闘争関係の構築と、批判的知識の成長を期待できるからである。可謬型は、国民の真の意識を、国会において科学的に「反映する」という課題を負うのではなく、国民の真の意識をめぐって、大胆な仮説が提示され、批判的な検討がなされることを理想としている。

可謬型は、選挙その他を通じて、民衆が悪政者（政党）を退けることに、民主主義の意義を見出す。民衆が政権の交代を、勢力反転の祝祭的なシンボル表現として享受できるように、制度を構成する。可謬型の民主主義において、民衆の役割は、まずもって政権交代の圧力をかける情念を表現することである。可謬型は、支配層の流動化を促すために、議員候補者の資格として、世襲議員や利益団体と直接結びついた議員の選出に制約を設けるかもしれない。あるいは、秘書上がりの議員候補を禁止して、議員候補者が拮抗関係のなかで切磋琢磨することを望むかもしれない。

これに対して熟成型の立法過程は、国民が蔵入り法案を発掘して、議会の外で広く議論に参加することを求める。法案の熟成のために、国民は自身の利害をその場で表明することよりも、過去の人々の立法行為を継承して熟成させることに、民主主義の理想を見出す。すると国民は、自身の利害関心が、過去の人々の利害関心と結びついており、その利害関心を代弁しつつ再生していることを理解できる。熟成型における民主主義の理想は、歴史的に厚みのある民意を形成することにある。そのために国民は、歴史解釈を通じて自身の利害認識を変容させていく義務を負う。そのような義務履行の積み重ねによって、法システムは熟成すると考える。

2-2　代表民主主義の意義

可謬型　政策体系構想の構築を諸政党の代表者に委任し、切磋琢磨の関係を築け。
熟成型　いっそう成熟した判断力によって討議がなされることを、代表者に信任せよ。

ここで政策体系構想とは、政党の政治的信念を、価値の言語で体系化したものに加えて、いわゆるマニフェスト、すなわち具体的政策のパッケージとそれを実行するための組織や仕組み、あるいは政策実現の行程表を明示したものである。政策体系構想は、端的に言えば、理念（価値規範）と実践（行動戦略）を体系的に結合したものである。

政党は、なぜ政策体系構想を構築しなければならないのか。それは社会システムには全体としての目的が明確に存在せず、目的を実現するための最適なプログラムを導出することができないからである。システムの全体目的が明確かつ合意可能なかたちで存在しない場合、私たちは立法過程において、目的定立を含め、目指すべき価値理念そのものを体系的に争うことで、新たな目標の発見を促し、システムを導かなければならない。

ところがこれまで、五十五年体制における自民党政権の長期化は、与党の政策構想体系を曖昧化すると同時に、野党が独自の政策体系構想を練り上げる責任を免除してきた。野党は、国会において実質的な審議の過程に参加することができず、もっぱら自民党が策定する政策立法を批判的に監視する役割を担ってきた。このような政治状況の場合、民主主義の担い手の理想の一つは、野党の側に立つ批判的市民であった。市民政治とは、政府自民党の権力行使に対して、野党を通じて批判的に監視することであった。

これに対して可謬型の二大政党制のもとでは、構想と審議と監視の三つがすべての政党に課される。諸政党は、政策体系構想を練り上げることを国民から委任されている。どの政党も、他の政党の構想よりも自身の構想のほうが魅力的であることを示さなければならない。政策体系構想の提示を各政党に委任することは、同時に、政策構想の説明責任を、エリート官僚に任せないことでもある。官僚の権限を制約するためには、これまで国会審議で認められてきた官僚補助答弁を廃止したり、国会や常任委員会や特別委員会で大臣や総理大臣に質疑を申し出る際の「要旨提出」や、そのための応答の根回しを廃止したりする必要がある。また、政党が主体となって政策体系構想を練り上げることは、政党内の一部の集団が、利益団体の利害を反映することがないように制御することをも意味する。政党は、その下位集団の要求の調整によって政策構想を導くよりも、一定の頭脳集団を用いて、政策の構想力そのものを高めていかなければならない。

これに対して熟成型においては、国民は、立法を熟成させるための最終段階を、国会議員に委託する。国民は、国会議員に対して、蔵入り法案の歴史的な経緯に関する見識を求めることができる。国民は、自身がさまざまな蔵入り法案を検討するとして、その検討が一貫した意味をもって法案の実現につながるように、国会議員に委託することができる。

2-3 多数決の意義

可謬型 多数決原理で政策を実現せよ。
熟成型 少数者の意見を聴取し、いっそう配慮の届いた政策を実行せよ。

民主主義の制度において、多数決による法案の採決は望ましいのかという問題がある。これまで与党は、国会での法案成立に際して、多数決の横暴という批判を避けるために、しばしば野党に譲歩してきた。例えば、法案採決の延期や、附帯決議の付加、見直し条項の追加、法案成立の断念（ないし継続審査）などの措置である。

「附帯決議」は、法案が可決された後に、政府が法律を執行する際に留意すべき事柄を表明する。法案は、附帯決議を通じて、政党間および委員会間で調整され、玉虫色にもなる。類似の機能を果たすものとして、法案審査の最終段階に行われる委員長質疑や野党の代表質疑がある。これらを答弁に記録することで、法案の運用段階で何らかの妥協点が導かれることもある。また制度的にみると、内閣の衆議院解散権は、多数決の横暴を制約するために設けられた権利であるといえる。この他、参議院議員の選出方法を、多数決原理とは別の原理にすること（政治的熟慮のある人を選出すること）によって、多数決による情念の政治に歯止めをかけることもできる。

しかし可謬型の衆議院においては、与党の政策体系構想をできるかぎり妥協せずに採択することが望ましい。附帯決議や質疑には、重要な意義を与えないことが望ましい。多数派たる与党に政権運営の責任を任せ、その帰結を事後的に評価する。そして多数派支配に伴う問題点は、政権交代を通じて修正していく。そのためには、政権交代を促すための知恵が必要である。例えば、衆議院の多数派が野党になった時点（いわゆる「ねじれ国会」状況）で、内閣は総辞職に追い込まれるような仕組みを検討する余地がある。

これに対して熟成型においては、参議院を通じて多数派原理を制約し、少数派の権利を守る必要がある。また、ねじれ国会においても、参議院における多数派が野党になった場合、内閣は総辞職に追い込まれる必要はない。政権交代による支配の流動化は、可謬型の衆議院において実現されることが望ましく、参議院はむしろ、超党派的な熟成型によって運営されることが望ましい。可謬型と熟成型をうまく組み合わせるためには、内閣総理大臣を衆議院のみで選出し、参議院の運営を、内閣の政策体系構想からある程度まで独立させることも考えられる。

2-4　複数性の涵養

可謬型　官僚制の内部で立法の競合システムを構築せよ。

熟成型　意見の時間的・空間的多元性に耐えうる法を提示せよ。

可謬型も熟成型も、いずれも民衆の一体性を前提とする「民意主導の政治」を避けて、民意なるものが多元的であるという事実から出発する。可謬型も熟成型も、単一の権威と合意の存在を疑い、立法過程における複数性の涵養に関心を寄せている。

可謬型は、立法過程における官吏層の支配を避けるべく、官僚組織の内部において、官僚たちの闘争的で競合的な関係を築こうとする。二大政党制のもとでは、官僚は、少なくとも二つの政党の政策構想体系に、それぞれ寄与しなければならない。省庁の内部で下から順次回覧型で法案が練り上げられていく場合、複数の法案が構想され、それらがシンボリックであれ、A案／B案という具合に、相互に拮抗したものとして公開されることが望ましい。

すでに触れたように、可謬型においては、内閣提出法案は、実質的に内閣（ないしその下位組織たる戦略集団）が主導して官僚に法案を作成させ、官僚の利害を抑えることができなければならない。しかしその場合、起こりうる事態は、野党が官僚たちに有利な政策構想を代弁して、与党と対立することである。野党が官僚を味方につけ、与党が十分な法案提出をする能力を削がれる場合には、再び官僚支配に戻るかもしれない。そのような事態を避けるためには、官僚の利害を、あらかじめ多元的で闘争的な関係に置いて、相互に拮抗させるようなシステムが必要である。

可謬型においては、国会（衆議院）は与党の政策体系構想を実現する場とみなされ、与野党間の実質的な討議の意義を与えられない。すると衆議院は、各政党が次期選挙で国民の支持を獲得するために、パフォーマンスとして討議するという「アリーナ」型になるかもしれない。しかしその場合、アリーナとしての国会は、敵対者に対して敬意を示しつつ、なお緊張感のある闘争関係を示すべきである。

これに対して熟成型は、与野党間の対立を避けて、熟成した法案を実現しようとする。とはいっても熟成型は、民衆の諸利害を一つの合意へ導くのではなく、諸利害の闘争状態に耐えうるような立法を導くことが、民主主義の成熟に資すると考える。熟成型はポピュリズムの弊害を避け、メディアによって造られた大衆の民意を疑う。熟成型は、個人の多元性や時間と場所の多元性から出発して、その多元性に耐えうる立法を導くことに、民主主義の成熟をみる。

むろんマルチチュードとしての民衆は、こうした法案の熟成過程に納得せず、体制を転覆したいという願望をもつかもしれない。マルチチュードとしての民衆の意識を反映させる民主主義があるとすれば、それは民主政の内乱状態を意味するかもしれない。実際、法の自生的な熟成は、多数決型の民主政の機能不全と並行してもたらされる可能性がある。「熟成型」が必要とされるのは、政治の利害調節が機能せず、民意の集約が機能しないところで、多様な意見が噴出し、また許容される場合である。

2-5　国民の義務

可謬型　国民は、政権が遂行する政策に対して、政権交代の時期まで寛容であれ。

熟成型　国民は、国会の会期中も国会の外で討議を継続せよ。

可謬型においては、内閣の主導によって、ある政策が実行に移される場合、国民はたとえ期待はずれの事態が起きても、政権が交代するまではその政策を受け入れるという、寛容な態度をもたなければならない。政権の途中で国民が議論しても、その議論をただちに政策に反映することはできない。大胆な政策体系構想は、たとえ反証されるとしても、社会全体に意図せざる進化をもたらすかもしれない。そのような進化に余地を与えるためには、国民はできるだけ政策が誤るリスクを引き受けて、政策の帰結に対して寛容でなければならない。可謬型は、できるだけ誤らないように政策体系構想を提示するような政党には、そもそも政治の責任を任せるべきではないと発想する。可謬型は、政策の誤りが明確に認識されることで、多くの人々が、もっとよい政策を構想するインセンティヴを高めると期待する。

可謬型においては、政党は次の選挙で勝つためにという理由で、初発の「信の体系」を曲げてはならない。可謬型は、与党が信の体系を貫くことで、政治的拮抗関係のなかから真理が発見されることを狙っている。もし各政党が機会主義的に政治を行う場合には、実施された政策の誤りは見えにくくなる。その場合には、政策の反証・検証プロセスも曖昧になり、悪しき政策を淘汰することが難しい。そのような弊害を避けるために、国民は政権交代の時期まで、政権を担う与党の政策を受け入れるという、寛容な態度をもたねばならない。ある意味で多数決原理の意義は、実施された政策の誤りを発見しやすくすることにあると言える。もし私たちが多数派の横暴を避けるために、合意と妥協の立法過程を理想とするなら、よりよい政策を提案することに、すぐれた動機づけを与えることはできない。批判による知識の成長を促すためには、国民の民意を二分して、これを二大政党制のもとに編成することがふさわしい。

これに対して熟成型においては、国民はつねに討議に参加する義務がある。熟成型は、国民の議論が素朴な情念から出発することを認めるが、しかしその意見を熟成させるためには、何らかの制度的工夫が必要である。例えば、裁判員制度を模して、国民のなかから抽選で選んだ任意の人々を集会させ、約一週間、与野党の政策構想について議論してもらい、議論の前後でどのように見解が変わったかについて、報告してもらうような制度（ミニ・パブリクス）がある。

熟成型はまた、廃案になった法案を検討することが、法案を熟成させると考える。それゆえ国民は、蔵入り法案を再評価する義務を負う。具体的には、どんな法案が、いつどのように蔵入りになったのかについての情報を政府が公開し、その情報を評価するさまざまな市民団体が生まれることが期待される。加えて熟成型においては、国会では実質的に議論されない計画行政の問題を検討することも期待される。道路や住宅や廃棄物処理施設などの整備計画については、これまで行政府の決定に委ねられ、国民は国会を通じたコントロールをすることができなかった。計画行政の策定権限は、内閣総理大臣にある。国民はこれまで、内閣総理大臣への圧力を通じて計画行政の見直しを求めるほかなかった。この策定権限ないし監視権限を、新たに参議院に委ねることによって、国民は計画行政の問題点を議論し、いっそう熟成された仕方で判断できるようになると期待できる。

3　政策体系構想

3-1　「受肉化」か「意味付与」か

可謬型　政党は、「信の体系」を政策に受肉せよ。

熟成型　蔵入り法案を蘇生せよ。

可謬型において、各政党は、党員および附属の政策集団によって提出された諸々の立法構想をまとめ上げ、それを信の体系として提示しなければならない。

むろん実際には、二大政党制のもとで政治的な対立点がマイナーな論点に集中し、重要な政策については両党の合意が得られるかもしれない。あるいは両党とも、党内においてさまざまな価値対立をはらむ一方で、政党間では有意な価値対立がみられにくくなるかもしれない。そのような場合には、国会議員は独立人となって、各政党が政策体系構想を提示するたびに所属政党を変えるか、あるいは政策の論点ごとに政党との関係を取り結ぶなどして、政党間の政策論争を活性化させなければならない。党員は、党に忠誠を誓うよりも、むしろその都度の政権の政策体系構想に忠誠を誓い、自分のこれまでの信念と異なる場合には、別の政党に出向することも検討しなければならない。

ただしその場合の問題点は、諸政党が「信念体系」をもった政治家を養成することができず、結果として有意義な価値闘争を展開できない可能性である。政党の政策構想を批判的淘汰にさらして、政治家を批判的淘汰の対象にしない場合、自らの政治信念を貫こうとする政治家の実践エネルギーを、政治に動員できないかもしれない。

政治家は、たんに利害を争うのではなく、価値の言語を用いて、政治信条と政治理念を争う場合に、高貴な精神をもって政治に向き合うことができる。政治家は、政党が掲げる「信の体系」に拘束されない場合に、すぐれた実践力を発揮するかもしれない。それゆえ政党政治においては、党のアイデンティティと一体をなす「コア議員」と、そのようなアイデンティティから距離をおいた「浮遊議員」によって、政党を運営することが望ましいかもしれない。浮遊議員は、立法の審議過程では党議拘束を受けるとしても、立案された政策の運営場面で自らの信念を表現することができる。

可謬型の場合、政権を担う与党は、選挙後、政策体系構想（いわゆるマニフェスト）をいっそう具体的な実行プログラムにまとめなければならない。この場合、内閣は、組閣に時間をかけるだけでなく、政策の実行プログラムをまとめる時間を無期限としてもよい。あまりにも早急な組閣や政策実行プログラムの作成は、かえって未熟さを露呈し、不達成のリスクを高めるからである。むろん、内閣が実行プログラムを提出しなければ、内閣はいかなる法案も提出できないように制度を構築することもできる。内閣は提示した実行プログラム以外の法案を、国会で優先的に議論させないようにもできる。

実際問題として、与党は、政策実行プログラムを十分には提示できないかもしれない。あるいはそもそも、二大政党が形成されず、連立政権による妥協と折衷の政治が生まれるかもしれない。その場合、政府は被支配層の勢力をシンボリックに強化するように、例えば高齢者への所得還元などの救済財を、その都度の立法によって提供するかもしれない。連立政権は、政策構想を体系化せず、人々の情動に応じた個別的救済をよしとするかもしれない。すると立法の多くは、時限立法となり、特殊状況に応じた立法（すなわち法を偽装した法）となる。そのような立法の是非をめぐって、国会は「法の支配」に照らした審議を実質的に営む場として機能しなければならない。

そこで熟成型は、諸政党が信の体系を十分に提起しない場合に、いかにして救済財を抑止するかという問題に応じる必要がある。熟成型は、新たな法案を即座に通すことよりも、さしあたって法案を寝かせることで、審議の醸成をはかる。どんな法案も、一度廃案となった後に再度審議を経て成立するとなれば、私たちは立法過程を通して、歴史的な厚みをもった判断力と討議的理性の両方を活性化することができる。熟成型は、ある政治的信念に基づいた法案をストレートに採択するよりも、蔵入りになった法案を蘇生して、これを再解釈する営みを通じて法案を練り上げる。

3-2　継続審議か廃案か

可謬型　法案はすべて、政権期間内に継続審議せよ。
熟成型　会期切れによる廃案を恐れず、法案を慎重に討議せよ。

現在の国会は、会期ごとに独立しており、議決にいたらなかった法案は、原則として次の会期に引き継がれない（「会期不継続の原則」）。ただし国会（「常会」「臨時会」「特別会」の三つ）の会期は、それぞれ延長することができる。常会は一回、臨時会と特別会は二回までの延長が認められている。

可謬型の国会（衆議院）は、政権を担う与党の政策体系構想を実現する場であるから、ある政党が政権を維持しているあいだは、議決にいたらなかったすべての法案を、会期をまたいで継続審査することが望ましい。法案の審議期間を、政権の期間全体に合致させることが望ましい。これに対して「熟成型」の国会（参議院）においては、法案の審議を延長する必要はない。審議が滞る場合には、まだ法案が熟成していないとみなして、いったん破棄してかまわない。ただし廃案となった法案は、新たな準備過程を経て、国会に再提出されるように促される必要がある。

可謬型において、政策体系構想は、政権を担当する与党がその再任をかけて実現するものであるから、それは政権期間内に実現可能な、中期・短期の政治的計画に限定されるかもしれない。これに対して、長期的（七～一五年）・大綱的・総合的な計画は、二大政党制のもとでは十分に提起されず、国民のウェルビイングは、長期的には十分に実現されないかもしれない。長期的・大綱的・総合的な政治的計画の審議は、議会政治に左右されない官僚主導の行政国家を必要としている。とはいえ、長期的な政治的計画を行政府に委ねると、今度は行政府の失敗を、国民は制御できない。そこで、こうした政治的計画は、熟成型の参議院を通じて批判的に検討されなければならない。問題が生じた場合には、参議院を通じて政策計画を修正しなければならない。

政府与党の政策体系構想を実行に移す場合、諸々の法案は「与党審査」の段階で廃案になる可能性がある。というのも与党は、政権取得後、内閣とは別の政策を提案するかもしれないからである。与党審査は、一方では、党内の民主主義を実現し、諸々の利害調整を党内で行うという長所をもっている。しかし他方で、討議の公開性を阻み、政権を担う政党の公約を破棄するために利用されることもある。このような弊害を避けるために、可謬型においては、与党審査を廃止して、政党の政策体系構想は、これを内閣の責任で遂行することが望ましい。これに対して熟成型においては、慎重な審議を期すために、与党審査の意義を認める。与党審査は、できるだけ公開されなければならない。少なくとも、党員にはすべての情報を公開する仕組みを築くべきである。加えて熟成型は、参議院において、与党の各会派が、内閣提出法案とは異なる独自の法案を提出する余地を認め、政策体系構想主導の可謬型によってはすくい取ることのできないさまざまなニーズに応じなければならない。

4　おわりに

以上、可謬型と熟成型の立法過程を、局面ごとに対比させて論じてきた。可謬型は、社会システム全体の進化のために、大胆な仮説（法案）の提示とその批判の過程を重んじる。法案の提出やその背後にあるビジョンにおいて、大胆さの美徳を発揮させるべく、慎重さと支配の安定を重んじる官吏層および支配層を、二大政党制の理念のもとに編成する。二つの政治勢力が、互いに緊張と闘争の関係のなかで責任をもって政策運営に携わるような政治システムを展望する。ただし、大胆な法案の促進には、それにふさわしいトポスがある。それは、政策デザインの細部を争うような領域であり、論争と政権交代を通じてよりよき政策にいたると期待しうるような領域である。連立政権のもとでは、大胆な法案が提起されず、政権交代を通じた政策体系構想の成長を期待することが難しい。可謬型においては、いかにして二大政党制を編成しうるのか。あるいは連立政権のもとで、いかにして大胆な立法案を促しうるのか。このような問題が、可謬型の成功のカギを握ることになる。

これに対して熟成型は、可謬型の欠点を補うモデルとして提起されている。熟成型は、大胆さの美徳が有効に機能しない領域、例えば、一般的なルールの制定や時限立法の継続評価において、立法過程をうまく導くことができる。熟成型は、議論を尽くす熟議とは異なる仕方で、法案や政策を担う人たちの判断力を成熟させようとする。というのも熟議は、民主主義のシステムにおいて完熟することはないからである。熟成型は、熟議民主主義の欠点を克服することができる。それは例えば、国会およびその水面下において、蔵入り法案を新たな視点で再発見し、それを何度も審議することによってである。

可謬型と熟成型の立法モデルは、これを組み合わせることによって、法を自生的に成長させるための制度的なデザインとなる。すぐれた法案は、ある一時点において合理的に設計されるのではない。すぐれた法案は、社会システムの進化を促すために、一方では大胆な仮説として提起されなければならない。他方では、断続的な時間のなかで蔵入り法案の知恵を再発見するという、解釈のリレーを通じて編み出されなければならない。このように、可謬型は大胆さの美徳を重んじ、熟成型は蔵入り法案の再解釈を重んじるとき、自生化主義の立法システムは機能する。私たちはこの二つのモデルを通じて、潜在的に可能な法案を多く手にするとともに、それらを豊かに育む知恵をもつ。これは言い換えれば、私たちが肥沃な土壌としての立法システムを、作為的に醸成したことを意味する。以上、本章は、民主主義の望ましい理念と制度を、自生化主義の観点から新たに描いた。

終　章　言霊《ことだま》としての「むすび」

最後に、自生化主義の意義を政策論の観点から述べ直しつつ、本書全体をまとめよう。

1　政策論的な含意

私たちの政府は、さまざまな政策を施している。金融政策や財政政策といった経済政策、失業保険や国民年金や健康保険といった社会政策などである。こうした諸々の政策を方向づけているのは、私たちの理念や思考習慣であり、広い意味での思想である。では政府の諸政策は、正しい思想に基礎づけられているのかどうか。自生化主義は、現在支配的な次の二つの政策思想に問題があると考える。

一つは「市場の失敗論」である。これは、市場の失敗を回避するための政策を、できるだけ事前に打つべきだと主張する。もう一つは「社会的リスク論」である。これは、失業や高齢や病気や子育てといった社会的リスクを、できるだけ軽減すべきだと主張する。しかし自生化主義は、これらの主張が諸々の政策を導くうえで、いずれも重大な欠陥を抱えていると考える。

市場の失敗論と社会的リスク論には、共通する思考がある。それは、市場というのは破茶滅茶《はちゃめちゃ》な秩序（カオス）であって、政府が理性的に介入しないと、とんでもないことになる、という考え方である。このような市場批判／政府肯定の思考は、「理性的制御主義（rational controlism）」と呼ぶことができる。自由遵重主義（レッセ・フェール）や新自由主義に対する批判の背後には、このような理性的制御主義の考え方があると言える。

むろん理性的制御主義は、何でも理性的に制御できるとは考えない。この立場は、社会をすべて合理的に設計できるとみなす「設計主義」ではない。市場社会はあまりにも破茶滅茶なので、できるかぎり理性的に制御したほうがいいと発想する一方で、社会全体を緻密に設計するのではなく、ラフに展望して描くのみである。

第一の「市場の失敗論」は、次のように発想する。市場経済は完全な秩序ではない。経済学における完全競争の理論は、市場経済における競争が均衡をもたらすことを証明するが、現実の市場経済は、この理論が前提とする諸条件、例えば完全情報の要件を満たしていない。現行の不完全な市場経済は、情報シグナルを誤って解釈するプレーヤーたちの行動によって、不均衡の累積をもたらす可能性がある。市場経済はその結果として、ハイパーインフレーションや恐慌をもたらす危険がある。それゆえ政府は、あらかじめ介入しなければならない。政府は公共部門を拡大し、ケインズ的な財政政策を増強し、金融政策を操らねばならない。このように市場の失敗論は、大きな政府を作ることで市場を制御できると考える。

しかしこの議論は、市場社会というものが、多産な生成の作用をもつことを軽視している。市場の失敗論は、市場社会は野獣的・野性的で御しがたく、聞き分けの悪い人たちの身勝手な行動によって破茶滅茶になってしまうと危惧する。そのような野蛮な作用を手なずけ、野獣的な振る舞いを馴化し、私たちが公共的な理性のもとで聞き分ける力を養うべきだと発想する。これに対して自生化主義は、市場社会というのは、さまざまな慣習や実践に埋め込まれており、市場の失敗論が想定するような破茶滅茶なものではないと理解する。自生化主義は、野獣的・野性的なものを理性によって飼い慣らすのではなく、野性的なものを多様に繁殖させるような、庭師的な政策術があると考える。自生化主義は、野獣と家畜の二分法で社会を捉えるのではなく、社会のなかで家畜化されずに繁殖する野性の作用を、うまく活用する方法があると主張する。

第二の「社会的リスク論」は、次のように発想する。市場社会は、失業、高齢、病気、子育てなどのリスクを抱えている。従来、困ったときに助けてくれる人は、血縁関係にある家族や親戚であった。しかし政府は、そのような絆を失った社会的弱者たちを、公共事業や公共サービスを通じて救済することができる。むろん、政治家たちが裁量で公共事業を誘致すると、地域住民とのあいだに癒着関係が生まれてしまう。社会的リスク論は、そのような不明瞭な関係を克服するために、公共事業の配分や公共サービスの提供を、普遍主義的な仕方でルール化することが望ましいと考える。この議論は、一見すると正しいようにみえる。しかし次のような問題点がある。

一つは、「市場の失敗論」が抱える問題と同じである。社会的リスク論は、市場社会は野獣的・野性的であるから、これを理性的に制御するために、公共事業を拡大し、公共サービスを拡充すべきだと考える。そこにおいては、市場の機能を用いて福祉事業の多元化と生成を促すといった自生化主義の発想（福祉多元主義）は希薄である。

もう一つの問題は、政府による福祉サービスの普遍主義的な提供が、たんに社会的リスクを軽減するために要請されると想定する点にある。社会的リスク論は、人々が安心して暮らせるために、各種の福祉サービスを提供すべきだと主張する。市場の野獣的・野性的な作用から人々の生活を守り、人々を平安な境地に導くことが政治の使命だと考える。これに対して自生化主義は、政府は安心・安定の理想を超えて、人々の生活を多元的に開花させることができると考える。政府も個人も、新たなウェルビイングの実現に向けて模索することができると考える。[1]

このように自生化主義は、市場の失敗論に抗して市場の可能性を醸成し、社会的リスク論に抗して政府と個人の新たな挑戦を支援する。いずれも理性的制御主義に代えて、私たちの野性的な繁殖可能性を引き出そうとする点に特徴がある。

2　理性的制御主義を越えて

自生化主義はこのように、理性的制御主義を批判して、オルタナティヴな考えを示す思想である。この観点から本書全体を振り返ってみよう。

本書は、ハイエクの自生的秩序論を解体することから出発した。私はその解体現場から、自生化主義の思想構築へと向かった。「おのずから生まれたもの」は、それ自体として善いのではない。私たちはむしろ、さまざまな潜勢的可能性を開花させる営みのなかに、自由な社会の知恵を見出す。例えば、花屋に並べられた花たちは、「みんな違ってみんないい」とは言っても、すでに根を削がれている。多様な花たちの存在は、それ自体として善いのではない。私たちは、いかにして野性的なものの多様な繁殖を促すことできるのか。これが自生化主義の問いである。

自生化主義は、自生的なものを生成させるための苗床を作ることができると考える。社会において、その苗床となるのは、社会の制度よりも前に、人々のあいだで共有された暗黙知である。私たちは、理性を用いて社会を制御するよりも、共有された暗黙知を豊かにすることで、諸個人の潜勢的可能性を引き出すことができる。また自生化主義は、文脈に埋め込まれていない「非場所」が、潜勢的可能性を引き出すための苗床になると考える。むろん私たちは、自分のなかのあらゆる潜勢的可能性を引き出すことはできない。実現した潜勢的可能性と比べれば、まだ実現していない潜勢的可能性は膨大である。しかしそのような未然の潜勢的可能性を全能感によって捉える試みは、自生化主義の精神を養い、その生成術に貢献する面がある。

本書はこのような自生化主義を哲学的に基礎づけるために、自由論、問題論、他者論、選択論、精神論という五つのテーマを掘り下げた。従来の自由主義は、バーリンのいう「積極的自由（〜への自由）」と「消極的自由（〜からの自由）」の二分法に照らして、積極的自由の称揚が全体主義をもたらす危険を警戒してきた。そのために自由主義は、自由よりもむしろ、正義によって社会を統治する思想を発展させてきた。しかし自生化主義は、改めて自由の概念に立ち返る。自由そのもの（全的自由）に価値を認める立場から、新たな自由主義思想を展開する。自由は、個々の自由に還元されない価値をもつ。自由は、まだ価値を認めることができない潜勢的に可能な選択肢に、発現の可能性を与えることができる。

このような生成の論理は、哲学的には「問題」という非存在によって基礎づけることができる。哲学的な問いは、まだ答えのない新しい問いであり、それは潜勢的可能性の探求を促す。そのような哲学的な問いを問うとき、そしてまたそのような問いをコロラリーとして編成するとき、「問題」は自生化主義の苗床となる。

同様に、他者論も自生化主義の基礎を与える。レヴィナスが論じる三つのタイプの他者のうち、「師としての他者」は、私たちの潜勢的可能性を引き出す役割を担うと解釈できる。師としての他者は、私たちの他律を許容しつつ、私たちが全体性の外部に向けて、内部から創造することを介助する。自生主義はそのような師としての他者を、実践的に要請する。そのような師を教師として雇う国家は、異邦的なものの生成を促す異邦的国家である。

自生化主義はまた、新しい実存哲学を展開する。サルトルは根源的選択によって、私たちが自身の強靱な実存を形づくると考えた。これに対して自生化主義は、同じ根源的選択を、その選択から派生する潜勢的可能性の開示のために要請する。私たちは世界と向き合うとき、自分の存在に遠心力をかけて、潜勢的可能性としての存在に深みを与えることができる。

自生化主義はさらに道元に学び、道元のいう自由闊達さとしての自由を全能感の観点から解釈し、そのような境地を自生的に生成させるための哲学を展開する。自生的に生成する精神は、同時に、他者の潜勢的可能性を引き出す「救済」の力を与える。自生化主義の哲学的基礎は、私たちが自生化主義の社会を生み出すための知恵を与えるだけでなく、私たちに他者救済のミッションを与える。

以上が自生化主義の基礎論である。全的自由、問題のコロラリー、師としての他者を雇う異邦的国家、根源的選択から派生する存在の深さ、精神の獲得による他者の潜勢的可能性の救済。およそ以上のようなテーマをもつ哲学を展開した。自生化主義はここから、「どんな社会が望ましいか」をめぐる規範理論へと進む。

およそ規範理論は、「あのような社会もいい、このような社会もいい」という具合に諸説を折衷すると、価値を減じてしまう。規範理論は、「あれはいい、これはダメ」という具合に価値の対立点を示すとき、私たちに有益な指針を与えてくれる。というのも私たちは、価値の対立点を明確に理解するとき、深い思考を働かせることができるからである。けれども私は、成長論的自由主義の思想が、敵対する思想の一部を発展させて、それを組み入れることができると考えた。成長論的自由主義は、リバタリアニズムもいい、マルクス主義もいい、コミュニタリアニズムもいい、卓越主義もいい、と発想する。しかしこれらの思想がいいのは、その一部の理念を発展させた場合のみである。私はこれらの思想を、成長論的自由主義の観点から発展させて摂取した。

例えば、自己所有権を中核に据えるリバタリアニズムは、それ自体として間違っているわけではない。しかし身体の所有度は、そのパーツごとに異なる。自己所有権がグレーになる臨界領域では、何を指針に所有権を構成すべきなのか。成長論的自由主義は、成長の観点から、例えば身体パーツの取引市場が存立しうると考える。

マルクス主義についても、それは人間の解放を求める思想である以上、成長論的自由主義の側から摂取しうる部分があるはずである。とりわけ分析的マルクス主義の政策論は、平等な分配が成長の苗床になると考える点で、発想として成長論的自由主義に近い。例えばローマーは、教育格差を是正すべく、機会の実質的平等を求めるが、彼の理論は、人々の潜勢的可能性の刺激や開花という観点から発展させることができる。現代のマルクス主義も同様に、潜勢的可能性の刺激や開花という観点から、発展的に継承することができる。

コミュニタリアニズムについても、成長論的自由主義はこれを、理論的に発展させて継承する。従来、自治会や家族といったコミュニティは、文脈に埋め込まれた場であるとみなされてきた。しかし個々の文脈は可変的であり、何が「善き生」であるかを解釈する私たち人間は、ある文脈を超えたところに、自身の潜勢的可能性が広がっていることを理解する。コミュニティは、それが文脈に「位置づけられた自我」と「位置づける自我」の弁証法的な動態をもつとき、成長論的な自由を生み出すと考えられる。

成長論的自由主義はまた、未知の自由という観点から、卓越主義の新たなバージョンを発展させる。「卓越主義」という言葉は、もしかすると読者のアレルギー反応を呼び起こすかもしれない。人格の完成としての卓越を求める人など、ほとんどいないからである。けれども本書は、誰だって「強い自尊心をもって生きたい」という最小限の卓越レベルから出発する。例えば公共の図書館には、健康で文化的な最低限の生活を超える水準の本が配架されている。これは私たちの「強い自尊心」を満たす機会を提供する点で、すでに卓越主義的な制度である。成長論的自由主義は、このような現実的な卓越主義から出発して、既存の卓越主義とは別の政策的含意を引き出そうとする。

先述のように自生化主義は、「理性的制御主義」を批判し、私たちの野性的な潜勢的可能性を生成させることができると考える。この自生化主義の観点から、何よりも必要な政策理念は、私たちの公共空間（例えば議会）を、理性的制御主義から解放することである。公共空間は、理性の光に満ちている必要はない。立法過程は、熟議によって合意を調達できなくてもよい。本書は第四部で、残基としての公共性、公共彫刻広場モデル、立法過程の四段階論、可謬型と熟成型の立法過程という考え方を示し、理性的制御主義とは異なる実践哲学を展開した。

理性的制御主義は、私たちが自分の利害を離れて、公平な観察者の視点に立ってものごとを論じるべきだと考える。あるいは理性的制御主義は、私たちが自分の利害に基づいてものごとを語るにせよ、民主的な熟議のプロセスを構築すれば、「理性の公共使用に基づく合意」にいたるはずだと考える。しかし現実の民主的な意思決定は、熟議民主主義者たちが描くような理想にいたることはない。

総じて理性的制御主義は、人間が理性的に成熟する（あるいはしている）という前提のもとに社会をデザインするが、絵に描いた餅にすぎない場合が多い。自生化主義はむしろ、人間がどうしようもなく未熟であるという前提から出発する。公共性とは、私たちが光のもとで理性を用いる空間というよりも、私たち人間を突き動かしている闇の動因である。そのような動因をもった公共空間は、例えば「公共彫刻広場」によって象徴的に表現される。また人間が未熟であるとすれば、立法過程は、熟議ではなく、さまざまな立法構想を闘わせるための仕掛けが必要である。熟議は熟さず、私たちは未熟さを免れない。そんな人間たちが、いかにして賢い社会を作ることができるのか。それは私たちが、「可謬型」と「熟成型」を組み合わせた二院制の立法システムを通じて、私たちの未知の潜勢的可能性にチャンスを与える場合である。自生化主義は、このような発想に基づいて立法過程をデザインする。

以上が本書の内容のまとめであり、むすびである。「むすび」という言葉には、さまざまなものを結びつけて、そこから生命や活力を産み出すという自生化主義の含意がある。この言葉は、『古事記』の「産霊《ムスヒ》」に由来する。息子《ムスコ》や娘《ムスメ》といった言葉は、産霊から派生した。「むすび」とはつまり、自生的なものを生成させる原理である。最後にこの言霊《ことだま》を喚起して、本書を閉じたい。

注

はじめに

（1）Keynes［1936→2007: 383＝1983: 386］

第一章

（1）Hayek［1973-1979＝1987-1988］

（2）ここで明示的／非明示的という区別は、相対的なものである。

（3）ソシュールは、言語活動の総体（ランガージュ）を、ラング（言語の制度）とパロール（発話行為）の二つに区別した［Saussure 1916＝2016］。

（4）私はこれを「世界4」と呼んでいる。本書第二章を参照。

（5）Maturana and Varela［1980: 53-55＝1991: 235-237］

（6）ルーマンはこれを「多節的（mehrgliedrig）目的プログラミング」という用語を使って論じている［Luhmann 1968＝1990］。

（7）労働力商品の非正当性（マルクス主義）や、合意形成型民主主義の観点からの市場経済批判（ハーバーマス）を、ハイエクは回避している。

第二章

（1）Popper［1972＝1974］

（2）Popper［1983: 16-17］

（3）科学の領域では、客観的真理という単一かつ強力な理念によって、知識の高度な自律性を得ることができる。これに対して芸術の領域では、そのような基準がないので、「世界3」は必ずしも芸術を導く原理とはならない。例えば表現主義は、芸術作品を芸術家個人の感情表現として捉えるが、これは芸術を「世界2」へと還元して捉えるものである。ポパーはそのような考え方に対して、それが芸術の世界3的性格を否定するものであると批判している。Schilpp［1974: 1174-79］およびPopper and Eccles［1977: 39＝1986: 67］参照。

（4）ここでいう世界4とは別に、ポパーは芸術作品や社会制度を世界4と呼ぶことがある［Popper 1982: 115, 154］。しかしポパーは、世界4と世界3を明確に区別した議論を展開していない。

（5）ポパーは、総体主義の立場をとったヘーゲルに対して、彼の客観的精神および絶対的精神を「世界3」の前史として評価する。このことは彼の世界3論が、認識論であると同時に社会論として解釈しうる可能性を示唆している［Popper 1972: 145＝1974: 125］。

（6）ポパーは音楽のような非言語的なるものを世界3に含めている。なるほど楽譜や音声記録媒体から再現される点において、音楽は客体化されて継承される側面をもっている。しかし音楽には、音の感覚や演奏における精神のように、人々のあいだで共有されつつも、身体に体化された側面がある。これは世界4の重要な特徴を表している。M・ポランニーのいう「個人的知識」は、世界4の次元にある。「個人的知識の蓄えを保持しようと望む社会は、伝統に服さなければならない」［Polanyi 1958: 53＝1985: 50］。

（7）Ryle［1949＝1987］

（8）ここでの問題提起は、橋本［1994: 108-110, 235-241］における議論を継承している。ポパーの「世界3論」を社会論へ拡張する試みとして、橋本［1994: Ch. 2］を参照。ポパーの批判的合理主義を、人格理念へと拡張し、〈決断主体〉に対比される〈成長論的主体〉というモデルを提示している。

第三章

（1）橋本［2010b］

(2) Hayek [1973-1979＝1987-1988]
(3) 「生成は、『帝国』の生政治的世界の第一動者である。生権力――自然なものと人工的なもの、ニーズと機械、欲望と集合的組織、のハイブリッド化の地平――は、存在するためにたえず自身を再生産しなければならない」[Hardt and Negri 2000: 389＝2003: 483]。
(4) Mises [1944]
(5) Popper [1945＝2023]
(6) Smith [1759＝2013, 1776＝2020]
(7) Hardt and Negri [2000: 188-190＝2003: 244-247]
(8) 廣松 [1969→1991: 121-122]

第四章

(1) Dworkin [1977: 270＝2001: 60] [1979: 172] [1985: 189＝2012: 255-256]. このドゥオーキンの自由論に賛同する見解として、Kymlicka [1990: 145-151＝2002: 217-225] も参照。
(2) Carter [1999: 11]
(3) カーターはこの第三の特徴を論じるが、私はカーターの議論を発展させて、以下に第一と第二の特徴を検討し、第三の特徴についても実践（駆動因）の観点から新たな考察を加える。
(4) Carter [1999: 25-26]
(5) Carter [1999: 35-36]
(6) Crocker [1980: 45]
(7) Carter [1999: 141-144]

第五章

(1) 本章は、ドゥルーズの『差異と反復』[Deleuze 1968＝1992] を自生化主義の観点から解釈し、発展させる。
(2) Deleuze [1968: 252-253, 260＝1992: 297, 305]
(3) Deleuze [1968: 140-141＝1992: 170]
(4) Deleuze [1968: 269＝1992: 315 f]
(5) Deleuze [1968: 142＝1992: 171]
(6) Deleuze [1968: 250-251＝1992: 294-295]. ドゥルーズはこれを「パラ・センス（逆感覚）」と呼ぶ。

第六章

(1) Levinas [1984: 3＝2005: 38]
(2) Levinas [1984: xi＝2005: 17]
(3) Levinas [1984: 4-5＝2005: 42]
(4) Levinas [1984: 21＝2005: 79]
(5) Levinas [1984: 35＝2005: 111]
(6) Levinas [1984: 29＝2005: 96-97]
(7) Levinas [1984: 15-16＝2005: 66-67]
(8) 「渇望のなかで、権力、その本質からして〈他者〉を殺害する権力が、〈他者〉をまえにし『いっさいの常識に反して』殺人の不可能性、〈他者〉に対する配慮に転じ、つまり正義に転成するのである」[Levinas 1984: 18＝2005: 71]。「外部性の現前であるかぎり、顔はだんじてイメージあるいは直観となることがない。いっさいの直観は、直観には還元不可能な意味作用に依存しているからだ。その意味作用は直観よりも遠くから到来し、しかもそれだけが遥か遠くから到来する。意味作用はさまざまな直観には還元不可能なものであるから、それは〈渇望〉によって、道徳性と善さによって測られる。道徳性と善さとは、自己に対する無限な要求、〈他者〉への渇望であり、無限なものとの関係なのである」[Levinas 1984: 273＝2006: 250-251]。
(9) 「〈善さ《ビヤン》〉の概念そのものがそこではじめて意味を獲得するような、ある秩序が本当は問題なのである。社会性が問題なのだ。社会性にあって関係は、たがいに補完しあい、したがってまた相互に相手を欠いているような諸項を結ぶのではなく、自足している諸項をつなぐ。このような関係が〈渇望〉なのであり、それは自己を所有するにいたった存在の生なのである。具体的に思考された無限なもの、ことばを換えれば分離されながらも無限なものへと向かう存在から出発して思考される無限なものは、じぶんを踏み越える。べつの言い方をすれば、そのとき無限なものは〈善さ〉の秩序をみずから開く」[Levinas 1984: 77 = 2005: 202]（強調は原文）。

(10) Levinas [1984: 48-49 = 2005: 140]

(11) レヴィナスは、他者の顔によって、形而上学のレベルでは「普遍性のみなもととなる国家」を要請することになるとしつつも、政治は〈私〉と〈他者〉の両方を変形させて、普遍的規則によって欠席裁判をしてしまうという [Levinas 1984: 276 = 2006: 257]。ではそのような危険を避けるための政治的正義の源泉は、どのように保障されるのか。

(12) レヴィナスは、このことに気づいているようにみえる。「唯一者としての〈私〉との関係で、国家のはたらきは位置づけられ、〈私〉を原型として、そのはたらきがかたちづくられなければならないのである。／国家に抗して維持される、〈私〉の置き換え不可能な唯一性は、多産性によって達成される」[Levinas 1984: 277 = 2006: 258]。

(13) Levinas [1984: 105 = 2005: 262]

(14) Levinas [1984: 82 = 2005: 211]

(15) Levinas [1984: 91 = 2005: 230]

(16) Levinas [1984: 107 = 2005: 266]

(17) Levinas [1984: 89 = 2005: 225]

(18) 「〈私〉とはかくて、全体性からの切断が具体的に達成される仕方であり、この切断によって絶対的に他なるものの現前が規定されている」。「幸福は糧という『他なるもの』との関係にありながら、自足している。そればかりではない。幸福は〈他なるもの〉とのこの関係のゆえに自足しているのである」[Levinas 1984: 90 = 2005: 229]。

(19) Levinas [1984: 126-128 = 2005: 307, 310, 312]

(20) Levinas [1984: 232, 233 = 2006: 166-167]（強調は原文）

(21) Levinas [1984: 236 = 2006: 174-175]

(22) 「可能なもののかなた、投企のかなたから子の未来が到来するためには、女性的なものとしての〈他者〉との出会いが必要である。女性的なものとのこの関係には、無限なものの観念について記述された関係と似たところがある。つまり、光に満ちた世界を説明する場合とはことなって、私はその関係をじぶん自身によって説明することが不可能なのである。この関係の未来はアリストテレス的な種子（存在以下のもの、よりすくない存在）ではないし、存在それ自体を構成しながらも、未来との関係を主体の権能に変容してしまうハイデガー的な可能性でもない。私の未来は私の未来であると同時に私の未来ではなく、私自身の可能性であるとともに〈他者〉の、つまり〈愛される女性〉の可能性なのであって、可能なものが有する論理的な本質に参入することがない。このような未来との関係は、可能なものに対する権能には還元不能なものである。その関係を私たちは多産性と呼ぶ」[Levinas 1984: 245 = 2006: 193-194]。

(23) Levinas [1984: 257 = 2006: 219]

(24) 「多産性が老いを生むことのない歴史を継続させる。……無限な時間とは諸世代の非連続性をつらぬいてより善いものなのであり、子の汲みつくすことのできない若さがその時間を刻んでいるのである。／多産性において、〈私〉は光の世界を超越する」。「多産性における息子との関係によって、光と夢の、認識と権能の閉ざされたひろがりのうちに私たちが封じこめられることはない。その関係を通じて、絶対的に他なるものの時間――これは権能を有する者の、実体それ自体の変容である――、その者の超-実体化が具体的なかたちをとることになるのである」[Levinas 1984: 246 = 2006: 196-197]。この具体的なかたちが「保守主義」ではないか。

（25） Levinas [1984: 205 = 2006: 113]

（26） Levinas [1984: 78 = 2005: 205]

（27） レヴィナスは、内部的な生の深化が「〈私〉の道徳的な創造にゆだねられている」という [Levinas 1984: 224 = 2006: 153]。ここで道徳的創造は、真理の裁きのもとで高揚させられた内部的な生であるとされるが、ここでは裁きの契機を脇において、生の高揚化と創造性に注目したい。

（28） Levinas [1984: 280 = 2006: 265]

（29） Levinas [1984: 216 = 2006: 136]

（30） 「自由にかんしてヘーゲルが展開した偉大な省察によれば、善なる意志も、手段をあやつってじぶんを実現しないかぎり、それ自体としては真の自由ではないしだいが理解されうる。……自由が社会的・政治的な諸制度の外部で実現されることはない」[Levinas 1984: 218 = 2006: 141]。

（31） 「〈他者〉の他性があらわれるのは、征服するのではなく、教えるような統御にあってのことである。教えとは支配と呼ばれるたぐいの一種、全体性のただなかで作動するヘゲモニーではない。それは無限なものの現前なのであって、その現前が全体性の閉じた回路から跳躍させるのである」[Levinas 1984: 146 = 2005: 352]。

（32） 「数多の〈私〉がその始原《プリンシプル》においてつかまれうるような、特権的な平面は存在しない。無始原《アナーキー》は多様性にとって本質的である」。「さまざまな存在がかたちづくる、総和を欠いた多様性から、つまり諸存在が〈同〉のうちで調停されることの不可能性から、私たちは出発したのである」[Levinas 1984: 270 = 2006: 243]。

（33） スタンディッシュが指摘するように、子にとって母親の顔は内部性として現前する [Standish 2001: 343 = 2012: 551]。では父親の顔はどうか。父親の顔は、家の外部にあるが全体性の内部にある、といえるかもしれない。だが教師の顔は、全体性の外部へと導く契機をもたなければならない。

（34） 「外部性とは存在の本質であり、外部性が意味しているのは、多様なものを全体化する論理に対して、社会的な多様性が示す抵抗である。全体化する論理にとって、多様性は、〈一〉あるいは〈無限なもの〉が頽落したもの、存在における衰弱である。その立場からすれば、多様な存在のそれぞれは頽落と衰弱を乗り越えて、多様なありかたから〈一〉に、有限なものから〈無限なもの〉にたちもどらなければならないことになるだろう」[Levinas 1984: 268 = 2006: 238]。

第七章

（1） Sartre [1943: 39 = 2007: I-75]

（2） Sartre [1943: 61 = 2007: I-121-122]

（3） Sartre [1943: 71 = 2007: I-143]

（4） 動機構造における欠如は、不安も解放も伴わないかもしれない。私は、私に対する肯定的評価が否定される可能性に、不安を感じないかもしれない。あるいは私は、私に対する否定的評価が否定される可能性に、解放感を感じないかもしれない。すると自由は、不安や解放感とともにあるのではなく、ただ動機構造における欠如一般とともにあるのかもしれない。私の存在意義は、不安や解放において新たに生成するものではないとしても、それは私の行為の動機構造に還元できないという点に、固有の特徴をもつのかもしれない。

（5） Sartre [1943: 75-76 = 2007: I-152]

（6） Sartre [1943: 301-302 = 2007: II-73]

（7） Sartre [1943: 309 = 2007: II-89]

（8） Sartre [1943: 513 = 2007: III-30-31]

（9） Sartre [1943: 524-525 = 2007: III-56-57]

（10） Sartre [1943: 543 = 2007: III-97]

(11) Sartre [1943: 545 = 2007: III-103]
(12) Sartre [1943: 546-547 = 2007: III-107]
(13) Sartre [1943: 722 = 2007: III-489]
(14) Sartre [1943: 549 = 2007: III-112]
(15) Sartre [1943: 722 = 2007: III-490-491]
(16) Sartre [1943: 567 = 2007: III-153]
(17) Sartre [1943: 573 = 2007: III-164]
(18) Sartre [1943: 635-636 = 2007: III-306-307]

第八章

(1) 道元 [増谷訳 4: 190, 石井訳 1: 105]
(2) 道元 [増谷訳 1: 255, 石井訳 2: 86-87]
(3) 道元 [増谷訳 2: 310-311, 石井訳 1: 45]
(4) 道元 [増谷訳 2: 344-347, 石井訳 1: 62-64]
(5) 道元 [増谷訳 6: 65, 石井訳 3: 349-350]
(6) 道元 [増谷訳 3: 48-49, 石井訳 1: 134]
(7) 道元 [増谷訳 1: 53, 石井訳 1: 27-28]
(8) 道元 [増谷訳 2: 68-69, 石井訳 3: 67-68]
(9) 道元 [増谷訳 3: 59, 石井訳 1: 138]
(10) 道元 [増谷訳 3: 146-147, 石井訳 1: 175]
(11) 道元 [増谷訳 5: 20-29, 石井訳 3: 100-105]
(12) 道元 [増谷訳 6: 65, 石井訳 3: 349-350]
(13) 道元 [増谷訳 1: 73, 石井訳 1: 155]
(14) 道元 [増谷訳 5: 131, 石井訳 3: 128-129]
(15) 道元 [増谷訳 3: 200, 石井訳 1: 210]
(16) 道元 [増谷訳 4: 201-202, 石井訳 2: 193]
(17) 道元 [増谷訳 1: 255, 3: 240-241, 石井訳 2: 86, 188]
(18) 道元 [増谷訳 4: 62-63, 石井訳 2: 114-115]
(19) 道元 [増谷訳 7: 32-36, 石井訳 4: 188-190]
(20) 道元 [増谷訳 3: 239-240, 石井訳 2: 186]
(21) 道元 [増谷訳 4: 237, 石井訳 2: 319]
(22) 道元 [増谷訳 1: 227, 石井訳 2: 265]
(23) 道元 [増谷訳 6: 378, 石井訳 4: 85]
(24) 道元 [増谷訳 1: 237-238, 石井訳 2: 274]
(25) 道元 [増谷訳 6: 278-282, 石井訳 4: 136-137]。この箇所は、増谷版では「発無上心《ほつむじょうしん》」、石井版では「発菩提心《ほつぼだいしん》」にそれぞれ分類されている。

第九章

(1) Macpherson [1962 = 1980], Cohen [1995 = 2005]
(2) 森村 [1995] [2001]
(3) 森村のこの立場 [森村 2001: 55] は、理性的人格の尊厳や分散した知識の有効利用に基づくリバタリアニズム（例えば Barnett [1998: 72-83 = 2000: 92-104]）と対称をなす。
(4) 森村 [2001: 66-67]
(5) 立岩 [1997]

第十章

(1) Friedman [1980: 306 = 1983: 下 292-293]
(2) 嶋津 [2004] 参照。ハイエクは累進課税に反対したが、日本ではこの二〇年間に最高税率が半分以下に下がったことを考えると、この提案すらも現行の制度理念にとって根源的な批判ではないように思われる。
(3) 森村 [2001: 196-197]
(4) 森村 [2001]
(5) コーエンはこの種の提案に難色を示しているが、平等主義者はこれを拒否するための説得的な理由をもたないように思われる［Cohen 2000: 171-172＝2006: 306-307］。

（6）（1）はOECDの二〇二一年のデータ（https://data.oecd.org/gga/general-government-spending.htm、二〇二三年一一月九日閲覧）。（2）はWorld Bankの二〇二二年のデータ（https://data.worldbank.org/indicator/NY.GDP.PCAP.PP.CD、二〇二三年一一月九日閲覧）。（3）はOECDの入手可能な最新のデータ（https://data.oecd.org/inequality/income-inequality.htm、二〇二三年一一月九日閲覧）。（4）は、World Competitiveness Centerのグローバル競争ランキングの二〇二二年の順位（https://www.imd.org/centers/wcc/world-competitiveness-center/rankings/world-competitiveness-ranking/2023/、二〇二三年一一月九日閲覧）。

（7）成長論的自由主義のウェルビイング指標について、橋本［2021: Ch.5］を参照。

（8）日本における紹介として、高増／松井編［1999］を参照。

（9）Ware［1989: 2］

（10）同様の探求方向を示すものとして、Parijs［1995＝2009］を参照。ただしパリースのいう自由は「自己所有権」や「安全保障」を基本とする点で、私の立場とは異なる。

（11）ただしこの方法で評価すると、個別のケースを扱う際に困難を伴う。例えば、努力レベルが最大の10を示す白人と黒人の子どもをそれぞれ比較した場合、黒人の子どものほうが努力度（苦痛度）が高いとみなすべきか。ローマーは、この想定を否定する［Roemer 2003: 273］。すなわち、いずれの階層においても、努力レベルの最大と最小はそれぞれ1と0の値になるとして、そのあいだの努力レベルの分布に階層間の差異がみられると考える。

（12）ローマーは自身の立論に対するブライアン・バリーの批判を紹介している［Roemer 1998: 21 f］が、以下の議論は、ローマーの観点から、ローマーに代わってこの問題に一貫した理路を与えようとしている。

（13）ただし、知識層の親が平均して低所得であるような社会では、格差是正の方法に問題を残す。

（14）ただしこの是正措置とは別に、成長論的自由主義は、潜勢的可能性の実現という観点から義務教育の拡充を企てる。

（15）Roemer［1998: 23］

（16）Roemer［1996＝2001: 11］の訳注を参照。

（17）例えばD・クリスティは、ローマーの形式主義とその理念である「効用の厳密な平等化」が左翼のアジェンダになるべきではないとして、自由と創造性と多様性の観点からこれを批判する［Christie 1989: 279］。

（18）Roemer［1994＝1997］

（19）Roemer［1995］

（20）Hayek［1978］

（21）ただしローマーのモデルが市場の調整機能を阻害する側面を指摘したものとして、Wohlgemuth［1997］を参照。

（22）Wood［1981→1986］, Buchanan［1982］

（23）Wood［1981→1986: 299］

（24）Cohen［1989］

（25）Cohen［1983→1986］

（26）Parijs［1989］

（27）Elster［1986］

（28）見田［1996: 137-171］

（29）Roemer［1985→1986］

（30）Reiman［1989］, Dymski and Elliott［1989］, Parijs［1995＝2009］

第十一章

（1）橋本［2021］参照。

第十二章

（1）中野［2007］参照。日本のコミュニタリアニズム研究において先駆的かつ独自の貢献をなしてきた中野剛充（一九七一年〜二〇一三年）は、大学院修士課程以来、人生のほぼすべてをコミュニタリアニズム研究に捧げてきた。中野は私にとって第一の研究仲間であり、一九九五年から坂口緑らとともに「チャールズ・テイラー研究会」を運営してきた。同研究会は私たちにとって「善き生」を探求するコミュニティであった。この場を借りて、氏のご冥福を心から祈りたい。

（2）小林／菊池編［2012］、菊池／小林編［2013］

（3）小林［2013: 106］による紹介を参照。

（4）小林［2013: 22, 24］の二つの図を参照。

（5）Parijs［1992: 23–24］

（6）Taylor［1991＝2023］

（7）青木［2002: 210］

（8）林［2013］

第十三章

（1）Kramer［2017］. 私は拙著『自由原理』［橋本 2021］を執筆した後に、法哲学者のクレーマーが私と類似の議論を展開していることを知った。

（2）Quong［2011］

（3）Rawls［2001: 60＝2004: 102–103］

（4）Kramer［2017: 327］

（5）Kramer［2017: 330］

（6）Rawls［2001: 152＝2004: 268–269］注は省略。

（7）Rawls［1971: 62＝2010: 86］

（8）ラズは自律性をロールズが規定した意味での基本財とはみなしていない［Kramer 2017: 290–291, Raz 1989: 1227］。

（9）Rawls［1971: 534＝2010: 700］

（10）Rawls［1971: 440＝2010: 578］

（11）Sachs［1981］

（12）Brake［2013］

（13）Miller［1982］

（14）Waldron［2012］

（15）Kramer［2017: 268–269］

（16）Rawls［1971: 440＝2010: 578］

（17）Brake［2013: 63］

（18）Kramer［2017: 321］, Stark［2012: 240］も参照。

（19）Kramer［2017: 324］

（20）Rawls［1993: 194, 137＝2022: 234, 166］

（21）Kramer［2017: 17］

（22）Larmore［1987］, Kramer［2017: 22］

（23）Kramer［2017: 23］

（24）Kramer［2017: 57］

（25）Kramer［2017: 72］

（26）Sher［1997］

（27）Kramer［2017: 79–80］

（28）De Marneffe［1990］［2010］, Kramer［2017: 207–208］

（29）De Marneffe［1990: 259］

（30）Kramer［2017: 198］

（31）Kramer［2017: 227 f］

（32）Raz［1986: 372］

（33）Raz［1986: 380］

（34）Kramer［2017: 235］

（35）Dworkin［1985: 221-233＝2012: 309-351］
（36）Rawls［1971: 529＝2010: 694］
（37）クレーマーはこのような自尊心の性質を「代理的（vicarious：他人の身になって経験する、他者の経験を想像して感じる、身代わりの）」という言葉を用いて表現している。
（38）Kramer［2017: 353］
（39）Kramer［2017: 365］
（40）クレーマーのいう「願望」は、ある人が理想的な価値を自力で求めることを意味しており、他者にあこがれを抱いてその生き方をモデルにするという意味は含まれていない。しかし私たちは、卓越的自由主義の第四のタイプとして、「アスリート・モデル（活動的生モデル）」を描くことができる［橋本 2020, 2021］。各人がすぐれた他者をロール・モデルとして、自らの「活動的生」を促すような制度および政策の理念である。私たちは、人々が強い自尊心を得るために、先人たちの挑戦に学ぶ機会を促すことができる。このモデルを含めると、卓越的自由主義には四つのタイプがあることになる。
（41）本章は、那須耕介の議論を次の点で継承している。那須は、「リベラリズムと法の支配という、これまで分離不可能だとみなされてきたふたつの観念」［那須 2020: 92］を切り離し、この二つのあいだの内的緊張関係を指摘した。法の支配に照らしても、私たちは普遍的に正しい制度を選択できるわけではない。けれどもリベラルな社会秩序の形成と維持は、つねに新たな価値創造によって可能になっていると。ならば問うべきは、いかなるリベラルな社会を構想するかである。ここで展開した卓越的自由主義は、その構想の一つを提供する。

第十四章

（1）Brau［1956＝1958］
（2）Hume［1828: 158＝2004: 124］
（3）Pareto［1920＝1996］
（4）残基は、反省的に主題化される以前の実体（実在）として想定されている。それは「欲望」や「欲動」とどのように異なるのかと言えば、欲望や欲動は、突き動かされたエネルギーを私的パースペクティヴに回収するものであるのに対して、残基は私的パースペクティヴに回収しない。
（5）残基としての公共性は、その動因について量的な基準を提供するが、公共性に関する質的基準を提供するものではない。
（6）社会的なるものから派生する「下からの公共性」について、桂木［2005］参照。
（7）公共性の観念はしばしば、私的な親密圏とは区別される「人間関係の疎遠な領域」としてイメージされることもある。しかし残基としての公共性は、親密圏／疎遠圏という二分法をとらず、そこに「人間的事象の動因」があるかぎり、これを公共性の問題とみなしうる。「ローカルで親密なもの」と「グローバルで疎遠なもの」という遠近法が崩壊するグローカルな社会においては、公共性は遍在する。残基としての公共性は、その遍在性を捉えるためにふさわしい観念である。
（8）名誉感情が人間の思慮と知性を促進する点に着目して法を制定すべきことについて、Plato［1973＝1993: 173-183］参照。
（9）ここで「無視」とは、相互に身体的近接関係にありながら、関心を逸らせることのできる可能性である。例えば公共広場や雑踏における人間関係はこれに当たる。
（10）次ページ表14-1参照。
（11）Arendt［1959］
（12）橋本［2002］
（13）Geuss［2001＝2004: Ch. 3］
（14）本書第十章参照。
（15）なるほどアーレント的視点からみれば、マルチチュードの活動は

表 14-1　公共的次元の分類

	共有	無視	評価・承認	成長	触発
正義	ハーバーマス的合意論	対内道徳としての世間	裁判モデル	潜在能力アプローチ	社交モデル
善	サンデル的倫理国家	雑踏モデル	テイラー的承認論	マッキンタイア的人間観	社交モデル
卓越	国家の覇性／支配者崇拝	対内道徳としての世間	アーレント的「世界」	ラズ的卓越主義	社交モデル
利害	行政／経済民主主義モデル	市場モデル	市場モデル	市場モデル	市場／社交モデル
情報／感受性など	市民的権利	リベラル文化	サロン文化	資源アプローチ	雑踏モデル

闇であり、またそれは現実態よりも潜在態を重視する点で、現れの空間たる公共性の要件を満たしていない。しかしここでは、前者に残基を与えるものとして、後者を位置づけている。

（16）Habermas［1968＝1970］

（17）Arendt［1958＝2023］

（18）Bowles and Gintis［1998］

（19）森村は私の立論に対してそのような批判を投げかける［森村 2005］。

第十五章

（1）一九五〇年前後に開始される日本の彫刻設置事業は、日本の彫刻作家たちがほとんど留学経験をもたないということもあって、欧米先進国の事業の真似ではなかった。彫刻家たちは戦後のイデオロギーである「平和」「自由」「建設」を表現するために、宗教や神話とは関係のない「平凡な隣人の具象的表現」を好み、とりわけ男女の裸体像を制作した。六〇年代になると、代わって「平和」を表現する裸体の母子像が定着するが、六〇年代以降の公共彫刻は、環境整備や文化振興施策の一環に組み込まれ、彫刻を花や緑と同等のものとして、「文化」のシンボルとして、道路や公園などの小さなスペースに、中小規模の作品が設置された。こうして日本の公共彫刻は、国家イデオロギーに左右されることなく、意味の希薄な事業となった［竹田 1997：229-248］。

（2）Boaz［1997＝1998］

（3）漆原［1978：11-12］

（4）Habermas［1962→1990＝1994］

（5）デューイの考え方は、民意形成のための資源が社会的な共通経験から成るべきだとする「共同体主義的な民主主義」の理念であった［上野 2002：283-291］。

（6）成熟したブルジョア階級が求める新たな公共性は、古代人が理想とした「闘技＝討議空間としての公共性」ではない。かつてコンスタンは、「古代人の自由」と「近代人の自由」を区別して、近代人にとって必要な自由の理念とは、古代人が求めた「闘技＝討議」の理想ではなく、むしろ、「私的な自己完成」の理想と「商業の勃興」、および

「国際的な社交の関係」の三つの理念であると考えた［Constant 1819＝2020］。そしてこれらの三つの理念は、現代社会が求める価値理念を依然として代表しているように思われる。私たちはこのコンスタンの議論を出発点として、新たな公共性の理想を探る必要がある。

（7）Jacobs［1961＝2010］

（8）Sunstein［2001＝2003］

（9）これら四つのモデルは、下記表15-1のように整理することができる。

（10）下記表15-2参照。

（11）ネット空間においては、公共空間と私的空間の境界が曖昧となり、時間性（活動態）の次元が重要な意義をもちはじめている。ポスト冷戦期の抽象芸術は、具体的な空間よりも仮想空間を志向し、有形の実体よりも無形の形態を志向する。あるいは、一定の焦点をもつものよりも断片化されたものを志向し、共時的共感よりも異時間性を志向する。また、対面性よりもインターフェイス（媒介）を志向し、特定の場所よりもアクセスの仕方に関心を寄せている。

（12）ムアによれば、「直彫りであれ鋳造であれ、内部からの圧力によって生み出され、有機的に成長してきたという印象を常に与えるべき」である［Stallabrass 1992＝1993: 23］。

（13）Russell［1968: 151＝1985: 135］, Moore［2002］

（14）ただしムアは「保守主義かファシストか共産主義か」という政治信念に関わる質問事項に対して、共産主義に共感を寄せている、と（草稿のなかで）書き記している［Moore 2002: 131］。

（15）「私が超現実派（シュールレアリスト）の側にいると思う理由は、超現実派というものが人間の創造的側面への自由を意味し、また、驚きと発見と生命への自由、意識の解放と拡張への自由、生命の変化と廃れかかった伝統遵守への反対、一致ではなく多様性への自由、閉鎖ではなく開放への自由といったものを意味するからである」［Moore 2002: 123］。

（16）Seldis［1973: 10-11］

（17）Russell［1968＝1985: 143-144］

（18）Moore［2002: 140］

（19）Moore［2002: 126］

（20）Moore［2002: 243-44］

（21）ムアの言葉［Seldis 1973: 14］。

（22）Berthoud［2003: 341］

表 15-1　自由主義とコミュニタリアニズムにおける公共性のモデル

	討議中心	精神中心
自由主義	旧市街地雑踏モデル	公共彫刻広場モデル
コミュニタリアニズム	市民会館集会モデル	歴史的建造物巡礼モデル

表 15-2　政治と芸術様式の対応関係（八木／重村［2001］を参考に筆者作成）

時代区分	主要な政治理念	支持された様式
産業・市民革命後	社会主義 共産主義 無政府主義	批判的リアリズム
第一次大戦後 ロシア革命後		表現主義、未来派、ロシア構成主義、バウハウス
世界恐慌 第二次世界大戦後	民族主義の復活	古典的リアリズム 社会主義リアリズム ヴァナキュラー
冷戦時代	自由主義	抽象主義
	資本主義	ポップ・アート

(23) Moore [2002: 139]
(24) 岡本 [1979: 79]
(25) 岡本 [1979: 82]
(26) 岡本 [1979: 70-71]
(27) 岡本 [1979: 258-259, 372-373]
(28) 橋本 [1999] における「拮抗的高揚主体」論を参照されたい。
(29) 岡本 [1979: 140, 144, 146]
(30) Simmel [1896: 211-212 = 1999: 189-190]
(31) 「調和とシンメトリーをめざすこの独特の関心は、社会主義の合理的性格を示すものであり、社会主義はこれによって社会生活をいわば様式化しようとする。……あらゆる非合理的な個性の抵抗を克服して、人間行為の調和と内的均衡をそなえた組織にまとめ上げるという思想が、いかに深い魅力をもっているか――これこそ社会主義的計画の一般的特徴が、粗雑な形ではあれ証言していることだ」[Simmel 1896 = 1999: 186-187]。

第十六章

(1) Dworkin [1986 = 1995]
(2) 川﨑 [2008: 26]

第十七章

(1) 一例を挙げると、A・レイプハルトは「多数派」と「合意型」の諸特徴を二つの次元(I、II)に区別して精査している [Lijphart 1989]。次元Iは、①執行権力の集中/共有、②立法府(国会)に対する執行府(内閣)の優越/均衡、③二党制/多党制、の三つの特徴からなり、次元IIは、④単一争点型/多争点型、⑤多数代表制/比例代表制、⑥単一国家・集権制/連邦国家・分権制、⑦一院制/二院制、⑧不文憲法/成文・硬直憲法、の四つの特徴からなるとされる。こうした諸特徴の区別に基づく類型論は、なるほど比較制度論の成熟を示しているが、「執行権力の集中」などの制度要件が、いかなる発見法に導かれるべきかについて論じない点に、規範理論としての限界がある。
(2) この批判的成長(ポパー)の観点を取り入れた独自のモデルとして、井上 [2001: 192-221] を参照。井上の「批判的民主主義」モデルは、批判的合理主義に熟議民主主義の特徴を取り入れるのに対して、本章における「可謬型」は、両者を分離したうえで、批判的成長のための別の諸特徴(大胆な仮説提起の量的拡充など)に注目した点に主たる違いがある。
(3) 官僚のなかにも、省益にこだわらずに政策の構想力を発揮する「官房型官僚」がいる。各政党は、省益にこだわりの薄い若手の官僚を独自の仕方で政策集団に参加させる仕組みを考えてはどうか。
(4) 福元 [2007] によれば、日本の二院制における審議過程はこれまで、相互補完よりも重複が圧倒的に多く、参議院に期待される熟議は参議院改革(先議案件の増加、審議日程の確保、予備審査)の後も、うまく機能していないという。
(5) ニュージーランドでは、イギリス型の二大政党制から、欧州大陸型の合議制(多党連立制)へ移行するという制度改革が行われた(一九九六年)。ニュージーランドでは一九八〇年代を通じて、次のような四つの大きな問題が生じていた。第一に、二大政党に対する国民の支持率が、いずれも極端に低下した。第二に、有力な第三の政党が現れた。第三に、小選挙区制のもとで政権を取った与党の得票数が、野党のそれよりも少ないという事実に、国民が不満を抱いた。第四に、二大政党制のもとで急激かつ抜本的な改革が行なわれることに、国民が不安を抱いた [大山 2003: 103-137]。こうした諸問題に対応するために、ニュージーランド政府は、欧州大陸の政治システムを取り入れて、抜本的な立法制度改革を行った。例えば、小選挙区と比例代表制を組み合わせたり、多党制に対応する制度を整えたり、連立内閣に対応するための協議機関を新設した。この制度改革によって、はたしてニュージーランドはよりよい立法過程を実現したのかといえば、現実には、連立政権の矛盾と不安定性が露呈し、必ずしも成功してはいない。この改革は、二大政党制が維持できない場合に、可謬型のシステムは機能するのか、という問題を提起している。

終章

（1） 橋本／金澤［2025］（予定）を参照。

あとがき

本書は、自由主義の新たな思想を紡いでいる。三十年以上にわたる私の研究の集成であり、多くの師や研究仲間の恩恵を受けて、ようやく実りを迎えた。

刊行に際して、まず学部時代の師である鬼塚雄丞先生と、大学院生時に私淑した嶋津格先生に、それぞれお礼を申し上げたい。私はこの二人の師から強烈なインパクトを受けて、ハイエクの自生的秩序論に向き合った。まだ二〇代の青い私に、真剣で迫力のある議論を振っていただいたことは、かけがえのない経験になっている。また本書の多くの章（とりわけ第四部）は、井上達夫先生の科研費プロジェクトにかかわるなかで執筆の機会を得た。立法学を新たに作るという同プロジェクトに参加できたことは、幸いだった。二十年以上にわたる井上先生のご厚意に感謝申し上げたい。他方で、私はこの間、大切な研究仲間である中野剛充と那須耕介を失った。本書の第十二章と第十三章は、それぞれ二人を偲んで書かれている。改めて二人に追悼の意を表したい。最後に、勁草書房の鈴木クニエ氏には、那須耕介／橋本努編『ナッジ!?』に引き続き、本書全体の構成から文章の細部にいたるまで入念に検討していただいた。本書は氏の編集力と編集作業に多くを負っている。心より感謝申し上げたい。

本書に収録した旧稿は以下の通りである。第一章［橋本 1993］、第二章［橋本 2001］、第三章［Hashimoto 2022］、第五章［橋本 2010a］、第九章［橋本 2005］、第十章［橋本 2004］、第十一章［橋本 2009］、第十二章［橋本 2014a］、第十三章［橋本 2023］、第十四章［橋本 2006a］、第十五章［橋本 2006b］、第十六章［橋本 2012］、第十七章第一節［橋本

2014b]。収録に際して、タイトルを変更した稿も多い。他の章や節は、折に触れて書き溜めてきた未発表稿である。全体を体系立てて叙述するために、最後にすべての原稿を大幅に加筆修正した。

いったい私はこの世に生まれて、先人たちから何を受け取り、何を背負わされたのか。それを明らかにすることは一つの使命であり、宿命でもあった。私たちの世界は、どのようにあるべきか。そして私たちはこの世界とどのように折り合いをつけることができるのか。世界は、そして私たちは、潜勢的に可能なものとしてある。この世界の未来を担うすべての人に、本書を捧げたい。

二〇二五年一月　ウクライナやガザで苦しむ人々に心を痛めて

橋本　努

事項索引

さ 行

た 行

な　行

は　行

ま　行

や　行

ら 行

アルファベット

人名索引

な　行

は　行

ま　行

や　行

ら　行

文献

青木孝平［2002］『コミュニタリアニズムへ』社会評論社

Arendt, Hannah［1958＝2023］*The Human Condition*, Chicago: University of Chicago Press. アレント『人間の条件』牧野雅彦訳、講談社学術文庫

Arendt, Hannah［1959］"Reflections on Little Rock," *Dissent*, 6（1), pp. 45–56.

Barnett, Randy Evan［1998＝2000］*The Structure of Liberty: Justice and the rule of law*, Oxford: Clarendon Press. バーネット『自由の構造』嶋津格／森村進監訳、木鐸社

Berthoud, Roger［2003］*The Life of Henry Moore*, 2nd revised edition, London: Giles de la Mare.

Boaz, David［1997＝1998］*Libertarianism: A primer*, New York: Free Press. ボウツ『リバータリアニズム入門』副島隆彦訳、洋泉社

Bowles, Samuel and Herbert Gintis［1998］"Efficient Redistribution: New rules for markets, states and communities," in *Recasting Egalitarianism: New rules for communities, states and markets*, with contributions by Harry Brighouse *et al.* edited and introduced by Erik Olin Wright, New York: Verso.

Brake, Elizabeth［2013］"Rereading Rawls on Self-Respect: Feminism, family law, and the social bases of self-respect," in Ruth Abbey ed., *Feminist Interpretations of John Rawls*, University Park, PA: Pennsylvania State University Press, pp. 57–74.

Brau, Peter Michael［1956＝1958］*Bureaucracy in Modern Society*, New York: Random House. ブラウ『現代社会の官僚制』阿利莫二訳、岩波書店

Buchanan, Allen［1982］*Marx and Justice: The radical critique of liberalism*, London: Methuen.

Carter, Ian［1999］*A Measure of Freedom*, Oxford: Oxford University Press.

Christie, Drew［1989］"John Roemer's Economic Philosophy and the Perils of Formalism," in *Canadian Journal of Philosophy*, Supplementary, 15, pp. 267–279.

Cohen, Gerald Allan［1983→1986］"The Structure of Proletarian Unfreedom," in *Philosophy and Public Affairs, 12*, winter, reprinted in John E. Roemer ed. *Analytical Marxism*, Cambridge University Press.

Cohen, Gerald Allan［1989］"On the Currency of Egalitarian Justice," in *Ethics*, 99, pp. 906–944.

Cohen, Gerald Allan［1995＝2005］*Self-ownership, Freedom, and Equality*, Cambridge: Cambridge University Press. コーエン『自己所有権・自由・平等』松井暁／中村宗之訳、青木書店

Cohen, Gerald Allan [2000＝2006] *If You're an Egalitarian, How Come You're So Rich?* Cambridge: Harvard University Press. コーエン『あなたが平等主義者なら、どうしてそんなにお金持ちなのですか』渡辺雅男／佐山圭司訳、こぶし書房

Constant, Benjamin [1819＝2020] "De la liberté des Anciens comparée à celle des Modernes," *Œuvres complètes de Benjamin Constant*, Tübingen: Max Niemeyer Verlag. コンスタン『近代人の自由と古代人の自由・征服の精神と簒奪：他 1 篇』提林剣／提林恵訳、岩波文庫

Crocker, Lawrence [1980] *Positive Liberty*, London: Nijhoff.

De Marneffe, Peter [1990] "Liberalism, Liberty, and Neutrality," *Philosophy and Public Affairs*, 19, pp. 253-274.

De Marneffe, Peter [2010] *Liberalism and Prostitution*, Oxford University Press.

Deleuze, Gilles [1968＝1992] *Différence et Répétition*, Paris: Presses universitaires de France. ドゥルーズ『差異と反復』財津理訳、河出書房新社

道元 [1973-1975→2004-2005]『正法眼蔵　全訳注』全八巻、増谷文雄訳、講談社学術文庫

道元 [1999-2000→2004]『現代文訳　正法眼蔵』全五巻、石井恭二訳、河出文庫

Dworkin, Ronald [1977＝1986, 2001] *Taking Rights Seriously*, London: Duckworth. ドゥウォーキン『権利論』木下毅／小林公／野坂泰司訳、木鐸社、ドゥウォーキン『権利論 II』小林公訳、木鐸社

Dworkin, Ronald [1979] "We do not have a Right to Liberty," in R. L. Cunningham ed., *Liberty and the Rule of Law*, College Station: Texas A. & M. University Press.

Dworkin, Ronald [1985＝2012] *A Matter of Principle*, Cambridge, Mass.: Harvard University Press. ドゥオーキン『原理の問題』森村進／鳥澤円訳、岩波書店

Dworkin, Ronald [1986＝1995] *Law's Empire*, Cambridge, Mass.: Belknap Press. ドゥウォーキン『法の帝国』小林公訳、未來社

Dymski, Gary Arthur and John E. Elliott [1989] "Should Anyone be Interested in Exploitation?" in *Canadian Journal of Philosophy*, Supplementary Volume 15, pp. 333-374.

Elster, John [1986] "Self-Realization in Work and Politics: The Marxist conception of the good life," *Social Philosophy & Policy*, 3: 2, spring, pp. 97-126.

Friedman, Milton & Rose [1980＝1983] *Free to Choose*, New York: Harcourt. M & R・フリードマン『選択の自由（上・下）』西山千明訳、講談社文庫

福元健太郎 [2007]『立法の制度と過程』木鐸社

Geuss, Raymond [2001＝2004] *Public Goods, Private Goods*, Princeton, N.J.: Princeton University Press. ゴイス『公と私の系譜学』山岡龍一訳、岩波書店

Habermas, Jürgen [1962→1990＝1994] *Strukturwandel der Öffentlichkeit: Untersuchungen zu einer Kategorie der bürgerlichen Gesellschaft: mit einem Vorwort zur Neuauflage 1990*, Frankfurt am Main: Suhrkamp. ハーバーマス『公共性の構造転換』細谷貞

雄／山田正行訳、未来社
Habermas, Jürgen［1968＝1970］*Technik und Wissenschaft als "Ideologie"*, Frankfurt am Main: Suhrkamp. ハーバーマス『イデオロギーとしての技術と学問』長谷川宏／北川章子訳、紀伊国屋書店
Hardt, Michael and Antonio Negri［2000＝2003］*Empire*, Cambridge, Mass.: Harvard University Press. ネグリ／ハート『帝国　グローバル化の世界秩序とマルチチュードの可能性』水嶋一憲ほか訳、以文社
橋本努［1993］「自生的秩序論の解体」『創文』no. 343
橋本努［1994］『自由の論法　ポパー・ミーゼス・ハイエク』創文社
橋本努［1999］『社会科学の人間学　自由主義のプロジェクト』勁草書房
橋本努［2001］「『世界 4』論の射程」日本ポパー哲学研究会編『批判的合理主義 1　基本的諸問題』未来社、219-228 頁
橋本努［2002］「民主主義」永井均ほか編『事典・哲学の木』講談社、891-894 頁
橋本努［2004］「分析的マルクス主義と自由主義」『思想』2004. 9. no. 965, 140-157 頁
橋本努［2005］「自己所有権型リバタリアニズムの批判的検討」『法哲学年報　特集リバタリアニズムと法理論』2004 巻、18-29 頁
橋本努［2006a］「公共性の成長論的再編」井上達夫編『公共性の法哲学』ナカニシヤ出版、70-91 頁
橋本努［2006b］「自由主義と公共性　公共彫刻広場モデルの提案」仲正昌樹編『叢書アレテイア　7　グローバル化と市民社会』御茶の水書房、233-266 頁
橋本努［2009］「マルクス派に関する 11 のテーゼ」『情況』2009 年 6 月号、110-117 頁
橋本努［2010a］「全的自由の立場」仲正昌樹編『叢書アレテイア 12　自由と自律』御茶の水書房、23-50 頁
橋本努［2010b］『自由の社会学』NTT 出版
橋本努［2012］「法と公共性　立法過程における四段階の公共空間」『法の理論 31 特集《公共性と法》』成文堂、57-77 頁
橋本努［2014a］「コミュニタリアニズムのために　概念の再規定」『相関社会科学』第 24 号、123-128 頁
橋本努［2014b］「可謬主義と熟成主義の立法過程論」井上達夫編『立法学のフロンティア I 立法学の哲学的再編』ナカニシヤ出版、150-168 頁
橋本努［2020］「カフェテリアをデザインする　あなたは何派？」那須耕介／橋本努編『ナッジ!?　自由でおせっかいなリバタリアン・パターナリズム』勁草書房、151-173 頁
橋本努［2021］『自由原理　来るべき福祉国家の理念』岩波書店
Hashimoto, Tsutomu［2022］*Liberalism and the Philosophy of Economics*, London: Routledge.
橋本努［2023］「卓越的自由主義」田中成明／足立幸男編『政治における法と政策　公共

政策学と法哲学の対話に向けて』勁草書房、149-169 頁
橋本努／金澤悠介［2025］『新しいリベラル』筑摩書房、予定
林真理［2013］「生命倫理とコミュニタリアニズム」菊池／小林編［2013］所収
Hayek, Friedrich August von［1973-1979＝1987-1988］*Law, Legislation and Liberty*, vols. 1-3, London: Routledge and Kegan Paul. ハイエク『法と立法と自由 1〜3』（ハイエク全集）矢島鈞次／水吉俊彦訳（第八巻）、篠塚慎吾訳（第九巻）、渡部茂訳（第一〇巻）、春秋社
Hayek, Friedrich August von［1978］"The Primacy of Abstract," in *New Studies in Philosophy, Politics, Economics and the History of Ideas*, London: Routledge and Kegan Paul.
廣松渉［1969→1991］『マルクス主義の地平』講談社学術文庫
Hume, David［1828＝2004］*The Philosophical Works of David Hume, vol. 4*, Edinburgh: Adam Black and William Tait. ヒューム『人間知性研究』斎藤繁雄／一ノ瀬正樹訳、法政大学出版局
井上達夫［2001］『現代の貧困』岩波書店
Jacobs, Jane Butzner［1961＝2010］*The Death and Life of Great American Cities*, New York: Vintage Books. ジェイコブズ『アメリカ大都市の死と生』山形浩生訳、鹿島出版会 .
桂木隆夫［2005］『公共哲学とはなんだろう』勁草書房
川﨑政司［2008］「立法をめぐる問題状況とその質・あり方に関する一考察」『ジュリスト』no. 1369, 23-31 頁
Keynes, John Maynard［1936→2007＝1983］*The General Theory of Employment, Interest and Money*, The Collected Writings of John Maynard Keynes, Volume 7, 3rd edition, Cambridge: Cambridge University Press. ケインズ『雇用・利子および貨幣の一般理論』（ケインズ全集、第 7 巻）、塩野谷祐一訳、東洋経済新報社
菊池理夫［2011］『共通善の政治学』勁草書房
菊池理夫／小林正弥編［2013］『コミュニタリアニズムの世界』勁草書房
小林正弥［2013］「マイケル・サンデルとリベラル-コミュニタリアン論争」菊池／小林編［2013］所収
小林正弥／菊池理夫編［2012］『コミュニタリアニズムのフロンティア』勁草書房
Kramer, Matthew Henry［2017］*Liberalism with Excellence*, London: Oxford University.
Kymlicka, Will［1990＝2002］*Contemporary Political Philosophy*, Oxford: Oxford University Press. キムリッカ『現代政治理論』岡崎晴輝ほか訳、日本経済評論社
Larmore, Charles［1987］*Patterns of Moral Complexity*, Cambridge: Cambridge University Press.
Levinas, Emanuel［1961→1984＝2005（上）, 2006（下）］*Totalité et Infini: Essaisur L'Extériorité*, Hague: Martinus Nijhoff Publishers. レヴィナス『全体性と無限』（上・下）熊

野純彦訳、岩波文庫
Lijphart, Arend［1989］“Democratic Political System: Types, cases, and consequences,” *Journal of Theoretical Politics*, 1（1), pp. 33–48.
Luhmann, Nicholas［1968＝1990］*Zweckbegriff und Systemrationarität: Uber die Funktion von Zwecken in sozialen Systemen*, Tübingen: J. C. B. Mohr. ルーマン『目的概念とシステム合理性』馬場靖雄／上村隆広訳、勁草書房
Macpherson, Crawford Brough［1962＝1980］*The Political Theory of Possessive Individualism: Hobbes to Locke*, Oxford: Clarendon Press. マクファーソン『所有的個人主義の政治理論』藤野渉ほか訳、合同出版
Maturana, Humberto Romesín and Francisco Javier Varela［1980＝1991］*Autopoiesis and Cognition: The realization of living*, Dordrecht, Holland: D. Reidel Publishing Company. マトゥラーナ／ヴァレラ『オートポイエーシス　生命システムとはなにか』河本英夫訳、国文社
Miller, David［1982］“Arguments for Equality,” *Midwest Studies in Philosophy*, 7, pp. 73–87.
Mises, Ludwig von［1944］*Omnipotent Government: The rise of the total state and total war*, New Haven: Yale University Press.
見田宗介［1996］『現代社会の理論』岩波新書
Moore, Henry［2002: 204］*Writings and Conversations*, edited by Alan Wilkinson, Berkley: University of California Press.
森村進［1995］『財産権の理論』弘文堂
森村進［2005］「リバタリアニズムの人間像」『法哲学年報』2004 巻、5–17 頁
森村進［2001］『自由はどこまで可能か』講談社現代新書
中野剛充［2007］『テイラーのコミュニタリアニズム』勁草書房
那須耕介［2020］『法の支配と遵法責務』勁草書房
岡本太郎［1979］『岡本太郎著作集　第一巻』講談社
大山礼子［2003］『国会学入門　第二版』三省堂
Pareto, Vilfredo［1920＝1996］*Compendio di Sociologia Generale*, Firenze: G. Barbèra. パレート『一般社会学提要』姫岡勤訳／板倉達文校訂、名古屋大学出版会
Parijs, Philippe Van［1989］“In Defence of Abundance,” in Robert Ware and Kai Nielsen eds. *Analyzing Marxism: New essays on Analytical Marxism*（Canadian Journal of Philosophy Supplementary Volume 15), Calgary: The University of Calgary Press, pp. 467–495.
Parijs, Philippe Van［1992］“Competing Justifications of Basic Income,” in Philippe Van Parijs, ed, *Arguing for Basic Income: Ethical foundations for a radical reform*, London: Verso.
Parijs, Philippe Van［1995＝2009］*Real Freedom for All: What（if anything）can Justify*

capitalism? Oxford: Clarendon Press. ヴァン・パリース『ベーシック・インカムの哲学　すべての人にリアルな自由を』後藤玲子／齊藤拓訳、勁草書房

Plato B. C. [1973=1993] *Platonis Opera, 5 vols.*, J. Burnet ed., Oxford: Oxford University Press. プラトン『法律（上）』森進一／池田美恵／加来彰俊訳、岩波文庫

Polanyi, Michael [1958=1985] *Personal Knowledge: Towards a post-critical philosophy*, Chicago: University of Chicago Press. ポラニー『個人的知識　脱批判哲学をめざして』長尾史郎訳、ハーベスト社

Popper, Karl Raimund [1945=2023] *The Open Society and Its Enemies*, 2 vols, London: Routledge. ポパー『開かれた社会とその敵』全二巻、小河原誠訳、岩波文庫

Popper, Karl Raimund [1972=1974] *Objective Knowledge: An evolutionary approach*, Oxford: Clarendon Press. ポパー『客観的知識　進化論的アプローチ』森博訳、木鐸社

Popper, Karl Raimund [1982] *The Open Universe: An argument for indeterminism*, ed. by W. W. Bartley Ⅲ, London: Hutchison.

Popper, Karl Raimund [1983] *Realism and the Aim of the Science*, ed. by W. W. Bartley Ⅲ, London: Hutchison.

Popper, Karl Raimund and John Carew Eccles [1977=1986] *The Self and It's Brain*, Berlin: Spinger Verlag. ポパー／エックルズ『自我と脳（上）』西脇与作訳、思索社

Quong, Jonathan [2011] *Liberalism without Perfection*, London: Oxford University Press.

Rawls, John [1971=2010] *A Theory of Justice*, Cambridge, MA: Harvard University Press. ロールズ『正義論』川本隆史／福間聡／神島裕子訳、紀伊国屋書店

Rawls, John [1993=2022] *Political Liberalism*, New York, NY: Columbia University Press. ロールズ『政治的リベラリズム』神島裕子／福間聡訳、筑摩書房

Rawls, John [2001=2004] *Justice as Fairness: A restatement*, Cambridge, Massachusetts: Belknap Press. ロールズ『公正としての正義　再説』田中成明／亀本洋／平井亮輔訳、岩波書店

Raz, Joseph [1986] *The Morality of Freedom*, Oxford: Oxford University Press.

Raz, Joseph [1989] "Facing Up: A reply," *Southern California Law Review*, 62, pp. 1153-1235.

Reiman, Jeffrey [1989] "An Alternative to 'Distributive' Marxism: Further thoughts on Roemer, Cohen and exploitation," *Canadian Journal of Philosophy*, Supplementary, 15, pp. 299-331.

Roemer, John E. [1985→1986] "Should Marxists be interested in Exploitation?" in *Philosophy and Public Affairs*, 14, winter: abridged version is reprinted in John E. Roemer ed., *Analytical Marxism*, Cambridge University Press.

Roemer, John E. [1994=1997] *A Future for Socialism*, Harvard University Press. ローマー『これからの社会主義　市場社会主義の可能性』伊藤誠訳、青木書店

Roemer, John E.［1995］“An Anti-Hayekian Manifesto,” *New Left Review*, no. 211, pp. 112–129.

Roemer, John E.［1996＝2001］*Theories of Distributive Justice*, Cambridge, Mass.: Harvard University Press. ローマー『分配的正義の理論　経済学と倫理学の対話』木谷忍／川本隆史訳、木鐸社

Roemer, John E.［1998］*Equality of Opportunity*, Cambridge, Massachusetts: Harvard University Press.

Roemer, John E.［2003］“Defending Equality of Opportunity,” *The Monist*, 86（2）, pp. 261–282.

Russell, John［1968＝1985］*Henry Moore*, London: Allen Lane the Penguin Press. ラッセル『ヘンリー・ムア』福田真一訳、法政大学出版局

Ryle, Gilbert［1949＝1987］*The Concept of Mind*, London: Hutchinson's University Library. ライル『心の概念』坂本百大／井上治子／服部裕幸訳、みすず書房

Sachs, David［1981］“How to Distinguish Self-Respect from Self-Esteem,” *Philosophy and Public Affairs*, 10, pp. 346–360.

Sartre, Jean-Paul［1943＝2007–2008］L'être et Le Néant: Essai d'ontologie phenoménologique, Éditions Gallimard. サルトル『存在と無　現象学的存在論の試み（I–Ⅲ）』松浪信三郎訳、ちくま学芸文庫

Saussure, Ferdinand de［1916＝2016］*Cours de linguistique générale*, Lausanne: Payot. ソシュール『新訳　ソシュール一般言語学講義』町田健訳、研究社

Schilpp, Paul Arthur ed.［1974］*The Philosophy of Karl Popper II*, La Salle: Open Court.

Seldis, Henry J.［1973］*Henry Moore in America*, New York: Praeger.

Sher, George［1997］*Beyond Neutrality: Perfectionism and politics*, Cambridge: Cambridge University Press.

嶋津格［2004］「ハイエクと社会福祉」塩野谷祐一／鈴村興太郎／後藤玲子編『福祉の公共哲学』東京大学出版会、111–119頁、所収

Simmel, Georg［1896＝1999］“Soziologische Aesthetik,” *Die Zukunft, Herausgeber: Maximilian Harden*, 17. Bd., Nr. 5.（31. 10.）, S. 204–216. ジンメル『ジンメル・コレクション』北川東子／鈴木直訳、ちくま学芸文庫、180–192頁

Smith, Adam［1759→1790＝2013］*The Theory of Moral Sentiments*, 6th edition, London: A. Strahan, T. Cadell, W. Creech and J. Bell. スミス『道徳感情論　人間がまず隣人の、次に自分自身の行為や特徴を、自然に判断する際の原動力を分析するための論考』高哲男訳、講談社学術文庫

Smith, Adam［1776→1789＝2020］*An Inquiry into the Nature and Causes of the Wealth of Nations*, 5th edition, London: A. Strahan and T. Cadell. スミス『国富論　国民の富の性質と原因に関する研究』高哲男訳、講談社学術文庫

Stallabrass, Julian［1992＝1993］“Henry Moore 1940–1986,” in David Mitchinson and Ju-

lian Stallabrass, *Henry Moore*, New York: Rizzoli. ジュリアン・スタラブラス「ヘンリー・ムア――1940-1986」ミッチンソン／スタラブラス『ヘンリー・ムア』福岡洋一訳、美術出版社、所収

Standish, Paul［2001＝2012］"Ethics before Equality: Moral education after Levinas," *Journal of Moral Education*, 30 (4), pp. 339-348. スタンディッシュ『自己を超えて　ヴィトゲンシュタイン、ハイデガー、レヴィナスと言語の限界』齋藤直子訳、法政大学出版局、所収

Stark, Cynthia［2012］"Rawlsian Self-Respect," *Oxford Studies in Normative Ethics*, 2, pp. 238-261.

Sunstein, Cass Robert［2001＝2003］*Republic.com*, Princeton, N.J.: Princeton University Press. サンスティーン『インターネットは民主主義の敵か』石川幸憲訳、毎日新聞社

高増明／松井暁編［1999］『アナリティカル・マルキシズム』ナカニシヤ出版

竹田直樹［1997］『日本の彫刻設置事業　モニュメントとパブリックアート』公人の友社

立岩真也［1997］『私的所有論』勁草書房

Taylor, Charles［1991＝2023］*The Ethics of Authenticity*, Cambridge, Mass.: Harvard University Press. テイラー『〈ほんもの〉という倫理　近代とその不安』田中智彦訳、ちくま学芸文庫

上野正道［2002］「デューイにおける美的経験の再構成　公共性の基礎としての芸術」『東京大学大学院教育学研究科紀要』第 42 巻、283-291 頁

漆原美代子［1978］『都市環境の美学』NHK ブックス

Waldron, Jeremy［2012］"Lecture 1: Dignity and Rank," in Meir Dan-Cohen ed. *Dignity, Rank, and Rights*, Oxford: Oxford University Press, pp. 13-46.

Ware, Robert［1989］"How Marxism is analyzed: An introduction," *Analyzing Marxism: New essays on Analytical Marxism* (Canadian Journal of Philosophy Supplementary Volume 15), edited by Robert Ware and Kai Nielsen, Calgary: The University of Calgary Press.

Wohlgemuth, Michael［1997］"Has John Roemer resurrected Market Socialism?" *Independent Review*, 2 (2), pp. 201-224.

Wood, Allen［1981→1986］"Marx and Equality," in *Issues in Marxist Philosophy, vol. 4*, edited by John Mepham and David Hillel Rubin, Brighton: Harvester Press, reprinted in John E. Roemer ed., *Analytical Marxism*, Cambridge: Cambridge University Press.

八木健太郎／重村力［2001］「パブリックアートの成立過程における芸術と社会との関係」『神戸大学大学院自然科学研究科紀要』B (19)、111-118 頁

著者略歴

橋本　努（はしもと・つとむ）

1967年　東京都生まれ

1990年　横浜国立大学卒業

1999年　東京大学大学院総合文化研究科、博士号取得

現　在　北海道大学大学院経済学研究院、教授
　　　　シノドス国際社会動向研究所、所長

主要著書 『自由の論法　ポパー・ミーゼス・ハイエク』（創文社、1994年）、『社会科学の人間学　自由主義のプロジェクト』（勁草書房、1999年）、『帝国の条件　自由を育む秩序の原理』（弘文堂、2007年）、『ロスト近代　資本主義の新たな駆動因』（弘文堂、2012年）、『経済倫理＝あなたは、なに主義？』（講談社、2008年）、『解読ウェーバー『プロテスタンティズムの倫理と資本主義の精神』』（講談社、2019年）、『自由原理　来るべき福祉国家の理念』（岩波書店、2021年）、『消費ミニマリズムの倫理と脱資本主義の精神』（筑摩書房、2021年）、*Liberalism and the Philosophy of Economics*（Routledge, 2022年）、『「人生の地図」のつくり方』（筑摩書房、2024年）

自生化主義
自由な社会はいかにして可能か

2025年2月10日　第1版第1刷発行

著　者　橋《はし》　本《もと》　　努《つとむ》

発行者　井　村　寿　人

発行所　株式会社　勁《けい》　草《そう》　書　房

112-0005　東京都文京区水道2-1-1　振替　00150-2-175253
（編集）電話　03-3815-5277／FAX　03-3814-6968
（営業）電話　03-3814-6861／FAX　03-3814-6854

精興社・松岳社

ISBN978-4-326-10348-5　　Printed in Japan